茅海建 著

苦命天子
咸丰皇帝奕詝

生活·讀書·新知 三联书店

Copyright © 2022 by SDX Joint Publishing Company.
All Rights Reserved.
本作品版权由生活·读书·新知三联书店所有。
未经许可，不得翻印。

图书在版编目（CIP）数据

苦命天子：咸丰皇帝奕詝/茅海建著. —3版. —北京：
生活·读书·新知三联书店，2022.10（2024.1重印）
ISBN 978-7-108-07459-1

Ⅰ.①苦…　Ⅱ.①茅…　Ⅲ.①咸丰帝（1831-1861）–传记
Ⅳ.① K827=52

中国版本图书馆CIP数据核字（2022）第114491号

特邀编辑	孙晓林
责任编辑	冯金红
装帧设计	宁成春
责任印制	董 欢
出版发行	生活·讀書·新知 三联书店
	（北京市东城区美术馆东街22号 100010）
网　　址	www.sdxjpc.com
经　　销	新华书店
印　　刷	北京隆昌伟业印刷有限公司
版　　次	2022年10月北京第3版
	2024年1月北京第4次印刷
开　　本	635毫米×965毫米　1/16　印张21
字　　数	246千字　图119幅
印　　数	13,001-18,000册
定　　价	89.00元

（印装查询：01064002715；邮购查询：01084010542）

目　录

导　言 / 1

一　皇四子与皇六子 / 5
二　良师荩臣杜受田 / 21
三　射偏了的箭 / 36
四　"上帝"之祸 / 55
五　亏得湘人曾国藩 / 81
六　新财源：厘金 / 105
七　"造反""造反" / 123
八　外患又来了 / 156
九　公使驻京问题 / 177
十　圆明园的硝烟 / 202
十一　真正的宰相 / 228
十二　京师与热河之间 / 247
十三　笑到最后的人 / 279

结语 / 306

后　记 / 311
三联版后记 / 315

导　言

　　我想给咸丰帝奕𧭇作传，决非出于对他的景仰，因为他太平庸了，毫无文华武英之姿；也非是对他的同情，因为他没有大业未竟或遭人暗算等值得让后人掉眼泪的情事。我只是可怜他。一个好端端的青年，就像绝大多数人那样平常，只因为登上了绝大多数人都梦求的皇位，结果送掉了性命。死的时候，只有三十岁，正是古人所谓"而立"之年，他却一头倒了下去，命归黄泉。

　　我第一次去紫禁城的时候，还不太懂得历史。只觉得皇帝的家真大啊，转一转都需要一整天，而又有多少人室如蜗居。后来去多了，印象也就慢慢变成了许多许多道的门，许多许多重的墙，方体会"门禁森严"。皇帝是天子，在凡人面前是神，说的话是圣旨，一切的一切都应该不同凡响。可是，其生理机能又确确实实是个凡人。这就产生了一个悖难，明明是人，偏要装神，太难受了。乡间扮神弄鬼的巫婆神汉，只需一阵子，过后喝酒吃饭拿钱走路，恢复人态人性。可皇帝一走上神坛，就下不来了，那是终生的职业。渐渐在我的眼中，皇帝坐的金銮宝殿有点像供奉牺牲的长案，而紫禁城内外的重重门禁，也就跟关押犯人的道道铁栏差不了多少。今天的人们爱称监狱为"大墙之内"，可那墙能跟紫禁城的城墙相比吗？

我坐在皇帝的寝宫养心殿的门前，心想这是一个"五星级"牢房的"总统套间"。清代的皇帝还是聪明的，为了有更大更好的空间，修建了著名的圆明园。咸丰帝奕詝便出生在那儿，登位后也常住在那儿。与紫禁城的神圣相比，那儿多了一点平常味。可这座富丽壮观的园林，却恰恰就在咸丰帝当位的时候，被英国人烧掉了，其理由是，给他一个永久的警告。

除此之外，咸丰帝还能去哪儿呢？祖上的巡幸江南他可不敢效法，承德的避暑山庄也不得空去。他太忙了，因为天下太乱。就是不忙，也得装出忙的样子。天子圣君就应当宵衣旰食。

衣锦食肥，美妾如云，皇帝享有人世间的一切荣华富贵，可他并不能享有其中的许多乐趣。他的身上负有重大的责任——行为应当成为人世间的楷模，言论必须成为战无不胜的法宝。一个人要坚持一天两天，一月两月，都不困难。索性做一个昏君，谁也奈何他不得。可要想长年累月地做一个好皇帝，倒是一个苦差使。若在一个平常年代，一切还能过得去。可咸丰帝奕詝又特别命苦。他遇到了清朝立国以来从未有过的灾难。

由今上溯一个多世纪，1850年至1861年，咸丰帝奕詝当了11年的皇帝，没有过一天安生的日子。1850年至1864年爆发了太平天国战争，1856年至1860年又爆发了第二次鸦片战争，其间天地会、捻军等造反，更是数不胜数。内忧外

咸丰御览之宝，田黄石。三面有边款，分别题："惟清""坚栗精密，泽而有光。五色发作，以和柔刚。心逸"；"玉蜜滋"

咸丰帝陵寝——定陵，河北遵化昌瑞山下，游人罕至

患，遍地硝烟，那才是真正的动乱。中国的历史由此发生了重大转折，也成为后来许多历史学家关注的重点。

可是，在此历史关键时刻的关键人物咸丰帝奕詝又是怎么样的呢？这应当是这一重要历史时期的重要历史问题。可当我把目光聚焦在他身上时，却看到很少。天子的私事是不让臣民知道的，虽说西华门内的仿古建筑中保留着那个时期的大量档案，但装腔作势的官样文章和官式套话中又有多少他的真心。天子过的是远离尘世的生活，却主宰着尘世间万物，做事情想问题与我们惯常的心理习惯不同。作为一部传记，作者与传主的心灵沟通似属最高境界，但世界上心通的人大多境遇趋同，以至"相逢"不必"曾相识"。我绝无为与他沟通而去当几天"天子"的意愿。

我也有我的麻烦。

可是,天子再尊再贵也毕竟是人。是人总还会有点相通之处,不管他用什么方式吃饭、睡觉。这就使我有了一点资本。为了弥补我个人直观的偏误,我又试图从当时对咸丰帝奕詝作用最大的不同人的角度去观察他,将各种碎片断页拼凑起来。今天奉献给读者的这本书,有点像是拼贴画。

历史作为已经发生的事实,应当是非常客观的,但历史研究又是相当主观的活动。任何一部历史著作都是史学家对史料的一种主观解读,在不同人眼中的历史面目会有差别。我想,我一定会有误读,但使我心安理得的是,现代历史学理论居然已经证明,误读也有其存在的价值。

于是,我便敞开来说说,读者也不妨随便看看。

定陵方城,咸丰帝最后的归宿,荒草浸道,很久未开放……

一　皇四子与皇六子

1831年7月17日，即道光十一年六月初九日，肯定是道光帝一生中最开心的日子之一。这一天，他又得了个儿子。

"道光"是爱新觉罗·旻宁继位后使用的年号，庙号为宣宗。后人称清代皇帝多用年号系之而罕用庙号，本书亦沿用之。此时，他已执政11年，年龄49岁，依中国传统方法计算，为虚岁半百。

说是又得了个儿子，是指在此之前，道光帝曾经有过三个儿子。

皇长子奕纬，生于1808年，最为道光帝所喜。《清实录》中留下不少培养教育奕纬的谕旨，可从中体会到那种深沉的父爱。1831年5月，奕纬已23岁，落落成人，却突然死去。关于他的死因，有私家记载称，奕纬的老师迫其背诵经书，并叨叨说道："好好读书，将来做个好皇帝。"年轻气盛的奕纬实在不愿意做此等无味（且也无益）之事，便危言顶撞："将来我要做了皇帝，首先杀了你！"此虽年轻人的一时冲动之言，但足以使老师魂飞魄散。道光帝得知此事后恼怒至极，立即召见奕纬。而战战兢兢的皇长子正欲跪下给父皇请安时，突遭道光帝踢来一脚，恰恰伤及下部，未久而不治。❶

在专制社会中，宫廷不仅是平民进出的禁区，同时也是私家文字的禁区。凡不利于皇帝及皇室高大完美形象的事件，官方决不可能留下正式记录，而私人悄悄作笔记也有所忌惮，不敢写明消息来源、是

---

❶ 信修明：《老太监的回忆》，北京燕山出版社，1992年，第2页。

道光帝旻宁（1782—1850）
朝服像

否验证等等对今日历史学家作考证极为重要的资讯。结果，各种民间盛传的稗官野史，既有可能是人云亦云的传讹，亦有可能是官方竭力掩盖的确凿的真实，着实使历史学家犯难。若信之，可能有误；若不信，那么只剩下官修文书的冠冕堂皇。此一段奕纬死因的颇具色彩的传说，永远无法得到验证。读者对此不妨姑妄听之，千万别当作肯定的事实。这一类的材料，我在后面还会大量引用，凡难以确认者，亦会不时地提醒读者。

因此官方的正式记录中，仅有皇长子奕纬"道光十一年辛卯四月十二日未刻卒"，没有记载死因。道光帝初以皇子例治丧，复追封为贝勒。次月赐谥为"隐志"。这是一个令人难以琢磨其中含义的谥号。皇二子奕纲生于1826年11月22日，死于1827年3月5日，在世104天；皇三子奕继生于1829年12月2日，死于1830年1月22日，在世52天。这两位早殇的婴儿没有更多的值得今人细细琢磨的材料，只是他们的生母很值得注意。她是皇六子奕䜣的生母，也是皇四子奕詝（即本书的传主）的养母——生皇二子时为静嫔、生皇三子时为静妃的博尔济锦氏。

年近半百的道光帝先后失去三子，悲痛之状可以想见。可是，他只是为自己膝下空虚而悲伤吗？只是哀痛自己不获天伦之乐吗？恐怕在他的心中，想到的更多是朝廷而不是他个人。今日东方型的超级富翁若无子女赚钱也觉无味，自己反正花不完了，留下的又给谁呢？道光帝身负社稷之责，他的问题是，谁来继承他的皇位呢？

别忘了，他是个皇帝，而且一心想当好皇帝。

皇长子奕纬死的时候，后宫中受宠的全贵妃钮祜禄氏❶正身怀六甲。她恐怕比道光帝更希望自己能生个儿子。谁不知道，姿色再美也会随年龄而消退，以此受宠必不能长久。在宫中，母以子贵！若有一个好儿子，情况就不一样了，不仅将来能有个依靠，而且若儿子能讨父皇喜欢，自己不是可长以专宠吗？

钮祜禄氏，二等侍卫颐龄之女，生于1808年3月24日，与皇长子奕纬同岁，小道光帝26岁。她入宫的准确时间今已不可考，史籍上称道光初年入宫（道光元年为1821年）。这与满旗官员家女子13岁至15岁选秀女的规定相吻合。而她在幼年时，曾随父亲宦居苏州，颇受江南秀丽之气，看来很是讨道光帝的喜欢。一入宫便赐号全嫔，在后宫

---

❶ 此时满族妇女无大名，仅有姓氏。钮祜禄氏又为满族八大姓之一，后宫中同姓者甚多。即在道光帝的后妃中，就有孝穆皇后、成贵人、祥妃同姓钮祜禄氏，请读者细心区别。

一　皇四子与皇六子

的"皇后、皇贵妃、贵妃、妃、嫔、贵人、常在、答应"八个等级中居第五等,为最低一级的"主位"(清代制度,嫔以上为"主位",与贵人以下有明确区别)。但在1823年,便册晋为全妃,1825年再晋为全贵妃。这种地位的迅速上升反映出来的当然是道光帝的宠爱,而道光帝赐号中的"全"字,更见匠心。大约她是色艺明慧一应俱全吧。私家记载亦称,她曾仿照民间的七巧板,斫木片若干块,排成"六合同春"四字,作为宫中的新年玩具。❶

钮祜禄氏入宫后,曾于1825年生下皇三女,1826年又生下皇四女。可在那个时代,女儿不值钱。皇三女死于1835年,仅十岁,追赠端顺固伦公主。皇四女于1840年下嫁蒙古王公,封寿安固伦公主,1860年去世。两位公主在当时和后来都没有什么影响。

圆明园《九洲清晏图》,咸丰帝出生于此

已经生下两位皇女、正在圆明园湛静斋待产的全贵妃，多么盼望上天此次能赐予她一位皇子。是男是女，绝对不一样，更何况正值前三位皇子俱亡的特别时刻。因此，她在千辛万苦终于产下一个男婴时，脸上浮现出无限幸福的笑容：我已经儿女俱全了，我已是真正的全贵妃了。

与钮祜禄氏同样等得心焦的是道光帝。让全贵妃在湛静斋生产，很可能是道光帝给全贵妃的特别待遇。湛静斋在乾隆时名九洲清晏，为圆明园最大且最为重要的建筑。道光帝住园时多在此地，他也可以就近了解消息吧。

皇四子出生时间为丑时，按照现在的时间刻度，为清晨1时至3时。当这位排位第四，实居皇长子之位的男婴以响亮的啼哭惊动夜空时，道光帝似乎听到的是一种绝妙无比的音乐。他给皇四子起了不同以往的名字"奕詝"——不再像奕纬、奕纲、奕继那样系于"糸"旁，而用了"言"旁（清代制度，皇室男性名字第一个字表示辈分，由康熙帝确定，排行次序为允、弘、永、绵、奕、载、溥等；而皇帝之子第二个字使用同一偏旁。奕詝之后，诸皇子名皆用"言"旁）。

湛静斋，到了1850年皇四子奕詝登基后，改名为基福堂。❷它是个福地。又到了1860年英法联军入侵时，被英军焚毁，它又成了灾地。

皇四子奕詝的降生，仿佛是一个吉兆。仅仅六天之后，1831年7月23日，祥妃钮祜禄氏生下皇五子奕誴。过一年半，1833年1月11日，静妃博尔济锦氏生下皇六子奕訢。越七年，1840年10月16日，贵人乌雅氏生下皇七子奕譞。又四年，1844年2月24日，由贵人晋为琳妃的乌雅氏又生下皇八子奕詥。再一年，1845年11月15日，琳妃乌雅氏再生下皇九子奕譓。这是道光帝最后一个儿子，是年，他63岁。❸

---

❶《清稗类钞》，中华书局，1984年，第1册，第17页。

❷咸丰帝奕詝生于圆明园湛静斋，可见证于《清实录》及其他史书。

❸唐邦治：《清皇室四谱》卷三，《皇子》。

《璇宫春霭图》，清宫廷画家绘。描绘了皇四子奕𬣞与生母孝全皇后钮祜禄氏的后宫生活

一下子有了这么多的儿子，可谓喜福事。即便从皇位继承的角度考虑，选择面越大，就越有可能挑出英主。若仅有一子，是明是暗都是他了，朝廷的前景也就明暗不清了。在王朝政治中，确立皇储，是无可争议的头等大事。

然而，要从这六个儿子中，选出一个能继承光大祖业的接班人，决非易事。这与平常人家不一样，可以析分家产，纵然出了一群败家子，只要有一个争气，仍可耀祖光宗。可皇太子只能有一个，一旦继位，便无可挽回。往小里讲，宗庙社稷动摇；往大里说，整个国家数亿生灵都要遭殃。这需要一种非凡的识力。

道光帝是一个资质平常的人，不具想象力，也乏创造力。他的为政之道曰"守成"，即用祖宗的成法，让御笔《恭俭惟德》贴落。道光元年书。他还将此四字镌刻印章,以自警。"恭俭惟德"一词出自《尚书·周官》。

祖宗之业再度辉煌。然而,时代不同了。自乾隆后期起,清王朝已经进入了中国历代王朝"治""乱"循环的又一曲折,康、雍、乾盛世风光已是流水不复;而鸦片战争(1840年至1842年)中西方殖民者大兵入侵,又改变了中国社会惯常的轨道。道光帝曾经用祖宗成法平定了西北的张格尔叛乱,而同样的祖宗成法却在东南海疆一败再败于英"夷"的坚船利炮。

道光帝也有长处,那就是办事认真,讲究实际。他虽然不能判明清王朝所患病症在于制度本身,起而改革旧制,但却能从病理上细心喂药,追求调理温补疗效。他曾对一名即将赴新任的官员说道:

> 汝此去,诸事整顿,我亦说不了许多,譬如人家一所大房子,年深月久,不是东边倒塌,即是西边剥落,住房人随时粘补修理,自然一律整齐,若任听破坏,必至要动大工。此语虽小,可以喻大,是曲突徙薪之论也,汝当思之。❶

由此可见其医头医脚实行保守疗法不肯动大手术的复杂内心。他从来小心谨慎,不冒任何风险。

道光帝就是这样一位不具有长距离、宽视野的人,目光短浅。看

---

❶ 张集馨:《道咸宦海见闻录》,中华书局,1981年,第89页。

一 皇四子与皇六子 | 11

人尤其成问题。手下的大臣们经常几上几下，其中最出名的有英和、杨芳、琦善和林则徐。

正因为如此，当道光帝将眼光放在众皇子身上，欲选定一个接班人时，迷眼了。

普天下的父亲从来都只是在口头上宣称对其所有子女皆一视同仁，在其内心中必有亲疏厚薄之分。同样，六位皇子在道光帝心中也地位有别，并不是都有可能入选储君的。

首先是皇七子奕譞、皇八子奕詥、皇九子奕譓被淘汰出局。他们分别小道光帝58岁、62岁、63岁。天有不测风云，万岁爷总不能万岁。一旦自己归西，这么小的儿子又如何担起大任。此非寻常膝下弄子的欢乐，而决定着王朝的命运，道光帝必须抛弃个人的情感，不管这些牙牙学语的小家伙显得多么可爱。

还剩下皇四子、皇五子、皇六子。

皇五子奕誴看来性格不稳，言行浮躁，不是一块做大事的料子。其生母祥妃钮祜禄氏也越来越张狂了，不成体统。此子不能入选。于是，1846年2月，道光帝干脆采取行动，将皇五子奕誴过继给自己的三弟、已经去世八年而无后的惇恪亲王绵恺，降袭为惇郡王。这等于明白宣布奕誴不可能入继大统。至于其生母祥妃钮祜禄氏也被降为贵人，不再居于主位。从后来的事实来看，道光帝的这一举措应当说是非常正确的。惇郡王（后晋为亲王）奕誴确实当不了皇帝，备多滑稽恶作剧。相传他酒量很大，宴客时虽设菜肴，却不准宾客下箸，只许饮酒终席。有肚饥者索要饭食，则给韭馅包子，极为辛辣而难以下咽，以博哄堂一笑。❶至于天热时葛衣葵扇箕踞什刹海（位北京北海之北）纳凉，更是一派市井豪杰的风光。京城地面上留下了不少这位老五爷的故事。

❶ 崇彝：《道咸以来朝野杂记》，北京古籍出版社，1982年，第76页。

还剩下皇四子和皇六子。

如果说皇五子的生母为道光帝所不喜是其终被排斥的重要原因的话,那么,皇四子奕詝的生母为道光帝最宠爱,可能会助其占优。按照清代制度,皇帝拥有一皇后、一皇贵妃、两贵妃、四妃、六嫔,贵人以下无定数。可道光帝在 38 岁继位后,仅追封已故的嫡福晋钮祜禄氏为孝穆皇后,立继福晋佟佳氏为皇后,而皇贵妃、贵妃、妃三个品级暂空。奕詝的生母钮祜禄氏是第一个赐嫔、第一个晋妃、第一个晋贵妃。1833 年,皇后佟佳氏去世,她又晋为全皇贵妃,旨命摄六宫事。一年后,又被立为皇后。虽说按清代制度,皇后之子并无立储之优先,但从古今中外的历史来看,谁又敢低估这方面的影响呢?

可是,奕詝的好景不长。他 9 岁时,新皇后钮祜禄氏也驾崩了,终年仅 32 岁,谥孝全。道光帝将他归皇六子的生母静贵妃博尔济锦氏抚养。

博尔济锦氏,刑部员外郎花良阿之女,生于 1812 年,小道光帝 30 岁。入宫时赐号静贵人。1826 年封静嫔,1827 年晋静妃,1834 年晋静贵妃。她先后为道光帝生了皇二子、皇三子、皇六女、皇六子。皇后钮祜禄氏去世后,道光帝晋她为静皇贵妃。但是,道光帝尽管宠爱她(宫中迁晋仅次于奕詝的生母钮祜禄氏),但却没有立她为皇后,而且也不再立后了。这或许是追念孝全皇后钮祜禄氏吧?

就外表形象,皇四子奕詝比不上皇六子奕䜣那般俊美,而且还是个跛子。私家笔记称:

> 文宗(即奕詝死后的庙号)体弱,骑术亦娴,为皇子时,从猎南苑,驰逐群兽之际,坠马伤股。经上驷院正骨医治之,故终身行路不甚便。❷

---

❷ 崇彝:《道咸以来朝野杂记》,第 2 页。

孝全成皇后（1808—1840）朝服像。道光十四（1834）年十月，立奕詝生母皇贵妃钮祜禄氏为皇后

此条笔记的作者称，消息来自惇王府人云（即奕誴那一支）；而撰写时，又已是民国，故敢透露消息来源，看来比较可靠。若从凡人的眼光来看，跛子不太合真龙天子之相。道光帝对此又怎么看呢？

道光帝虽说并无识人之才，但也很明显地感觉到这两个儿子的差别：皇四子奕詝老成持重贤慧，但才气稍逊；皇六子奕䜣才气不凡且明慧冠人，但看起来不那么靠得住。两人各有所长。犹如今日的教师和家长，不明显地分成两派，一派喜欢老实听话学习成绩优良的孩子，一派却偏爱聪明好动学习成绩时好时坏的孩子。虽说这两类孩子都很可爱，但若长大成人放在负责任的位置上去，后一类孩子似乎明显优胜，尽管可能闯的祸也大。至于"看起来不那么靠得住"之类的评价，是凡人对才子的普遍看法，未必可靠。

在专制社会中，立储之事只能出自圣裁。旁人的建言本已逾规，若言而不中更有危险。康熙帝立储之事引起了多大的纠纷，以致雍正帝上台后杀的杀、关的关、管的管，一片刀光血影。殷鉴不远。雍正帝由此而创造了密建制度：由皇帝密写立储谕旨封于匣内，藏于乾清宫"正大光明"匾后，待皇帝死后，由御前大臣、军机大臣等共同启示，按"御书"所定，嗣皇帝继位。乾隆帝更是将此方法定为永久的制度。

密建制度避免了众皇子为争夺皇位的纷争，避免了内外大臣互相勾结为拥立所亲近的皇子的纷争。因为，所有的一切，在皇帝未死之前绝对秘密。皇子欲被选为皇太子，只能靠自己的表现而赢得父皇的心。

这样一来，道光帝更麻烦了。他不能像其他军国大事一样，听听臣子们的意见，甚至公开地表示对某一皇子的好恶也会引起宫内外的一些混乱。他只能自己看，自己想，自己作判断，并将一切放在心底。而在他的心底，皇四子与皇六子又难分上下。由此，他举棋不定，难下决心。兹事体大！

道光帝的秉性决定了他与皇四子奕詝更易相通。他们是相同类型的人。往好处说，可谓英雄所见略同；朝坏处讲，又可称惺惺惜惺惺，或曰同病相怜。皇四子奕詝被选中的可能性极大。但道光帝始终关注着皇六子奕䜣，似也经常考虑立奕䜣为储君。野史中称：

> 宣宗（即道光帝）晚年最钟爱恭忠亲王（即奕䜣），欲以大业付之。金合缄名时，几书恭王名者数矣。以文宗（即奕詝）贤

且居长,故逡巡未决。❶

又称:

宣宗倦勤时,以恭王奕䜣最为成皇后(指静皇贵妃博尔济锦氏,后将详述)所宠,尝预书其名,置殿额内。有内监在阶下窥伺,见末笔甚长,疑所书者为奕䜣,故其事稍闻于外。宣宗知而恶之,乃更立文宗。成皇后后宣宗崩,病笃时,文宗侍侧,后昏瞀,以为奕䜣,乃持其手而谓之曰:"阿玛(满语父亲之意)本意立汝,今若此,命也。汝宜自爱。"旋悟为文宗,窘极。文宗乃叩头自誓,必当保全奕䜣。

又称:

恭王为宣宗第六子,天姿颖异,宣宗极钟爱之,恩宠为皇子冠,几夺嫡者数。宣宗将崩,忽命内侍宣六阿哥。适文宗入宫,至寝门请安,闻命惶惑,疾入侍。宣宗见之微叹,昏迷中,犹问

"六阿哥到否"。迨王（指恭王奕訢）至，驾已崩矣。文宗即位，恭王被嫌……❷

对皇位继承有异议的文字，大凡是很少见的。一是密建制度确定其机密性和可靠性；二是当时人特别是当事人也不敢对嗣皇帝表示不敬。自雍正帝后，乾隆、嘉庆、道光三朝皇帝登位均无异闻，此次却冒出如此传闻。然而，上引三条材料，都无法得到验证，我们甚至大可怀疑其可靠性。第一条称道光帝几次想在立储谕旨上写上奕訢的名字，这纯粹是个人的心理活动，外人何能知之？第二条称太监窥伺末笔甚长，认为是奕訢，更似天方夜谭。第三条描写道光帝临终之情景，不仅与官方文书的说法不一，而且暗喻先到达者可能继位，更与清代制度不符。我们若从三条材料的文字来看，既称奕詝为文宗，当在奕詝死后，此时奕訢权重一时，更可以解释为何这种说法流行一时。

那么，奕訢有可能入选的说法仅仅是空穴来风吗？

不是的，档案材料对此有明确的记载。

1846年，道光帝已经64岁了，时感不适，犹豫甚久的立储大事再也不能犹豫了。8月7日，他下了最后的决心，朱笔写下了立储御书。

《道光帝行乐图》，清宫廷画家绘。道光帝端坐于书案前，皇四子奕詝、皇六子奕訢兄弟在芳润轩中读书、习文，皇七子奕譞、皇八子奕詥、皇九子奕譓正在放风筝，皇五子奕誴已过继，故画中未出现

❶《清朝野史大观》，上海书店印行，1981年，卷七，第101页。

❷《清稗类钞》，第1册，第367页。

道光帝便服像

现存中国第一历史档案馆的这份御书，为 9.5×21.6 厘米的四扣折纸，右起第一行写道：

皇六子奕䜣封为亲王

右起第二行写道：

皇四子奕詝立为皇太子

右起第三行是第二行内容的满文。（见第 28 页图）

这一份御书用两层黄纸包封，第一层黄纸上用朱笔写着道光二十六年六月十六日（即 1846 年 8 月 7 日），并有道光帝的亲笔签名。第二层黄纸上又用朱笔写着满文"万年"，并有道光帝的签名。在一份御书上写上两个人的名字，是前所未有的。守成的道光帝这一破例，表露了他在皇四子和皇六子之间犹豫徘徊的心情。他虽然最终选择了奕詝，但也给了奕䜣他所能给予的最高地位。一切关于皇四子、皇六子的传闻都由这一份御书而得到了证实。

而在中国第一历史档案馆保存的立储镡匣，似更能说明问题。它是以楠木制成，十分精美，除安放合叶的一面外，能开启的三边均贴有封条，两端的封条上有道光帝的亲笔签名，而正面的封条上除了道光帝的签名外，另有道光帝亲书：

道光二十六年立秋（以下字迹残缺）❶

案：道光二十六年立秋为阳历 1846 年 8 月 8 日，阴历六月十七日，是道光帝立储的第二天。也就是说，道光帝写完朱谕后，仍然在犹豫，

---

❶ 有关道光帝的立储御书及镡匣，可参见李鹏年：《雍正创建秘密立储制度》，收入《清宫史事》，紫禁城出版社，1986 年。

看看自己是否作出了错误的选择。直到第二天，他才下定决心。

从档案中，我们看不到道光帝在此之前是否有立储行动，但可以确定，在此之后，道光帝没有变更过。这时，离他去世之日，尚有3年6个月16天。

天平终于倾向一边。皇六子奕䜣最后被淘汰出局。后来的人们一百多年来不停地指责道光帝犯了重大错误。奕䛆平庸，奕䜣机敏；奕䛆保守，奕䜣进取。在奕䛆把国家搞得一团糟之后，奕䜣竟收拾出"同光中兴"的局面。人们虽然不能肯定奕䜣替代奕䛆，就一定能挽救国运（奕䛆当政时，奕䜣主要时间为闲置；"同光中兴"也并非奕䜣一人的力量，而主要靠后起的曾国藩和李鸿章）；但人们可以肯定，若奕䜣来做皇帝，就不会有懿贵妃，不会有慈禧太后。这位才识浅薄权术精深的毒辣女人，揽政近五十年，给国家带来多少痛苦多少灾难……

人们的指责确实能够成立，因为他们依据的是可以看得见的历史结局。可是，道光帝又能看到什么？在他面前，只是一个刚满15岁的孩子，另一个还不到14岁。

两年后，1848年，道光帝为皇四子奕䛆举行了婚礼，册封太仆寺少卿富泰之女萨克达氏为皇子福晋；为皇六子奕䜣题写匾额"乐道堂"，"乐道"两字的含义也只有他本人才能解释清楚。又两年后，1850年，萨克达氏死去，这离道光帝的死期已经不远；只是"乐道堂"成了奕䜣自编诗集的题名，我们今天还能看到。

二 良师荩臣杜受田

尽管道光帝是独立自主地立皇四子奕詝为皇太子的，但我们有理由相信，他中了奕詝的师傅杜受田的计。

杜受田，山东滨州人，1787年生，官宦诗书人家出身。父亲杜堮，进士出身，曾任内阁学士、浙江学政，兵部、吏部、礼部侍郎。杜受田于1823年中进士（二甲一名，时称传胪），入翰林院，散馆后授编修，派过顺天、云南的考官，充过国史馆的提调。1833年，迁詹事府中允（正六品），派为陕西学政。因陕西巡抚是其儿女亲家，改为山西学政。

学政是管理一省学务之官，为该省当然的学林领袖，任期三年。按照清代制度，学政是差而不是官，其底缺仍是原任之官，而且出任学政也不影响其官缺的迁转。❶ 学政一般由中过进士入过翰林院侍郎以下京官派充，因此，由正六品至正二品都有，颇有只讲学问不讲地位的味道。

杜受田出任山西学政后，其底缺也于次年升为詹事府洗马（从五品）。但到了1835年9月，他的任期尚未满，突然接到谕旨，召他回京供职。次年2月，旨命"入值上书房"。

上书房是皇子读书的地方。清代皇家制度，皇子六岁入上书房读书，除了上书房的总师傅外，每一名皇子都派有一名师傅，教汉文经

---

❶ 如杜受田的父亲杜堮1821年以兵部右侍郎（正二品）放浙江学政，并于1822年改为吏部右侍郎，1825年奉召回京。

典，另派满人授满文，称"谙达"。由于清朝以儒家礼教治天下，汉人师傅的地位，远远高于满人谙达。

上书房的师傅，如同各省学政一样，是差而不是官，无品级的规定，一般选择京官中学问精深者充任。杜受田虽外派山西学政，底缺仍在詹事府，属京官。道光帝匆匆忙忙召其回京，是选他为皇四子奕詝的师傅。

1836年农历新年一过，按中国传统算法，皇四子奕詝已到了六岁（尽管实际年龄仅四岁半），端装正色来到上书房，拜年已49岁的杜受田为师，开始习研成书于两千多年前的《论语》《孟子》《大学》《中庸》，静静地听着这位来自孔孟家乡的老师深入浅出地讲解。

这一年，是蒸汽机的发明者瓦特（James Watt）100周年诞辰，是伏打（A.Volta）发明电池的第34年，是莫尔斯（A.Morse）发明电报电码的第二年，而达尔文（C.Darwin）正随船作全球考察，研究生物。

这一年，贝多芬（L.Beethoven）已去世9年，巴尔扎克（H.Balzac）正处于《人间喜剧》的创作高潮，马克思（K.Marx）在柏林大学攻读法律和哲学，而欧洲又进入新一轮的经济危机。

这一年，英国任命义律（C.Elliot）为对华商务总监督，输入中国的鸦片已达2.8万箱，白银外流超过500万元，太常寺卿许乃济上奏请求弛禁鸦片。

…………

尽管按照现代教育学的理论，我们有理由认为，奕詝四岁半读书太早；尽管按照社会发展的趋向，我们更有理由指责，孔孟经典不适宜作为教材，教育应当包括新科技、新文化；但是，在那个时代，中国与外部世界隔绝，即便是知识精英，也认为孔孟之道是学问的顶峰。在那种氛围里，若有从事科学技术的人，自己都会认为自己"不学无术"。更何况沿袭了近两百年的上书房制度，已经"成功"地培养出五代皇帝，包括康、雍、乾三朝英主。功绩俱在，夫复何言？

上书房是造就皇帝的地方。在中国做皇帝就一定要懂"四书五经"。这一切，实为中国历史使然，实为中国社会使然，尽管与世界潮流背道而驰。

那么，这么枯燥的教学内容，杜受田的教授效果究竟如何呢？

作为学生，奕詝做了皇帝后有过评价，褒扬非常。1850年，他说道：

> 朕自六岁入学读书，仰蒙皇考（即道光帝）特谕杜受田为朕讲习讨论，十余年来，启迪多方，恪勤罔懈，受益良多。

1852年，又说道：

> 杜受田品端学粹，正色立朝。皇考宣宗成皇帝深加倚重，特简为朕师傅。忆在书斋，朝夕讷诲，凡所陈说，悉本唐、虞、三代圣贤相传之旨，实能发明蕴奥，体用兼赅。❶

这些话充满着学生对老师的感激之情，而其中值得注意的有两点：一是称其十余年来恪勤罔懈，朝夕讷诲，看来杜受田确实为此花费了全部的精力。他与奕詝每天相处的时间很长，很可能是失去生母且对肃穆的父皇有畏惧感的皇四子最亲近也最具影响力的人。二是称其讲学中经常引据为孔子最推崇而比孔子还早两千年的三代故事，由此可见杜受田的治学方法和政治思想。

---

❶《清史列传·杜受田传》，中华书局，1987年，第11册，第3198、3203页。

不仅是学生满意，看来学生的家长道光帝也很满意。身为皇帝，不必也不应直接评价，但可运用手中的皇权，不停地为之升官晋级。1837年3月，杜受田擢为詹事府右庶子（正五品），1838年1月升为翰林院侍讲学士（从四品），5月迁侍读学士，8月晋内阁学士（从二品，连跳三级），1839年1月再擢工部左侍郎（正二品）。由从五品的洗马到正二品的侍郎，杜受田用了不到三年的时间，可谓飞黄腾达。道光帝为了不分散杜受田的精力，授其为内阁学士时还特谕："专心授读，毋庸到阁批本。"此外，道光帝还经常派他一些读书出身的官员最为心仪的差使：1840年朝考阅卷大臣、1841年会试副考官、1844年顺天乡试正考官、1847年会试副考官。这不仅有房师、座师的荣誉，而且可得学子们的银两孝敬。

随着道光帝对奕詝越来越看重，对杜受田也越来越重用。此时他的用意不仅仅是褒扬，且有希望他以重臣的地位辅佐新君之目的。1844年2月，杜受田升左都御史（从一品），1845年1月迁工部尚书。1846年10月，杜受田六十生辰（按周年计算为59岁），道光帝此时已密立奕詝为皇太子，御书"福""寿"字并诸珍物赐赏之。1849年，再授杜受田为上书房总师傅。

如果我们离开这些学生的评价和君主的隆恩，就实际而论杜受田的授学功夫，可以看到，奕詝登基后朱批朱谕的文字功力在清代诸帝中还属中上，字也写得不坏，对儒家礼教和清代制度均为熟悉。考虑到奕詝智商平平，杜受田的功绩实不可没。

清代设立上书房的目的，并非是要培养出对传统经典造诣深厚的学者；上书房的学生无须参加折磨人的科举考试，以证明自己的学力，以证明教师的水准。这与当时的一切学校、书院、私塾有着原则的区别。

可是，上书房里并非无标准可言。学生就要争取被立为储君，师傅就要争取成为帝师。这是唯一的鉴定和检验，虽然永远不会有人明说，但谁都能感到它的存在。

平静的上书房，实际上与硝烟弥漫的战场无异。上书房的学生，有如角斗士，而他们的师傅，有如教练。

然而，皇位的竞争决不能公开进行，皇子之间必须以谦让为怀，康熙朝的故事不能重演。一切都须在暗中进行，如同平静海面之下的湍湍急流。作为孩子的奕詝，一开始还不能明白这些道理，即使明白也不知所措；但杜受田老谋深算，从他入值上书房的第一天起，便暗暗下决心，一定要拥戴奕詝获取皇位，建立非常之功勋。一年后，当奕䜣适龄而入上书房时，杜受田立即注意到了这位美貌少年，知道他已经遇到了真正的对手。

大凡皇子相争之类的史料是很难寻觅的，对乾隆、嘉庆、道光三朝皇帝，根本找不到这方面的材料。然对奕詝，野史中有两则记载。其一称：

> 皇四子之师傅为杜受田，皇六子之师傅为卓秉恬。道光之季，宣宗衰病，一日召二皇子入对，将藉以决定储位。二皇子各请命于其师。卓教恭王，以上（指皇上）如有所垂询，当知无不言，言无不尽。杜则谓咸丰帝曰："阿哥（清代称未成年皇子为阿哥）如条陈时政，智识万不敌六爷。惟有一策，皇上若自言老病，将不久于此位，阿哥惟伏地流涕，以表孺慕之诚而已。"如其言，帝大悦，谓"皇四子仁孝"，储位遂定。❶

另一则更妙。称是道光帝命诸皇子校猎南苑，按清代制度，皇子外出须向老师请假，以示尊师。当奕詝临行前向杜受田请假时，杜在他的

---

❶《清朝野史大观》卷一，第64页。

耳边密授机宜：

> 阿哥至围场中，但坐观他人骑射，万勿发一枪一矢，并当约束从人，不得捕一生物。复命时，上若问及，但对以时方春和，鸟兽孳育，不忍伤生命以干天和；且不欲以弓马一日之长，与诸弟竞争也。阿哥第以此对，必能上契圣心。此一生荣楛关头，当切记无忽也。

奕詝果然依计行事。这一天，皇六子奕䜣射得禽兽最多，顾盼自喜，见奕詝只是默坐，从者亦垂手侍立，感到奇怪而问其故。奕詝只是轻描淡写地答道："没有什么，今天不舒服，不敢驰逐"，便把奕䜣打发了。到了晚上，道光帝见奕詝一无所获，询问之，奕詝按杜受田所教之言答复。道光帝大喜，"是真有君子之度也"，遂决定了立储人选。❶

这两则记载的可靠性很难确定，因为这些计谋只有杜受田、奕詝两人心知，何至传到外边。但此两则记载又在民间广泛流传，后者竟在20世纪20年代为一些学者列入具有正史地位的《清史稿·杜受田传》，可见此说深入人心。我们虽不能验证这两条记载，但可以肯定杜受田为奕詝夺得皇位建立过奇功。这一点，只消看看杜受田死后咸丰帝所颁殊荣便可明白（后将详述）。另外，我们也可设想一下，资质平常的奕詝如何战胜才华横溢的奕䜣，不靠这些非常手段能行吗？

在奕詝和奕䜣的角力中，奕䜣的教练卓秉恬也是位高手。1802年，他19岁便高中进士，入翰林院，散馆后由词臣转谏台，1837年以吏部左侍郎放浙江学政，当年便被召回，任兵部、户部、吏部尚书等职，授体仁阁大学士。从史料上看，他似乎不是奕䜣的正式师傅❷，找不到他入值上书房的记载，很可能是见奕䜣少年英姿而自充"业余教练"的。而在他调教下的奕䜣也十分了得，文武双全❸，处处将奕詝打得

---

❶《清朝野史大观》卷七，第101页。

❷ 从史料上看，奕䜣的第一个师傅是翁心存，第二个师傅是贾桢。但卓秉恬曾整顿过宗学，并获成功，以至被任命为宗人府府丞。或许是他的这一经历，使得他关心皇室教育。

❸ 奕詝和奕䜣曾在少年时期一同习武，并创制枪法二十八势，刀法十八势，道光帝命名为"棣华协力""宝锷宣威"。此事在《清实录》中

道光二十九年道光帝赠奕䜣金桃皮鞘白虹刀，刀尾部一面刻"道光年制"，另一面刻"白虹"。道光帝同时另赐奕䜣锐捷刀

落花流水。卓秉恬相信，作为裁判的道光帝，一定会分出个高下。

技高一筹的杜受田却在竞赛中发现了纰漏，身为裁判的道光帝同时又是游戏规则的制定者。于是，他指挥奕䜣调整方向，以孝道来对抗才识，以仁义来反击武功。实际上，他不是让奕䜣和奕䜣竞争，而将进攻的方向改为道光帝——直取裁判。在当时的环境中，儒家的"仁""孝"是第一位的，而事功之类等而下之。20世纪六七十年代的"红""专"矛盾与此相似。红与专相比，往往会有微妙的优势。

可以说，卓秉恬指挥奕䜣战胜了奕䜣，而杜受田指挥奕䜣战胜了道光帝。

尽管人们可以有意见，但裁判最后的判决，却是不可改变的。

1850年1月23日，道光帝的继母孝和皇太后去世，年老多病的道光帝备受打击，身体一下子便垮了下来。❹2月24日，他终于坚持

称由奕䜣一人所为，但从道光帝另赠奕䜣一柄金桃皮鞘白虹刀来看，应是奕䜣的功劳更大些。（见《清史稿》卷二二七，《奕䜣传》）

❹ 道光帝以孝道著称，他的生母于1797年去世，此后半个多世纪，他一直将继母当作生母来侍奉。从《清实录》中看，他每天一早第一件事便是向这位皇太后请安。道光帝操办丧事以致自己不保的情节，可参见《清实录》。

不住了，病倒在床上。这一天，他破了登基近三十年的例，没有看奏章，而是召见了五位重臣，其中四位是军机大臣❶，剩下的一位是杜受田。很可能到了这个时候，杜受田才知道，他赢了。

1850年2月25日，道光帝自觉已走到人生尽头，于卯刻（早上五至七时）召见宗人府、御前、军机、内务府十位大臣。❷早已焦急地等候在寝宫外的大臣，听宣入内被道光帝召至榻前。尽管道光帝已临死亡，仍坚持冠服端坐，吃力地宣布他的决定：皇四子奕詝立为皇太子。未久，奕詝也被召来，各大臣在新老两位君主的面前，打开了镡匣，展阅1846年道光帝的立储谕旨。❸此外，道光帝还颁下一份朱谕：

> 皇四子奕詝著立为皇太子，尔王大臣等何待朕言，其同心赞辅，总以国计民生为重，无恤其他。

道光帝立储朱谕、镡匣及临终朱谕

❶ 四位军机大臣为祁寯藻、何汝霖、陈孚恩、季芝昌。

❷ 十位顾命大臣为宗人府宗令载铨，御前大臣载垣、端华、僧格林沁，军机大臣穆彰阿、赛尚阿、何汝霖、陈孚恩、季芝昌，总管内务府大臣文庆。其中载垣、端华于十一年后又成了顾命大臣。

❸ 以上情节据季芝昌年谱，《清实录》的记载与此有异，称道光帝打开镡匣，展示朱谕时，奕詝并不在场，可能是为了掩饰奕詝没有推让而故意漏

这是道光帝写下的最后一道朱谕，今藏于中国第一历史档案馆，字迹草乱，可见是道光帝在痛苦中挣扎写出的。到了中午，道光帝归西，顾命大臣立即请奕詝"正尊位"。

道光帝死于圆明园慎德堂，按照清代制度，新皇帝奕詝当日下午护送大行皇帝的遗体至城内紫禁城乾清宫停放。而这位新君作出的第一个决定是：

以上书房为倚庐，席地寝苫。❹

"倚庐"是居父母丧时所住的房子。紫禁城里有上万间房子，为何不选别处，偏偏选择上书房？奕詝这么做，明显地不是为房子，而是能够方便地见到杜受田。❺犹如一位离不开母亲的孩子，这位青年看来像被突如其来的事件震呆了，不知所措，需要他的老师指点迷津。

道光帝的丧事按照皇家仪礼按部就班地进行，新皇帝的登基大典定于1850年3月9日举行。在这吉庆的日子里，大驾卤簿全设，奕詝在簇拥中坐上了太和殿的御座，接受百官朝贺，宣布改明年为咸丰元年。尽管王公大臣人头密密，可他一眼就看到了站在工部尚书位置上的杜受田。

站在朝贺礼仪班次中的杜受田，端庄肃穆，仰视着登基大典一幕幕地进行。可他似乎什么也看不清了，只觉胸中涌动着一阵阵无可抑制的激动：我成功了，我创造了一代新君！也就是在这一时刻，他意识到，他和奕詝的关系，由师生变为君臣。

于是，他又暗下决心，做一个辅弼新君的干臣。

奕詝登基时，差4个月才满19岁。作为一个掌管4亿人口的大国君主，他显得太年轻，但从清代君主继位的年龄来看，他还不算太小：

去。季芝昌为顾命大臣，所叙应当更为可靠。

❹《清实录》第40册，中华书局，1986年，第68页。

❺按清代制度，杜受田旨命"入值上书房"，每天均可到上书房，但不能去宫中别处。若奕詝选择别处为倚庐，召见杜受田须由御前大臣带领，手续繁杂，十分不便。

二 良师荩臣杜受田 | 29

顺治帝福临 5 岁继位 13 岁亲政
康熙帝玄烨 7 岁继位 13 岁亲政
雍正帝胤禛 44 岁继位
乾隆帝弘历 24 岁继位
嘉庆帝颙琰 36 岁继位
道光帝旻宁 38 岁继位

可是，福临、玄烨登基后，朝政分别掌握在多尔衮、鳌拜手中，若抛开传统政治学中的"谋篡"罪名，应当说，这些辅政大臣于国政甚多功绩。乾隆帝弘历继位时虽不比奕詝大几岁，可他接手的是雍正帝留下的丰厚遗产，本人又才华横溢。

可咸丰帝奕詝呢，他接手的是道光帝留下的烂摊子，自己又乏才缺识，只得将求助的眼光转向杜受田。登基后，他频频给杜受田升官加爵：加太子太傅，兼署吏部尚书，迁刑部尚书，授协办大学士。这一方面是对杜氏为他谋取皇位的酬答，另一方面是对杜氏的倚重。

尽管杜受田在帮助奕詝登上帝座时显示了对中国政治的深刻理解，但他本人最大缺陷是缺乏实际经验。他没有做过地方官，处理过具体政务，就是在京官生涯中也只是做过户部、礼部、工部的堂官，而未在实际操作层面的司官一级工作过，且主要精力又放在教育奕詝上。他一生研习儒家经典，心得

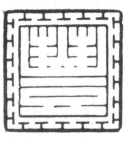

"咸""丰"组玺，鸡血石。印面 4 厘米见方，高 15.7 厘米。"咸"字阳文，"丰"字阴文，四周均用万字回纹装饰，一圆一方

道光帝旻宁（1782—1850）朝服像

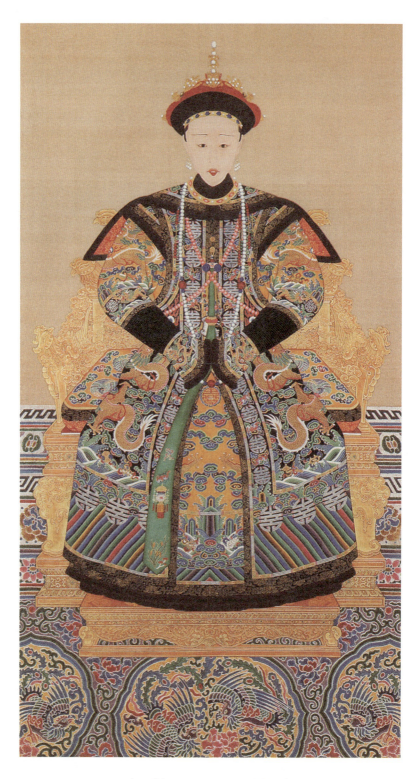

孝全成皇后(1808—1840)朝服像

道光帝立储朱谕、镴匣及临终朱谕

"咸""丰"组玺，鸡血石。印面4厘米见方，高15.7厘米。"咸"字阳文，"丰"字阴文，四周均用万字回纹装饰，一圆一方

咸丰帝（1831—1861）朝服像。纵 269 厘米，横 140 厘米

颇丰，由此引申出来的治国方案是一套一套，但只有做过具体工作的官员方能体会到儒家理论与实际工作有着多么遥远的距离，尽管人们常说"半部《论语》治天下"。

于是，杜氏开出的药方仍是按照祖制，让咸丰帝奕詝下诏求言求贤。1850年3月20日，奕詝登基后的第11天，便由内阁明发上谕❶：

> 凡九卿科道，有奏事之责者，于用人行政一切事务，皆得据实直陈，封章密奏，俾庶务不至失理，而民隐得以上闻。❷

"九卿"是指六部之外京内各小衙门的堂官，"科道"是指六科给事中、十三道御史之类的言官；虽说皇帝让所有具有奏事权的官员都发表意见，但点明"九卿科道"似乎要特别听听下级官员的意见。

七天后，3月27日，奕詝再次由内阁明诏求贤，命令各省总督、巡抚在其下属官员中保举"才德兼优、诚心任事"的能人。又过了二十多天，4月21日，他看到了一份奉旨奏事的折子，非常高兴，下旨曰：

> 著再饬谕在京部院大臣，各举所知，果有品学纯正、才德出众之员，无论京外家居，准其保奏……督、抚、提、镇、学政于政事有关得失者，著据实胪陈，备朕采择。其藩、臬两司，亦许各抒所见，密封交本省督、抚，代为呈奏。❸

这一谕旨将保举的范围扩大到不在职的官员，历来不得直接奏事的布政使、按察使，此时也获得了向天子进言的机会。

求言求贤，显示了君主的开明，但实际反映出来的是，咸丰帝此时对政事的不明，对人才的不察。这也是上级在不知所措时经常采用的方法之一。

---

❶ 清代制度，皇帝的谕旨分三类：由军机处转内阁所发，为公开的明发上谕；军机处寄各地各衙门，称"廷寄"或称"字寄"；军机交京内各衙门为"交片"。后两种不公开。

❷ 《清实录》第40册，第91页。

❸ 同上书，第95、116页。

二　良师荩臣杜受田

三道御旨下达后，奏章纷至沓来。在这些折片中，最为咸丰帝欣赏的有十余篇，而顶顶看中的是礼部侍郎曾国藩（这是在后面将要登场的重要人物），传旨褒奖；而各处报来的推荐人才的名单中，也有十余人传旨查看，准备进京引见，其中杜受田推荐了两人，一是鸦片战争中被革此时在家养病的林则徐，另一是当时的争议人物前漕运总督周天爵。

求言求贤一改道光末年政坛死气沉沉的局面。大约从1845年起，步入老年的道光帝就像众多老年人一样，贪图政治平静、耳边安静，"恶闻洋务及灾荒盗贼事"。❶皇帝身边的军机大臣也就报喜不报忧，掩饰真相，封杀言路，专拣好听的说给道光帝听。当时京师中有一制联云：

著、著、著，祖宗洪福臣之乐，
是、是、是，皇上天恩臣无事。❷

这一制联的矛头是对着首席军机大臣穆彰阿的。

咸丰帝此次求言，言路大开，许多官员凭实汇报，说出了许多咸丰帝未曾听闻、不敢相信的事情：各地盗贼蜂起，官员贪污腐败，兵弁懈怠嬉玩，财用困乏不继。美好的场景一下子被这么多的丑恶现象所替代，反倒激起了这位青年天子力挽狂澜的雄心。

可是，最最要紧的是解决问题的办法。

咸丰帝不像是一个没有主见的人，上书房中杜受田十四年的教诲发挥了作用。他最为欣赏的是各地官员按照儒家学说、祖宗制度提出的解决办法，甚至引经据典地指责当时的理学大师倭仁的一些意见（这些意见也是从礼教中引申出来），足显示其学识功力。杜受田看到自己的好学生如此办理，心中高兴无比，私下里或许给了一个"优

❶ 崇彝：《道咸以来朝野杂记》，第56页。

❷《清稗类钞》第4册，第1584页。

秀"的成绩。这一对君臣相信,只要按照儒家学说、祖宗制度来办理,天下一定大治。

然而问题就出在社会的各种弊端,皆源于儒家学说和祖宗制度,以此去救世,如同以火救火,以水治水。周期性的王朝治乱,被传统史学家荒谬地概括为性理名教的兴废所致,使人们坚信,不是经不好,而是和尚念歪了经。殊不知"治""兴"非为念经正,"乱""废"亦非不念经。当理论与实际相背离时,经不能不念歪。

一道道谕旨发往各地,官员们纷纷称赞圣旨英明。可政治却没有起色,局势反越来越坏。谁又敢说圣旨无效无用呢,最聪明的方法是用纸将火包起来,等到烧穿了那天再说。

这一段君臣相处的日子,奕詝后来回忆道:

> 朕即位后,(杜受田)周谘时政利弊,民生疾苦,亦能尽心献替,启沃良多。
>
> 每召见时,于用人行政、国计民生,造膝敷陈,深资匡弼。❸

由此可见杜受田的作用之大。但是,君臣俩一心厘清恶弊的种种举措,纷纷坠落于黑暗政治的潜网中,无声无息地消失了。他们俩竟然对此毫无察觉,问题是谁也不会对他们说。

在咸丰帝登基后的最初两年里,杜受田几乎是随侍左右。当咸丰帝拜谒道光帝陵寝——慕陵以及东陵时,旨命杜受田"留京办事",很有替天子看家的味道。1852年,因黄河在丰县破坝决口❹,水漫山东、江苏,百姓生计无着。看来咸丰帝对地方官敷衍草率不好好念经感到气愤,派杜受田亲自前往调查解决。

奉旨出京的杜受田果然实心办实事,一路上风尘仆仆,详查灾情,请旨赈粮。8月,到达江苏清河(今清江市),炎热的天气、潮湿的

---

❸《清史列传》第11册,
第3002页。

❹当时黄河由南道即淮河
水道入海,与今不同。

道光帝陵寝——慕陵隆恩门，河北易县泰宁山。咸丰帝继位后多次拜谒

环境触发旧患肝症，再加劳累过度心力交瘁，于 22 日病故。

当杜受田去世的消息传到北京时，咸丰帝声泪俱下，悲痛异常，朱笔写下了一段极富个人感情的话：

> 忆昔在书斋，日承清诲，铭切五中。自前岁春，懔承大宝，方冀赞襄帷幄，谠论常闻。讵料永无晤对之期，十七年情怀付于逝水。呜呼！卿之不幸，实朕之不幸也！❶

"赞襄帷幄"一语出自被"赞襄"的皇帝本人之口，道出的不仅是对杜受田的赞扬，而且还稍稍流露出对杜受田的依赖。这一词语，咸丰帝后来还多次用过。

❶《清史列传》第 11 册，第 3202 页。

❷ 清代谥"文正"者仅八人：汤斌、刘统勋、朱珪、曹振镛、杜受田、

杜受田的丧事，规格高得异乎寻常：赏陀罗经被、赏银五千两、赠太师大学士、命沿途地方官亲自照料护送灵柩。咸丰帝还打破常规，不待内阁票拟，自行特谥"文正"❷。11月15日，他亲自到杜受田的家中奠醊，抚棺洒泪，悲悼实深，在场者无不动容。他哭的是杜受田？他是为自己而哭！

　　杜受田死了，咸丰帝由此体会到了孤独。局势的恶化使纸终于包不住火，于是他更思念这位荩臣。1853年春，他到国子监临雍讲学，特派其五弟奕誴祭奠这位恩师。当日颁下的谕旨明晰地流露其心情："（杜受田）倘能久在左右，于时事艰虞，多有补救。"❸他又是多么希望杜受田能帮助他挽救岌岌可危的朝运。

　　杜受田死了，咸丰帝将他不尽的思念转化为对杜氏家人的隆恩。杜受田的父亲前礼部侍郎杜堮，赏礼部尚书衔，赏食全俸；杜受田的长子杜翰，时以翰林院检讨放湖北学政，15个月就由从五品提升至正二品的侍郎，并进为军机大臣；杜受田的次子杜翮，亦升至侍郎；杜受田的三个孙子，全都加恩赏给举人，准一体参加会试。

　　杜受田死了，死得又是那么安详。作为师，造就一代君主；作为臣，做到鞠躬尽瘁。他再也看不到历史的结局。倘若他天上之灵知道亲手培养的奕詝，正因他送上皇位而早早丢掉了性命，会不会后悔自责呢？

曾国藩、李鸿藻、孙家鼐，为谥号最高待遇。又，清代制度，赐谥须由内阁票拟，再由皇帝钦定。

❸《清史列传》第11册，第3204页。

三　射偏了的箭

治清史的同行们有一个共识，即清代的皇帝个个励精图治（至于是否能做到当属另一回事），不似明代那几个昏君，居然几年不上朝，放任国运衰败。

造成这一情况的部分原因是清代的制度。

自明太祖朱元璋废除丞相之后，明、清两代都是皇帝亲理政务。虽说天子圣明万能，但一个人毕竟忙不过来，在实际操作中逐渐形成了辅佐班子。这在明代为内阁，到了清代，除沿袭内阁外，康熙时出现了南书房，雍正时又设置军机处。

从性质上讲，明代内阁、清代军机处都是皇帝的秘书班子，工作任务是为皇帝拟旨。明代的内阁大学士、清代的军机大臣，也都是差而不是官，由皇帝钦定，不必循官场之例迁转。但两者之间最大区别在于，明代各地、各衙门的报告先交内阁，由内阁对此提出处理意见，谓"票拟"，再交皇帝审阅，批准后作为谕旨下达。皇帝若懒得动笔，可由司礼、秉笔太监代劳。这就出现一条缝隙，政务可以由内阁、司笔太监转化为谕旨。❶清代不同了，沿袭明代的题本制度（同样交内阁票拟），到了勤政的雍正帝手中，大多变为奏折。奏折由具有奏事权的官员❷亲封，由皇帝亲拆，皇帝批阅后下发军机处，由军机大臣根据皇帝的朱批或面谕拟旨，再经皇帝批准后下发。在这种体制下，

---

❶ 明代的这种制度经常性地造成内阁与宦官的对立甚至对抗。司礼、秉笔太监利用其朱批权形成了势力极大的宦官集团，左右政治，如魏忠贤等人；而内阁权重时也出现过严嵩等权相。清代的变化，吸取了明代的教训。

❷ 清代有直接上奏权的官员，在中央有六部九卿和给事中、御史等言官，在地方为总督、巡抚、提督、总兵、学政，但提督、总兵、学政很少上奏，布政使、按察使

皇帝若不及时发下奏章，政务中枢即梗塞。❸ 至于皇帝批阅奏章专用的朱笔，太监谁也动不得，那可是杀头的罪名。

以一个人的精力和智慧，每天要阅读、研究几万字的奏折，立即形成对策下发，还须召见京内外大臣，这确实超出了平常人的极限，近乎于对神的要求。当时人谓天子日理万机、宵衣旰食，有时也不全是阿谀之辞。

清代皇帝的享受是人间之最。

清代皇帝的工作量也是人间之最。

年轻的奕詝登上皇位时，颇有企图心。他继承了祖宗的大业，也极力效法祖宗的勤政风范。从《实录》中看，他此时的工作极为勤奋，每天都有许多谕旨下达，其中不少是亲笔写的朱批、朱谕，不劳军机大臣动手。他暗暗对自己说道，我一定要守住这一份祖业，我一定要重显祖宗昔日的荣光。

也因为如此，咸丰帝在上台后的八个月，便主演了一幕众人拍手叫好的戏——罢免首席军机大臣穆彰阿。

穆彰阿，郭佳氏，1782年生，满洲镶蓝旗人。1805年中进士，入翰林院，散馆后在词臣上迁转。1813年升礼部右侍郎，此后屡降屡升。他的转机，在于1825年以漕运总督襄办海运❹，始受道光帝注重，召京后署理工部尚书。❺ 1827年旨命在军机大臣上学习行走，1828年任军机大臣。1837年起，为首席军机大臣，由此至1850年，他一直是道光帝最信赖的人。

只能呈题本。而雍正帝改题为奏后，题本、内阁的意义渐渐消失。

❸ 皇帝若不将某一奏折下发军机处，时谓"留中不发"，俗称"折子淹了"，其内容仅皇帝和上奏人心知，军机大臣也不得闻，政坛中会出现一些流言。若皇帝将

全部奏折都不发下，政治就会动荡了。这使得皇帝不得不每天花大量时间阅看奏折。

❹ 当时每年有四百万石漕米北运，以供京城之用，漕运成为一大政。但承负运输的运河又多受黄河影响，漕米经常不能运京。行海运，即从长

江出海运至天津，当时为一创举。主办其事的为琦善、陶澍等人。

❺ 此时穆彰阿丁父忧，按照旗人的规定，守制百天即可出为官，但不以实任，改为署理，以示守孝之意。

三　射偏了的箭

咸丰帝（1831—1861）朝服像。纵269厘米，横140厘米

道光帝是一个生性多疑的人，穆彰阿能长居政坛不倒，乃是取法道光帝的另一亲信曹振镛❶，以"多磕头、少说话"为政治秘诀。穆彰阿位于首辅，几乎每天都被召见，他很少建言，每遇垂询，必尽力揣摩帝意而迎合之，而不究事理本身。他对于道光末年的政治败坏，应负有无可推卸的责任。

❶ 曹振镛，1821年至1835年任首席军机大臣，为政平庸却圣恩特隆。他是官场老好人的典型。

❷ 从1814年至1850年，

严格地说起来，穆彰阿也是咸丰帝的老师。1836年即奕詝入学时，他即为上书房的总师傅，至1849年初因保举不当被罢，改为杜受田，可不知为何，道光帝临死前两个月，穆又复充上书房的总师傅。对于这位老师，咸丰帝很小便听到了许多，早就想拿他开刀。

中国传统政治的一个重要表征，就是"一朝天子一朝臣"。咸丰帝登基后，没有立即采取行动，很可能是出于策略上的考虑：穆彰阿多次充当考官❷，且长期结交京内外官员，特别喜欢拉拢年轻有才的下级官员，形成了一个庞大的势力集团，时人谓之"穆党"。咸丰帝欲罢免穆彰阿，所下谕旨若由内阁发出，穆是文华殿大学士（即内阁首揆），若由军机处发出，正好穆是首席军机，须得事先考虑安排好才行。

仅仅出于上述原因，就足以使咸丰帝罢斥穆彰阿，但从咸丰帝后来的谕旨来看，他更加不满的是穆氏的对外政策，这就牵涉到先前那场鸦片战争。

1840年7月至1842年9月，英国侵略中国，蹂躏东南沿海，清政府被迫签订了不平等条约。虽说战争爆发时，咸丰帝只有九岁，不可能理解战争的过程和意义，但他的老师杜受田当时曾发表过意见。1842年8月，杜受田上奏建策：用中国传统的木簰，火攻突入长江的英国舰队。❸这是书生论兵的典型，表现出对前线战况和近代军事技术、战术的无知。他的建策不可能被地方官采纳，但他的思想不会不对奕詝发生影响。

鸦片战争失败的原因，今天看来是很清楚的，在于中国政治的腐败和军事的落后。但当时的士大夫不承认这一点，不相信堂堂天朝居然不敌区区岛夷。他们认为，战争的失败在于忠臣林则徐等人的抵抗主张没有得以实现，在于奸臣琦善、耆英等人一心畏夷媚夷，而穆彰

---

❷ 穆彰阿历任会试复试阅卷大臣、教习庶吉士各七次，朝考阅卷大臣、考试试差阅卷大臣各六次，庶吉士散馆阅卷大臣五次，殿试读卷官、武英殿读卷官、大考翰詹阅卷大臣、拔贡朝考阅卷大臣各一次，可谓门生遍天下。当时的师生名分是很重要的。

❸ 《筹办夷务始末》道光朝，中华书局，1964年，第4册，第2181至2184页。

三　射偏了的箭

阿又在此时蒙蔽了道光帝。❶

　　士大夫的看法归结起来，就是主张对"逆夷"强硬而不是屈服，而广州反入城斗争又使他们误以为强硬政策获得了胜利。

　　由于《中英南京条约》中英文本的歧义，战后英国人是否可进入通商口岸的城，中英双方有着分歧。❷ 两广总督兼五口通商钦差大臣

---

❶ 这种观点在战后的《中西纪事》《道光洋艘征抚记》等著作中得到了充分的展开，可视为当时人们的普遍认识。

❷ 《中英南京条约》中文本第二款称："自今以后，大皇帝恩准英国人民带同所属家眷，寄居大清沿海之广州、福州、厦门、宁波、上海等五处港口，通商贸易无碍；且大英君主派设领事、管事等官，住该五处城邑。"（王铁崖：《中外旧约章汇编》，生活·读书·新知三联书店，1957年，第1册，第31页）根据此条规定，来华的英国商人只能住在"港口"而不能入城，英国外交官似可以入城（尽管一些地方官对"城邑"二字另作解释）。而该条约英文本措辞不同，若直译为现代汉语，当为："中国皇帝陛下同意，英国国民及其家人和仆从，从今以后获准居住于广州、厦门、福州府、宁波和上海的城市和镇，以进行通商贸易，不受干扰和限制；统治大不列颠及各处的女王陛下，将指派监督或领事官员，驻扎上述城市和镇……"（总税务司编：《中外条约协定汇编》Treaties, Conventions, etc., between China and Foreign States, Shanghai, 1908, 第1卷，第160页）据此文本，英人有权入城。从实际执行来看，各地也有区别。上海、宁波很快就实现了入城。厦门城只是一个直径一华里的圆形要塞，英人也没有要求入城。福州于1845年实现英外交官入城，民人至1850年才实现入城。广州因绅民反对，成为一件大案。

1842年9月，中英双方在英舰皋华丽号上签订《南京条约》

耆英，在战争中被打怕了，竭力维护民夷相安的局面，对外持软弱态度。他起初因广州绅民反对，对英人入城问题推诿腾挪，后因归还舟山而允诺英方有权入城。❸1847年4月，英军战舰再入珠江，陷虎门，逼广州，耆英见势不妙，允诺1849年4月6日开放广州城。❹

英人在未入广州城之前，居住在今广州沙面以东大三元酒家一带的商馆，距广州城西南城墙仅二百米。广州绅民在入城问题上的坚决反抗态度，用今天的眼光来看，是没有认清反侵略的真正方向。

1848年初，耆英被召回北京，晋文渊阁大学士。继任两广总督兼五口通商大臣的徐广缙、广东巡抚叶名琛，对外持强硬态度。他们不顾耆英先前的承诺，于1849年4月断然拒绝英人入城，并组织团勇近十万人，准备与英军一战。因入城一事尚小，兼未作好战争准备，英方宣布将入城一事暂为搁置。也因为翻译问题，清方以为英方永远放弃了入城的权利。

就这么一个小小的胜利（今天看来是否是胜利还很难说），大大

❸1846年4月，耆英与英国公使德庇时签订了《退还舟山条约》，规定英人有权入城，但实现入城的时间为"一俟时形愈臻妥协"，即无时间的明确规定。(《中外旧约章汇编》第1册，第70页。)

❹总税务司署编：《中外条约协定汇编》第1卷，第210页。

三 射偏了的箭 | 41

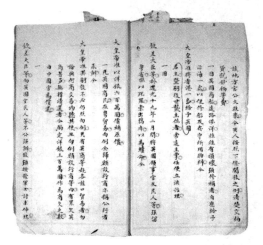

《南京条约》抄呈本，道光帝朱圈句点。注意"大皇帝""钦差大臣""大清"的抬格

鼓舞了主张强硬的官绅士民，认定只要由强硬派掌权，就会改变鸦片战争以来屈辱的局面。就连道光帝也为此一振，认为这是兵法中"善之善"的"不战而胜"，封徐广缙为子爵，封叶名琛为男爵。

广州反入城斗争胜利时，咸丰帝已经十八岁了，离他当皇帝还不到一年。他已经懂事了。由此，摆在咸丰帝面前的结论，似乎是很明显的，只要罢斥这批对外软弱的官员即可，只可惜父皇还在受穆彰阿的"蒙蔽"。

咸丰帝登基未久，中英关系中又发生了一件事。

1849年英人入广州城被挫后，英国驻华公使❶文翰（S.G. Bonham）向国内报告，英国外相巴麦尊（H.J.T.Palmerston）指示文翰继续交涉，并发下他本人致穆彰阿、耆英的照会。文翰因在广州与强硬的徐广缙无法打交道，便驾船北上，企图在中外关系和好的上海打

❶ 其正式职衔为香港总督、全权公使、五口通商事务监督。本书叙及此职位时，全用简称。

❷《筹办夷务始末》咸丰

开缺口。

1850年5月,文翰到达上海,与两江总督陆建瀛会谈,要求转递巴麦尊致穆彰阿、耆英的照会和他本人致耆英照会。陆建瀛先是拒绝,但听说英国将派船北上天津,态度立即软了下来。咸丰帝收到陆建瀛的奏折,下旨:命陆建瀛劝文翰南下,有事只许与兼理五口通商事宜的徐广缙交涉。谕旨中称:

> 若非剀切晓谕,于妄念初萌之际示以限制,势必以无厌之词,向在京各衙门纷纷呈投,成何事体!

咸丰帝这时的策略是,不与这些桀骜不驯的"夷"人们打交道,让善于制"夷"的徐广缙来办理此事。同日,他还发给徐广缙一旨,让他"坚明约束","折其虚悕,破其要挟。"❷

巴麦尊的照会指责徐广缙危害中英"和好"关系,并要求在北京进行谈判,"商订其事"。这种直接照会京内大臣的告状做法,使咸丰帝认定英方在行"反间计",陷害忠良徐广缙。而巴麦尊的照会不发给别人,偏偏发给穆彰阿、耆英,又很容易使人对此两人发生怀疑。特别要命的是,文翰给耆英的照会,内中有一段话:

> 兹以贵大臣本属贵国大员,熟悉外务事理,众所共知。更念本国前大臣等素与贵大臣频恒札商,极敦谊礼,衷怀欣慰,为此乘机备文,照会贵大臣阅悉。❸

这种来自敌方的对耆英及其外交政策的赞扬,实实在在是帮耆英的倒忙。

也就在这一时候,咸丰帝以耆英所奏用人行政理财诸端,持论过

朝,中华书局,1979年,第1册,第12至13页。

❸《筹办夷务始末》咸丰朝,第1册,第11页。

偏，传旨申斥。

也就在这一时候，咸丰帝以英人梗顽，命林则徐进京，听候简用。咸丰帝的意向，已经明显得不能再明显了。

文翰没有罢休。他派翻译麦华陀（W.H.Medhurst）前往天津投递文书，当地地方官奉旨予以拒绝，他本人在上海的活动也毫无效果。7月，他只能垂头丧气地返回香港。

文翰此次北上交涉，无疾而终。咸丰帝却从这次对抗中增强了信心。英"夷"也不过如此。然而，他为自己不能赶走这些可恶的"夷"人而遗憾。当他得知上海天主教堂的十字架被雷电击劈时，颇动感情地在臣子的奏折上朱批道："敬感之余，更深惭愧。"❶

过了不到两个月，又出一事。

负责北京治安的步军统领衙门抓住一天主教徒丁光明，手持禀帖到耆英家门前投递。此事还牵涉到传教士罗类思。❷ 刑部审理后上奏，要求耆英对此事作出解释（此时刑部尚书为杜受田）。尽管耆英不用吹灰之力就把自己洗得干干净净，但在咸丰帝心中又留下了耆英可能与外人有勾结的阴影。

咸丰帝还没有行动，又等了几个月。

1850年12月1日，咸丰帝动手了。这一天，他破例地未向皇太贵妃（即其养母博尔济锦氏）请安后再办公，而是首先颁下一道朱谕《罪穆彰阿、耆英诏》。这份文件的分量不亚于一次政变，紫禁城为之震动，空气也变得凝重起来。虽说这道谕旨长达千言，但咸丰帝写出了他的真实思想，故全录于下。读者在了解咸丰帝的内外政策的同时，也不妨测测他的文字水平和观念高下：

任贤去邪，诚人君之首务也。去邪不断，则任贤不专。方

❶《清实录》第40册，第183页。

❷ 罗类思（L.M.Besi），法国天主教传教士，鸦片战争前即潜入上海，1841年为山东教区主教。丁光明为山东历城人，1845年与罗类思有交往。1847年罗类思已经离华。又，当时人误将罗类思作大西洋国罗

今天下因循废堕，可谓极矣。吏治日坏，人心日浇，是朕之过。然献替可否，匡朕不逮，则二三大臣之职也。

穆彰阿身任大学士，受累朝知遇之恩，不思其难其慎，同德同心，乃保位贪荣，妒贤病国。小忠小信，阴柔以售其奸。伪学伪才，揣摩以逢主意。从前夷务之兴，穆彰阿倾排异己，深堪痛恨。如达洪阿、姚莹之尽忠尽力，有碍于己，必欲陷之。耆英之无耻丧良，同恶相济，尽力全之。似此之固宠窃权者，不可枚举。我皇考大公至正，惟知以诚心待人。穆彰阿得以肆行无忌。若使圣明早烛其奸，则必立寘重典，断不姑容。穆彰阿恃恩益纵，始终不悛。

自本年正月（农历）朕亲政之初，（穆）遇事模棱，缄口不言。迨数月后，则渐施其伎俩。如英夷船至天津，伊犹欲引耆英为腹心，以遂其谋，欲使天下群黎复遭荼毒。其心阴险，实不可问。潘世恩等保林则徐，则伊屡言林则徐柔弱病躯，不堪录用。及朕派林则徐驰往粤西，剿办土匪，穆彰阿又屡言林则徐未知能去否。伪言荧惑，使朕不知外事，其罪实在于此。

至若耆英之自外生成，畏葸无能，殊堪诧异。伊前在广东时，惟抑民以奉夷，罔顾国家。如进城之说，非明验乎？上乖天道，下逆人情，几至变生不测。赖我皇考炯悉其伪，速令来京，然不即予罢斥，亦必有待也。今年耆英于召对时，数言及英夷如何可畏，如何必应事周旋，欺朕不知其奸，欲常保禄位。是其丧尽天良，愈辩愈彰，直同狂吠，尤不足惜。

穆彰阿暗而难知，耆英显而易著，然贻害国家，厥罪维均。若不立申国法，何以肃纲纪而正人心？又何以使朕不负皇考付托之重欤？第念穆彰阿系三朝旧臣，若一旦寘之重法，朕心实有不忍，著从宽革职，永不叙用。耆英虽无能已极，然究属迫

玛府人。大西洋国，当
时指葡萄牙，罗玛府，
即罗马，在意大利。

于时势，亦著从宽降为五品顶戴，以六部员外郎候补。至伊二人行私罔上，乃天下所共见者，朕不为已甚，姑不深问。

　　　办理此事，朕熟思审处，计之久矣。实不得已之苦衷，尔诸臣其共谅之。嗣后京外大小文武各官，务当激发天良，公忠体国，俾平素因循取巧之积习，一旦悚然改悔。毋畏难，毋苟安。凡有益于国计民生诸大端者，直陈勿隐，毋得仍顾师生之谊，援引之恩。守正不阿，靖共尔位。朕实有厚望焉。

　　　布告中外，咸使知朕意。❶

这篇谕文，读来颇感气势，非积郁胸臆久矣而不能为之。咸丰帝一吐为快，说出了他多年的心声。

　　朱谕颁下后，京内外大小臣工奔走捧读，齐声赞扬。咸丰帝说出了他们多年想说而不敢说的话。他们于此看到了新君的明察秋毫，看到了新君的有意振作，看到了清王朝的希望。用忠摈奸，是中国传统政治学中最古老且最常青的原则，由此在中国传统历史学中形成了一固定模式：乱世的基本表征就是奸臣当道，一旦圣主罢斥群奸，起用忠良，定云雾重开，万众欢腾，王朝也会走向中兴。这一套路，经杜受田的多年宣教，早已浇铸在咸丰帝的心中，他决心力行，做一名中兴的圣君。

　　穆彰阿罢斥了，耆英降革了，导致道光朝病衰的妖氛铲除了。一切的好转，不正是合乎"历史逻辑"的吗？

　　在此咸丰帝舒志、臣子们额庆之际，似乎谁也没有认真想一想，中国的问题仅靠换几个当权派就会解决吗？

　　如果我们仔细地推敲，咸丰帝的上引谕旨尚有不实之处。

　　除了泛泛的指摘外，穆彰阿的具体罪名有二，一是排斥达洪阿、姚莹，二是阻挠林则徐的复出。

❶《清实录》第40册，第294至295页。

❷达洪阿、姚莹的说法流传颇广，但其破绽是十分明显的：一、鸦片战

达洪阿前为台湾镇总兵，姚莹前任台湾道，鸦片战争期间两人负责保卫台湾，竭尽心力。1841 年 9 月，英军运输船纳尔不达号（Nerbudda）在台湾基隆海面遇险。船上 274 人有 34 人乘小艇逃走（多为军官和英人），剩下的印度人中除病溺而死外，有 133 人为台湾守军生擒，32 人被斩首。1842 年 3 月，英另一运输船阿纳号（Ann）亦在台湾中部沿海遇险，船上 57 人有 49 人被守军活捉。然此两次事件被达洪阿、姚莹渲染为击败来犯英军的重大军事胜利❷，受到道光帝的褒奖。1842 年 5 月，当清军在鸦片战争中节节败退之际，道光帝亲自下令，台湾所囚俘虏中除头目外，其余"均著即行正法，以纾积忿而快人心"。战争结束后，英方要求释放战俘。得知台湾战俘除 11 人外皆被处死，立即交涉，颇有战端重起之势。杀俘是奉旨行事，那是万万碰不得的，而开罪了"夷"人，又启战火，也是不堪想象之事。在此情势下，以弹劾琦善私许香港而名扬天下的闽浙总督怡良，赴台亲自调查后发现，达洪阿、姚莹两次奏报抗英获胜纯属虚构，请求将两人治罪。道光帝得奏后下令将两人革职，解京送刑部审讯。1843 年 10 月，穆彰阿奉旨参与审讯，事后奏折中对达、姚两人尚有回护之意，结果道光帝下旨"免治其罪"。因两人前已革职，后也没有再起用。由此看来，达洪阿、姚莹之狱是出自圣裁，与穆彰阿似无关联。

林则徐在鸦片战争中被革，后发配伊犁。1845 年释回，1846 年任陕西巡抚，1847 年任云贵总督，1849 年因病自己要求开缺。穆彰阿若要阻止林复出，在道光朝即可大作手脚。至咸丰帝上台后调林进京，也是林本人称病不出。特别具有讽刺意味的是，就在咸丰帝颁下朱谕的前八天，林则徐已经病死在赴广西镇压太平天国的路上了（关于林病故的奏折尚未到达北京）。这么说来，反是穆彰阿言中了。

耆英的罪名更是空泛。朱谕中讲了两条：其一是入城一事上过于软弱，这在前面已经介绍过了。其二是咸丰帝登基后，耆英在几次召

争中，英军的每一次进攻都是有组织的，而没有人发现英军对台湾的进攻组织计划和命令；二、英军若要进攻台湾不会派这么小的武装，且只派运输船而不派战舰。至于姚莹所称五犯台湾，难以核实。

林则徐（1785—1850）像，清人绘。近代中国"开眼看世界第一人"

对时皆主张对英国"应事周旋"，即不宜使用强硬手段。实际上，这也是咸丰帝下决心对穆、耆开刀的主因。

对于一个比自己强大国家的咄咄逼人的进迫，应当采取何种策略，从思想角度和政治角度来看是有区别的。前者强调正义性，后者强调可行性。作为一名政治家，耆英主和并不为错，这是他正确分析了敌强我弱的客观形势，如将国运民生意气用事，浪于一掷，其意气虽畅快，但后果不堪设想。耆英的错误不在于主和，而在于苟和，没有利用鸦片战争后的和平局面，从事革新，使自己国家变得强大起来。

由此反观主张对外强硬的官员，他们大多在战争期间远离战区，没有直接跟西"夷"打过交道，奏折制度的机密和各地奏报中的粉饰，使他们无从了解实情真相，偏信那些颇具戏剧性的传说，前述达洪阿、姚莹一案的走形变态就是一例。❶从根本上说，他们的判断也不是依据敌我力量之对比，而是为了恪守传统的"夷"夏之道，顺昌逆亡。他们相信义理的力量之不可战胜，认为战胜逆"夷"的手段不在于器物，而在于人心，"正心""诚意"即可"平天下"。❷咸丰帝在杜受田的教导下，饱浸性理名教之义，罔知兵革器物之力。他的这种价值取向，受到了绝大多数官吏和几乎全部士林学子的欢迎，既是形势使然，又使然于形势。

罢免穆彰阿、耆英，咸丰帝表达了其对外新政策：将启用对外强硬的官员使用强硬的手段来对抗英国等西方国家。他的这种全力保住并尽可能挽回国家权益的意向，无疑应当赞扬，但就实际举措而言，以为用忠摈奸即可抗"夷"，却是一支射偏了的箭。

对外强硬取决于武力的强大，若非如此，只是一种虚张。咸丰帝也明白这个道理。在其闻悉文翰、麦华陀驾舟北上时，便提出这一问题：

> 至沿海各处防堵，数年以来，想早已有备无患。❸

这句话说得不那么自信，底气不够充沛。而当麦华陀南下之后，又下旨：

> 从前夷船由海入江，江、浙一带屡经失事（指鸦片战争），追溯前因，能勿早之为计……（各沿海督抚）各就紧要处所，悉心察看，预为筹防，断不可稍存大意。文武官员，总须慎选晓事得力者分布防堵，其一味卑谄懦弱者概应更换。❹

---

❶诸如此类似是而非的说法有：一、林则徐的制敌方案可以制胜，但因奸佞陷害而不得实行；二、关天培的抗战可以获胜，但因琦善不救援而败；三、裕谦在浙江的失败在于余步云的贪生逃命；四、陈化成在吴淞已经获胜，但因牛鉴逃跑而牺牲……这些说法将鸦片战争中展现出来的复杂的军事、政治、经济、科技、社会问题，简单地概括为忠奸矛盾。

❷语见《大学》。孟子对此有更明细的论述，见《梁惠王上》，提出了"仁者无敌"的结论。

❸《筹办夷务始末》咸丰朝，第1册，第17页。

❹同上书，第23至24页。

此道谕旨颁下后,安徽布政使蒋文庆、前漕运总督周天爵、福建学政黄赞汤亦先后上奏,提具体计谋,咸丰帝皆发下,令沿海各省参照执行。❶

咸丰帝的谕旨,只令筹防,而未言及如何筹防。蒋文庆、周天爵、黄赞汤的计谋未能切中要害,甚至不着边际,与战时杜受田的"木簰火攻法"相类似。然而,圣旨又是不能不执行的,各地的做法更是各行其道。

直隶总督讷尔经额的方法是,以大沽、北塘的海口炮台为依托进行抗击,并在炮台之后路组织团练。对此,他信心十足,宣称"此臣十载筹防所可深信者,不敢于圣主面前,稍作过量语"。❷ 按照这一方法,直隶其实什么事也不必做(炮台早已建成,团练也已成常设)。

盛京将军奕兴的方法更简单,根本不必设防,若英军前来,诱之登岸,坚壁清野,然后以奉天(地域与今辽宁省大体相当)的"劲旅"来剿灭不善击刺步伐的英军,"正我兵所长",没有什么问题。按此,奉天也不必筹防,到开战时再说吧。

两江总督陆建瀛奏称,鉴于上海已经开放,"自当另为一议"(实为不设防之议),松江、苏州一带河汊,用沉船的方法阻止英舰船的进军,另行募勇、火攻诸法。然沉船、募勇、火攻须战时才可实施,江苏此时也无事可做。

浙江巡抚常大淳对策有二,一是继续补造战船(浙江水师战船在鸦片战争中损失殆尽,尚未补造完竣),二是将团练之法寓于保甲之中。前者是继续进行正在做的事,后者是以保甲取代团练,实际上一切均无需新张。

两广总督徐广缙、广东巡抚叶名琛仍宣布采用1849年反入城斗争的老办法:一是断绝通商,二是借助民力。其理由是,英国以贸易为生计,英商挟重资而来,不敢冒商业风险而进攻贸易重埠广州;一

---

❶ 蒋文庆建议:沿海各省将备弁兵,日日讲求训练;沿海地方官,力图团练之法;仿造台湾定例,道、府地方府节制辖地驻军。周天爵判断英国再犯有三个方向,即长江、天津、山海关,建议用木头或石料制作30万斤大炮,并在战术上诱敌登岸,用火攻、陆战制敌。黄赞汤要求在粮饷、器械、义勇上早作准备,早定出奇制胜的计谋。(《筹办夷务始末》咸丰朝,第1册,第38至40、42至45、59至61页)

❷ 同上书,第61至67页。

且开战，香港英军仅一两千人，何抵抗于广州数万民众？且香港巢穴可虞，黄埔船货可虞，广州城外英国商馆可虞，英人岂无顾惜？他们的结论是英国不敢动手，因此也不必紧张自扰，凭着他们以往的"有效"措施即足以制敌！

最有意思的是闽浙总督刘韵珂、福建巡抚徐继畬的奏折。他们与那些表面上大讲如何筹防、实际上一件实事也不做的官员不同，公然明白主张不设防。其理由为：一、英国控制了制海权，战争无法取胜；二、诱敌深入将导致英军蹂躏内地，而陆战必胜的说法不可靠；三、福建港宽水深，无险可扼；四、团练战时不足恃，平时又易流为寇；五、筹防措施会刺激英方，可能招致祸患。

真是上有政策下有对策。咸丰帝皇皇数道上谕，换来的就是地方官这些笔头子上耍功夫、实际无为无作的奏折。这些地方官老于世故，知道若处处遵旨办事，听到风就下雨，那将会怎么样也忙不过来，什么事也办不成。别的不说，筹防是很花钱的，若真的造炮修船练兵团练，银子又从何而来，中央财政肯定不给拨款，地方上又从哪儿弄这笔钱呢？

一遇到具体问题，咸丰帝也蒙了向。他本来就是只想制夷而不知如何制夷，对各地的做法结果都予以认可。其中他最欣赏的是徐广缙、叶名琛，在他们的奏折上朱批："卿智深勇著，视国如家，所奏各情甚当。朕闻汝今秋偶有微疴，此时佳善否？"❸这里表现出来的重点，仍是赞扬徐、叶对英国的态度，而不是注意他们的筹防。即便对于刘韵珂、徐继畬的不设防言论，他也提不出什么反对意见，而是联系其鸦片战争后一贯主和的表现，以此时的福州反入城事件❹为由，将他们一一革职了。

---

❸同上书，第105页。

❹1845年，英国外交官已经入福州城，居于城西南荒僻的乌石山积翠寺。1850年，英国代理领事为两名英国民人租用乌石山神光寺房屋两间，侯官知县在租契上盖了印。福州士绅在回籍养病的林则徐领导下，效法一年前的广州，书写公启、公呈，要求驱逐英人出城。咸丰帝闻讯也多次下旨垂问。刘韵珂、徐继畬一面申斥侯官县令，一面授意地方官以"士民会议"的形式，不准为英人修缮房屋，不准民人去英人处，又令神光寺僧不准收房租；另一方面也不同意林则徐的意见，直接与英人对抗。后因连日阴雨，英人房屋渗漏不堪，被迫迁走，事件逐渐平息。此事可见刘韵珂、徐继畬的"制夷"方法之圆滑，但主张强硬的官僚士子对此极不满意。

这是一支射得更偏的箭。

花如此之多的笔墨，来介绍新帝罢免老臣的事件，是因为此乃咸丰帝在位 11 年中唯一的一次振作。此后，他心有余而力不足了。而我在叙说中又铺垫了大量的背景材料，出现了大量的人物。这是因为这些背景反映了那个时代，这些人物大多后面还会出场。我个人笔力不健，只能如实罗陈而不能娓娓道来。还需请读者原谅的是，我在这里仍想对各地官员的奏折和咸丰帝的思想再做分析，帮助今天的人更了解那个时代。

各地官员之所以不肯花力气整顿海防，除了惜银惜力（实际上也就是惜民）外，还因为受两种思想的左右。

其一是英军船坚炮利，清朝无法组建一支强大的海上力量与之对抗。前叙周天爵的奏折中称：

> 惟前此失事，皆专事海门，一切船只炮位，事事效颦。❶

徐广缙、叶名琛上奏时也同意这种说法，并裁减广东水师的战船。周、徐等氏的意见具有普遍性，也就是说，不必效法英国等西方国家，在"船只炮位"上作实际的努力。虽说清朝此时尚无建设近代海军的能力，但此时是战后宝贵的和平时期，放弃这种努力就是放弃近代化的尝试，中国以后也只能用传统来对抗西方了。

其二是英军不善陆战。早在鸦片战争时，林则徐、裕谦等人就有此类言论，认为英军虽可横行海上，但一至陆地，清军将稳操胜券。战争的实践使道光帝发现此中的谬误，❷ 但由于清朝战后讳败讳辱，不思振作，未能正确地总结教训。直至此时，英军不善陆战的神话仍未破灭，各地疆吏仍将陆战取胜当作以己之长攻彼之短的制敌良谋。

---

❶《筹办夷务始末》咸丰朝，第 1 册，第 42 页。

❷ 一直到了 1841 年 9 月，道光帝收到厦门战败的奏报，才发现英军居然也会陆战，谕旨中称："至逆夷习于水战，向来议者，皆以彼登陆后，即无能为患。乃今占据厦门，逆焰犹然凶恶，是陆路亦不可不防。"（《筹办夷务始末》道光朝，第 2 册，第 1156 页）

鸦片战争结束已经八年了,当年的前敌主将们纷纷被革退致仕,仍在台上的只有刘韵珂、徐继畬等数人。战争这把客观的尺子,使他们量清了中英军事实力的差距。❸ 他们两人的奏议,应当说要比那些空叫"防夷"而不知"夷"为何物的碌碌臣工的言词,更切合实际。可他们找不到制"夷"的武器,居然放弃了制"夷"的使命。

年轻的咸丰帝,生长在深宫,读的是圣贤书,他又如何知道制"夷"之法?内外臣工们要么就是一味强硬,要么就是一味妥协,谁

魏源(1794—1857)号默深,19世纪经世致用思想的倡导者

❸ 刘韵珂在鸦片战争期间任浙江巡抚,最初主战,上奏启用林则徐,后因屡战屡败而主和,上了有名的"十可虑"奏折。战后,他表面上与英国搞好关系,暗地里仍行钳制之策。徐继畬,鸦片战争中任福建汀漳龙道,组织漳州一带的防御,战后撰写了《瀛环志略》。这是一部中国早期介绍西方史地的重要著作。

也说不清"夷"为何物,让他凭空能想出办法来吗?

当时的中国,就没有人知道正确之途吗?

也不是。有一个名叫魏源的名士,写下了一部名为《海国图志》的著作,初为五十卷,后扩至六十卷,定稿为一百卷。在这本书的叙说中,他提出了一个惊世的命题,"师夷之长技以制夷"!

魏源的思想也是极其有限的。他准备所"师"的西方长技为三个方面:造船、造炮、养兵练兵之法。❶ 从今天的角度看来,仅仅"师"这些长技仍是制不了"夷"的。"夷"也不是那么好制的。但是,魏源指明了一个方向,朝这个方向走下去,中国就能上轨道。

咸丰帝肯定见到过《海国图志》一书。据档案记载,1853年武英殿修书处奉旨将此书修缮贴锦进呈。至于咸丰帝有没有细读,读后又有什么感受,今人皆无从得知。但是,可以说,到了此时即便他想振作,也已经来不及了。

天下已经大乱。

《海国图志》,咸丰二年(1852),一百卷本

❶ 从某种意义上讲,魏源的师夷思想也是不完备的,就在《海国图志》中仍有安南、缅甸等不用师夷便可制夷的土法制夷例子。即使在大讲师夷的《筹海篇》中,仍有黄天荡的故事。

四 "上帝"之祸

道光帝遗下的摊子之烂,咸丰帝第二天便感受到了。

1850年2月26日,即道光帝去世次日,咸丰帝接到的第一件公文,就是广西巡抚郑祖琛关于李沅发起义军入广西的奏报。

造反是专制社会的非常之事,很危险,很难办,统治者只有坚决地毫不手软地强力压之。造反者也自知命运如丝,非逼上绝路而不轻易为之。李沅发是湖南新宁县水头村的农民,1849年秋,因富绅重利盘剥遭水灾的贫民,讨生无计,便伙众抢夺,杀富济贫。继因同伙被县官捕去,便杀入县城劫大狱,正式举旗造反,与官军相抗,由湖南入广西进贵州,部众最多时有四五千人,搅得西南大不太平。

就是这次小小的造反,湖广总督亲自赶到长沙坐镇指挥,湘、桂、黔三巡抚亲自操办,动用了四省的军队,仅广西便花军费24.7万两银子,咸丰帝更是忙得不亦哀乎。到了6月2日,总算抓住了"匪首"李沅发,下旨槛送北京,于9月用最最残忍的凌迟刑法处死。为了警告那些怠玩政务的地方官,咸丰帝还将湖南巡抚、湖南提督、永州镇总兵等高官统统革职,统统发配新疆,为此受处分的官员不下数十人。

李沅发受戮弃市后,咸丰帝似乎感到一丝轻松,自己的本事也足以告慰祖先。他哪里想到,更大的风暴已经降临。这就是持续14

年，兵战18省，以洪秀全、杨秀清为领袖，让咸丰帝此后日日不太平的太平天国。

洪秀全，小名火秀，族名仁坤，1814年出生于广东花县（今花都区）一个农民家庭，是家里的小儿子，大咸丰帝17岁。1820年入村塾读书，教材与咸丰帝的一样，都是古代圣贤经典。

科举时代的读书人，大多本非为求知、为个人情操的升华，而是非常功利的。读书→做官，是他们的出发点，也是他们心中的归宿。不然那几本哲人眼中充满哲理，凡人眼中十足乏味的古书，怎么会引得那么多凡人由童年、少年、青年至中年甚至老年孜孜不倦地苦读？还不是为了书中的黄金屋和颜如玉。在一个农民的家庭中，洪秀全能得到读书机会，是族人家人觉得此子可成大器，父兄们也当作投资机会。

1828年，洪秀全第一次赴考，县试高中，但府试失败了。❶这一结果使人沮丧，但也使人感到还有希望。于是，他在获得一村塾师职位后，仍继续苦读，准备再考。1836年、1837年、1843年他又去考了三次，皆落第。此时，他已近三十岁，终于失望了，愤愤不平：等我自己来开科取天下士罢。数年后，此言成真。

有不少后人指责那几年的广州知府和广东学政全都瞎了眼，若是让洪秀全中一个秀才，就不会去造反。这种说法本属历史的臆测，无足深论，但考官们的确没有冤枉洪秀全。虽然洪氏后来做成了一番大事业，但从他留到今天的诗文来看，以八股策论的标准衡量，也只是一个三家村先生的水平。而他对古代圣贤经典的了解和理解，比起有名师指点的咸丰帝，也明显地差了一截。

圣贤的书再也读不下去了，洪秀全找来1836年他在广州街头得到的一部基督教布道书《劝世良言》。❷研读之中，又联想到1837年他落第后大病四十余日梦中的种种异象，突然发现自己就是天父上帝赐封的"太平天王大道君王全"，受命降世斩邪扶正。于是，他便自

❶ 洪秀全参加的初级考试，时称童试，共三次，第一次在本县，为县试。第二次在本府（花县属广州府），称府试。第三次由本省学政主持，称院试，通过者为生员，俗称秀才。

❷ 《劝世良言》是梁发摘引《圣经》的若干章节，宣传人们不可崇拜偶像，独尊唯一真神上帝耶和华。梁发本是一排字工人，后成为中国近代第一位华人牧师。

"太平天王金玺"玺文。印面24厘米见方。玺中为"太平天王大道君王全",右为"奉天诛妖",左为"斩邪留正"

施洗礼,自行传教了。拜上帝。

洪秀全在广州一带的传教活动,看来并不出色,皈依者仅为他的族人和少数密友,大多数人都觉得他出了毛病。但这小小一群信徒中,却有两个人非常重要,一位是冯云山,另一位是洪仁玕。

1844年,洪秀全与冯云山等人,离家结伴远游,在广东省几乎转了一圈,然皈依受洗者寥寥。而当他们转到广西,事业的局面打开了。尤其是冯云山孤身入桂平紫荆山区长达三年的活动,皈依的信徒达两千余人,使这一地区成为拜上帝会活动的中心。在信徒的队伍中,又有两人后来极为有名,他们是杨秀清和萧朝贵。

杨秀清,广西桂平人,1823年生于一贫苦农家,小洪秀全九岁,大咸丰帝八岁。他五岁丧父,九岁失母,靠伯父拉扯长大,以烧炭种

四 "上帝"之祸 | 57

山为生。艰苦的生活养成其坚毅的性格，虽然没有读过书，但才识卓异，在山民中小有威望。

冯云山在紫荆山区传教时，那种人人都是上帝所养所生、大家都是兄弟姐妹的平等思想，显然打动了杨秀清的心。他也随众人入会，但一直是个普通信徒，未受冯、洪的重视。

1847年，冯云山被捕，洪秀全出奔广东谋求营救，紫荆山拜上帝会会众一时群龙无首，陷于瘫痪。杨秀清挺身而出，控制住了局面。

1848年4月6日，杨秀清突然跌倒，不省人事，未几在昏迷中站起，满脸严厉肃穆：众小子听着，我乃天父是也！今日下凡，降托杨秀清，来传圣旨。一番天父无所不在无所不能的说教，一下子震慑了信徒们的心，没有想到遥遥太空的皇上帝亲临身边，可见法力无穷。这一天，后来被太平天国定为神圣的节日"爷降日"。既然天父选择杨秀清，杨氏也天然地成了领袖。

这样装神弄鬼的还不止一人。这一年10月，天兄耶稣也降托萧朝贵下凡了。这位天兄怕众人不认识，便自报家门，朕是耶稣！今人在英国发现的太平天国印书《天兄圣旨》，记录了萧朝贵在三年多中一百二十余次扮耶稣下凡事。而耶稣对拜上帝会特别关注，最频繁时一日几次下凡，给予指示。萧朝贵是杨秀清的密友，由此也进入了领导层。

洪秀全的基督教知识，得自《劝世良言》这一蹩脚小册子，后虽随美国传教士罗孝全（I.J.Roberts）学过一阵子，但离掌握基督教的真谛甚远。但是，洪秀全充满自信。他认为自己是天父皇上帝耶和华的次子，天兄基督耶稣的二弟，而冯云山、杨秀清也成了天父的三子、四子，萧朝贵在尘世间娶了杨秀清的干妹杨宣娇，称兄道弟几乎乱伦，结果成了天父的女婿。❶这种礼教中的君权神授和江湖上的兄弟结义，构致了拜上帝会领导层天人合一的小家庭。

---

❶ 韦昌辉成为天父第五子，杨宣娇成为天父第六女，石达开成为天父第七子。洪秀全的儿子不仅是天父的孙子，而且过继给天兄耶稣，兼祧耶稣、洪秀全两门。

没有理由认为洪秀全、冯云山真相信下凡这类巫术。但他们回到紫荆山区时,却没有办法不相信此类巫术的神奇,不得不承认现实。于是,下凡成了洪、冯也必须恭顺承教的圣事。萧朝贵甚至借天兄下凡,滑稽地带着洪秀全会见去世多年的元妻。从洪秀全的诗中,我们可以看出杨秀清因天父下凡大战群妖而损伤了脖颈。这种演出场面,在《天兄圣旨》中又有着详细的描写:

> 冯云山问:"天兄,现今妖魔欲来侵害,请天兄作主。"天兄答:"无妨。"……突然,天兄对冯云山叫道:"拿云中雪(剑名)来。"冯云山递云中雪。天兄挥之大战妖魔,口中振振有词:"左来左顶,右来右顶,随便来随便顶。"又喊道:"任尔妖魔一面飞,总不能逃过朕天罗地网也。"又喊道:"红眼睛,是好汉就过来,朕看你能变什么怪!"战毕,天兄对冯云山道:"你明天回奏洪秀全,天下已经太平,阎罗妖已被打落十八层地狱,不能作怪矣……"❷

萧朝贵主演的斩妖杀怪的剧情,与民间驱赶病魔的套路,并无二致。今人看来觉得可笑,但在山民的心中有着超乎自然的魅力。

在蒙昧的社会里,迷信比科学更有力量。

来自西方的基督教,在洪秀全手中已与中国的儒学传统和民间宗教嫁接,到杨秀清手中又与巫术相连,这使得下层民众对外夷舶来货多了一分故家旧物的认同,更为接受,更为景仰。于是乎,有天父耶和华,顺理成章地有了"天妈",有天兄耶稣,也就有了"天嫂"。按基督教教义应为神灵的上帝,在洪秀全那儿有了具体的形象:"满口金须,拖在腹尚(上)。"❸尽管西方人认定,拜上帝会供奉的只是一个不伦不类的野菩萨,但洪秀全等人认为,上帝与他们独亲,他们

---

❷ 王庆成编注:《天父天兄圣旨》,辽宁人民出版社,1986年,第84、87页。文字由引者改为白话。

❸ 《太平天日》,中国近代史料丛刊《太平天国》,神州国光社,1952年,第2册,第632页。又萧朝贵对此也有过描述,见《天父天兄圣旨》,第4页。

的基督教知识已超过了西方,以至不免得意洋洋地向西方人诘难:

尔各国拜上帝咁久,有人识得上帝腹几大否?

尔各国拜上帝、拜耶稣咁久,有人识得耶稣元配是我们天嫂否?

尔各国拜上帝、拜耶稣咁久,有人识得天上有几重天否?❶

这样的问题共有五十个,完全是老师考学生的口吻。

然而,最能打动下层民众心思的,当为洪秀全设计的"天下为公"的"大同"理想社会。在这个社会中,没有相凌相夺相斗相杀,天下男人皆为兄弟,天下女子皆为姐妹。与遥远的天堂相对应,又有人间的尽可享乐的"小天堂"。一切财产归公、人无私产的"圣库"制度,更换来物质上的人人平等。尽管这种超越现实的"圣库"必不能长久,但在最初实施时期,又吸引了多少贫困无告的民众。

而要实现这一切,须与人间的"阎罗妖"拼斗。清朝统治者被宣布为"满妖""鞑妖",其祖先是白狐赤狗交媾所生。❷洪秀全、杨秀清等人决定推翻清朝了。

1850年4月,即咸丰帝正式登基后的整整一个月,萧朝贵扮天兄下凡,传达天意,决定起义。

1850年9月,即咸丰帝下旨将李沅发凌迟处死之时,拜上帝会领导层下令各地会众"团方",即全数开往金田村一带团集。

1851年1月11日,洪秀全、杨秀清等人在金田村宣布起义,组成一支有两万人的太平军。

1851年3月23日,太平军进至武宣县东乡,洪秀全登基,称太平天王,正号太平天国。所有这一切,咸丰帝当时一无所知。

❶《太平天国文书汇编》,中华书局,1979年,第303至307页。"咁久"为广西白话,"如此之久""这么久"之意。

❷《颁行诏书》,《太平天国》第1册,第162至163页。

❸天地会,又称三合会、三点会,支派有小刀会、

广西桂平金田村,太平天国兴起于此

从后来揭露出来的情况看,早在道光后期广西社会已经很不平静了。天地会❸山堂林立,有着很大的号召力,小规模的抗官起事不断。1849年,正值广西大荒年,各处暴动,较大规模的就有十余起。然在首席军机穆彰阿的授意下,广西巡抚郑祖琛匿情不报,粉饰太平,下级官吏更是贪赃姑息。我在前面提到冯云山曾被捕,罪名是谋反,这在当时罪列"十恶"之首,不仅本人将处极刑,家属都得连坐,即极有可能满门抄斩。可桂平县的县太爷收到一大笔贿款后,竟轻判这位太平天国的重要领袖"押解回籍管束",致使冯云山重返紫荆山。❹清廷中枢在蒙骗中对广西的形势未有丝毫的觉察。

1850年6月15日,咸丰帝收到郑祖琛等人以六百里加急送来的捉住李沅发的捷报,而另一份戳穿广西"会匪"大作的奏折也送到咸丰帝案前。对于前者,咸丰帝加郑祖琛太子少傅衔;对于后者,严旨郑祖琛督率文武缉拿,"切勿稍存讳饰"。❺

可盖子一揭开后,关于广西地方不靖的报告雪片般地飞来。咸丰

红钱会,社会下层民众的组织,口号为"反清复明",当时在广东、广西、福建、湖南、江苏等省极有势力。

❹ 冯云山说服了两位押解他回籍的衙役,随他一起投奔拜上帝会。

❺《清实录》第40册,第167至169页。

四 "上帝"之祸

帝意识到问题的严重性，命令他的爱臣两广总督徐广缙带兵入桂剿办。可广东境内的天地会反叛使徐广缙无法脱身。于是，咸丰帝又想起杜受田等人多次推荐的能臣林则徐，10月17日，授林为钦差大臣，迅赴广西。由于他还不知道洪秀全和拜上帝会，谕旨中只是泛泛地称"荡平群丑"。❶他对这位名臣抱有极大的期望，先后又颁布十道谕旨，并将郑祖琛革职，让林氏署理广西巡抚。

林则徐在此之前曾两次奉旨召京，他都不为所动，以病相辞了。此次于11月1日奉到谕旨，忠烈臣子的责任感使他不顾病体，于5日起程，但17天后，即22日，行至广东普宁便去世了。咸丰帝闻此，于12月15日改派前两江总督李星沅为钦差大臣，前漕运总督周天爵署理广西巡抚。李星沅是当时的能臣，但办事不免手软，周天爵是有名的酷吏，为政不免暴烈。咸丰帝一下子派去两人，用意似乎是各取所长，刚柔互济。

李星沅于1851年1月3日赶到广西当时的省城桂林。他的经验和眼力，使他在广西数十股叛乱中，一下子就盯住了桂平金田村的一支。为此，他上奏道：

> 浔州府桂平县之金田村贼首韦正、洪秀全等私结尚弟会，擅帖伪号、伪示，招集游匪万余，肆行不法……实为群盗之尤，必先厚集兵力，乃克一鼓作气，聚而歼之。

看来李星沅还不太清楚太平天国的实情，将拜上帝会误作"尚弟会"，将韦正（即韦昌辉）误作第一号首领。

我在上面引用的这份文件，是据档案的今排印本❷，而在李星沅的私人文集中，韦正作"韦政"，洪秀全作"洪秀泉"❸，另在《清实录》中，韦正不变，洪秀全仍作"洪秀泉"。❹造成这种人名混乱

❶《清政府镇压太平天国档案史料》，社会科学文献出版社，1994年，第1册，第51至52页。

❷同上书，第131至132页。

❸《李文恭公奏议》卷二一。

❹《清实录》第40册，第360至361页。

的原因不详，很可能出自后人的改动，但清方没有弄清太平天国的首领是真。

李星沅的这份奏折于阴历正月初五（1851年2月5日）送到北京，正值北方民俗的"破五"。咸丰帝刚刚度过在自己年号下（咸丰元年）的第一个春节，刚刚将自己在上书房中的旧作，交给杜受田编辑整理结集，看到李星沅的报告，立即予以批准，并加了一句话，"朕亦不为遥制"。❺咸丰帝第一次听到洪秀全的名字，但似还未意识到这位敌手的厉害。

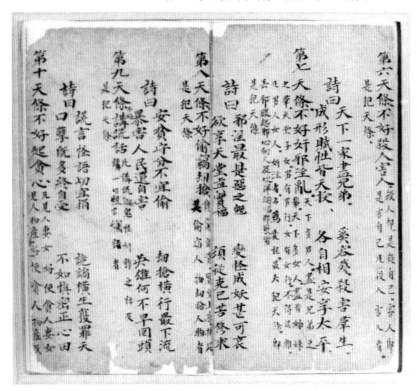

太平军抄本《天条书》，洪秀全、冯云山制订。共10条，仿圣经《旧约全书》中摩西所传上帝10诫制订

❺《清政府镇压太平天国档案史料》第1册，第154页。

四 "上帝"之祸

后来的情报似乎越来越乱。

周天爵于1月底到达广西后,也同意金田的一支为首要对手,但在奏折上讲了一句更糊涂的话:

> ……其最凶无如大黄江一股,为尚地会之首逆韦元蚧等……❶

拜上帝会由"尚弟会"再作"尚地会","韦元蚧"可能是韦元玠,那是韦昌辉的父亲。再过了一个月,情报更乱了。李星沅、周天爵奏称:

> 金田大股逆匪连村抗拒……西匪韦正、韦元蚧,东匪洪秀全即洪云山,传为逆首……❷

1851年4月21日,李、周又奏称:

> 访闻金田匪首洪泉即洪秀全,乃传洋夷天竺教者……❸

"天竺教"当为"天主教",比起"尚弟会""尚地会"说来,似为距事实更近,但"洪泉即洪秀全"一语,似乎自己把自己搅乱了。两天后,周天爵又奏:

> 现在贼情形势,惟韦正、洪泉、冯云山、杨秀清、胡一沈、曾三秀头目数十百人,而洪泉、冯云山为之最。洪泉,西洋人传天竺教者……洪非其姓,乃排辈也……❹

此奏折应当说距真实相当近了。可洪秀全的身份,一下子却变成了"西洋人"。咸丰帝至5月10日收到此折,此时距其初派林则徐已经

---

❶《清政府镇压太平天国档案史料》第1册,第159页。仅过了十天,在周天爵的奏折中,"韦元蚧"又改作"韦沅蚧"了。

❷《清政府镇压太平天国档案史料》第1册,第223页。

❸同上书,第316页。

❹同上书,第329页。

半年多了。清方的统帅如此不明前线的敌情，调度指挥也不能不手脚错乱。

尽管咸丰帝并不了解对手的情况，但对造反者仍显示出毫不手软的决心。前面我已谈到了他的命将，都是当时朝野呼声很高的干臣。这里，再看看他的调兵：

1850 年 10 月 12 日调湖南兵两千名入桂

1850 年 10 月 22 日批准新任广西提督向荣率亲兵六百名入桂

1850 年 10 月 28 日调贵州兵两千名入桂

1850 年 10 月 31 日调云南兵两千名入桂

1851 年 2 月 5 日调贵州兵一千名入桂

1851 年 4 月 6 日调贵州、云南、湖南、安徽兵各一千名入桂

1851 年 4 月 25 日调四川兵一千名入桂

1851 年 5 月 6 日调贵州兵一千名入桂

以上共计调兵 13600 名。❺ 当然，由于地理的远近等因素（详见第五章），这些援军赶到战场尚须时日。

打仗是世界上最最花钱的事。对于军费的拨出，咸丰帝与他苟俭抠门的老子道光帝相反，毫不心疼。自 1850 年 10 月 12 日由湖南拨银十万两、户部再拨银二十万两开始，至 1851 年 4 月 26 日，已放银超过一百六十万两。咸丰帝不待地方官请求，拿出皇室的私房钱，从内务府拨银一百万转输广西，以求饱腾之效。❻

据今日史家估计，金田起义时，洪秀全、杨秀清的部众大约两万人，除去妇女老弱，能打仗的男子不过四分之一。再说这些毫无军事经验的农民，也本不应是马步娴熟的官军的对手。这么多的兵将银两堆上去，咸丰帝心想，即使不可一鼓荡平，总可扼制其蔓延之势吧。

❺ 同上书，第 43、54、57、65、153、270、368 页。

❻ 同上书，第 43、201、243、342 页。

谁知情况恰恰相反。

李星沅是个懦弱的人，周天爵根本不把这位钦差大臣放在眼里；新任广西提督向荣自恃镇压李沅发有功，也无视这两位只会耍嘴皮子的文官上司。三个人三条心。花在对付"尚弟会"或"尚地会"叛乱上的心思，似乎少于他们互相之间的钩心斗角。尽管从他们的奏折上看，清军获得了一个又一个的胜仗，可贼越杀越多，局势越来越坏。李星沅一面上奏"广西会匪多如牛毛"，要兵要将要钱；一面也不掩饰内部矛盾，承认自己没有本事，再三要求咸丰帝派出"总统将军"前来。

咸丰帝原来设想的刚柔相济，结果成了窝里斗。

太平军却在此期间越战越强。

清军小胜大败。

到了这个份上，再傻的人也看出来广西的军政班子非作调整不可。咸丰帝也决计换马了。这一次，他派出了一个顶尖人物，文华殿大学士、军机大臣、管理户部事务的赛尚阿。❶

赛尚阿最初的任务是到湖南组织防御，阻止太平军北上。广西的内争使咸丰帝将赛、李对调，派赛尚阿入广西主持攻剿，调李星沅回湖南协调防堵。为了防止再出现将弁内争而不听命的局面，咸丰帝在赛尚阿临行前还举行了一个特别的仪式，授其遏必隆神锋必胜刀❷，许以军前便宜行事，将弁违命退缩可用此刀斩之。此刀象征着王命。

1851年7月2日，赛尚阿抵达广西省城桂林，前任钦差大臣李星沅在几个月的焦灼中病死，傲慢无人的周天爵亦奉旨回京。然而，赛尚阿手下强将如云❸，咸丰帝又在兵、饷上尽力满足。朝野上下，都认为此次大功必成。咸丰帝得知赛尚阿抵达广西，那颗紧揪了几个月的心顿感轻松，立即发去了黄马褂、大荷包、小荷包等御赏物品，

---

❶ 就内阁的地位而言，赛尚阿为首揆，但在军机处，实以祁寯藻为领班。有人以赛尚阿为首席军机，实误。不过赛尚阿的地位也已至人臣之极。

❷ 遏必隆，清初名将。其刀为乾隆时经略傅恒攻打金川时所用。从此刀的来历也可见出咸丰帝的用意。

❸ 此时在赛尚阿麾下有都统巴德清、副都统达洪阿、广西提督向荣、广州副都统乌兰泰、总兵长端、军机章京丁守存、广西按察使姚莹等人。由于赛尚阿的举荐，当时颇有才干的

颁旨："迅扫妖氛！"❹

只是后人们在多少年后才发现了一条材料：赛尚阿临行前就不那么自信，在与同僚武英殿大学士卓秉恬相辞时，居然对之落泪。❺

洪秀全、杨秀清自金田起义后，入武宣，转象州，折回桂平，根本不在乎清军的围追堵截。他们似乎也听说了赛尚阿的到来，知道清军将大兵压境，萧朝贵于是扮天兄下凡，大战妖魔三场，宣布了天意，那姓尚的大妖头被杀绝了，尚妖头之首级及心胆皆取开了。天兄旨意即刻遍传于全军：要大家宽心、放心。❻7月2日，就在赛尚阿到达桂林的那天，洪、杨动员全军进击，果然数败"清妖"。9月25日，太平军攻占了广西东部的永安州城（今蒙山县城），这是他们夺取的第一个城市。

太平军占领永安后，开始其一系列的军政建设：

——天王洪秀全封杨秀清为东王（九千岁）、萧朝贵为西王（八千岁）、冯云山为南王（七千岁）、韦昌辉为北王（六千岁）、石达开为翼王（五千岁）。所封各王均受东王节制。由此，杨秀清以东王、正军师执掌太平天国的实权，洪秀全有如精神领袖。

——废除清王朝的正朔，颁布天历，于壬子二年（即咸丰二年、1852年）实行。

——颁刻《太平礼制》《太平条规》《太平军目》，并重颁了《天条书》，规定了等级制度、军纪军规、部队编制。

——严别男行女行。自金田起义后，太平军即拆开家庭，按性别、年龄编伍。此次重申后，更规范化、制度化。

然而，最能打动人心的是日后"小天堂"的封赏。洪秀全颁布诏书：

官吏，如严正基、许祥光、江忠源、丁辰拱等也奉旨入赛尚阿军营。

❹《清政府镇压太平天国档案史料》第2册，第91页。

❺据谢兴尧：《桂林独秀峰题壁诗杂记》。

❻《天父天兄圣旨》，第90页。

四 "上帝"之祸 | 67

太平天国新历

上到小天堂,凡一概同打江山功勋等臣,大则封丞相、检点、指挥、将军、侍卫,至小亦军帅职,累代世袭,龙袍角带在天朝。❶

这种打天下、坐天下的江湖做派,最适应下层民众之心。按照《太平军目》,就是最小的"军帅",也是统辖万人的赫赫将领。为了功赏罪罚严明,洪秀全还下令,每次杀妖后,记录每一个人的功过,逐级上报,"俟到小天堂,以定官职高低,小功有小赏,大功有大封"。❷

永安城外的清军,密密麻麻。"尚妖头"带来的"妖兵",由两万升至四万。❸英勇的太平军将士毫不畏惧。有天父天兄保佑,有天

❶《天王诏旨》,《太平天国文书汇编》,第35页。

❷同上书,第34页。

❸江忠源:《致彭晓杭学傅书》。其中有相当大部分为雇勇。

❹《天王诏旨》,《太平天国文书汇编》,第35页。"总制"为太平军的官职,位于王、侯、丞相、检点、指挥、将军之后,列在监军、军师、师帅、旅帅、卒长、两司马之前。

❺《清政府镇压太平国

太平军发式。"永安建制"的内容之一，即强令恢复汉民族蓄发的习俗

王德福赏赉，他们视死如归，即使升天，也"职同总制世袭"。❹赛尚阿迷惑不解地向咸丰帝报告：

> （太平军）一经入会从逆，辄皆愍不畏死。所有军前临阵生擒及地方拿获奸细，加以刑拷，毫不知所惊惧及哀求免死情状，奉其天父天兄邪谬之说，至死不移。睹此顽愚受惑情况，使人莫可其哀矜，尤堪长虑。❺

这是一种来自内心的宗教信仰的力量。

然而，皇上帝的信仰，只能鼓足勇气，兵战的胜负又往往取决于指挥员水准的高下。杨秀清，这位年仅27岁未曾读书据说不识字的农民儿子，在实战中显示出高于清方将帅的非凡军事才能。他在这一时期制定的《行军总要》，被后人视作中国近代优秀兵书之一。

赛尚阿出京的日期随着星辰移转而在咸丰帝心中日渐模糊，可赐刀壮行的威严场面仍历历在目。他身在北京，心念广西，每天仔细阅

档案史料》第2册，第408页。

读前方的军报,每次均予以详明的指示。他已将自己的主要精力,转移到对付这支巨匪之事。虽然前方的军情不太妙,但他相信一定会好转。为此,咸丰帝作了两首诗,题为《盼信》,随谕旨一同寄给前线的赛尚阿,激励臣子们激发天良:

狼奔豕突万山中,负险紫荆必自穷。
峡界双峰抗难破,兵分五路锐齐攻。
壮哉乌向谋兼勇,嘉尔赛邹才济忠。
权有攸归师可克,扬威边徼重元戎。

雁劫吾民堪浩叹,冥顽梗化罪难宽。
因除巨憝武非黩,迥思庸臣心可寒。
默吁苍天事机顺,速望黔庶室家完。
未能继志空挥泪,七字增惭敢慰安。❶

诗后,咸丰帝还附有一篇非常动感情的朱谕。为了集中力量保重点,咸丰帝派兵增将拨银,前方将帅要什么就给什么,光银子就给了一千万两;❷可他要的东西——获胜擒首班师的捷报,赛尚阿却没有送来。尽是那些言辞含混、初看似为胜利、细思则是失败的报告,咸丰帝一次又一次扫兴失望。

为了弄清敌情,咸丰帝不惜放下架子垂询:

据单开获犯供词,有太平王坐轿进城(指永安城),大头人俱住城内之语。究竟系何头目?是否即系韦正?❸

而赛尚阿对此的答复,仍使他不得要领:

❶《清政府镇压太平天国档案史料》第 2 册,第 200 页。咸丰帝在诗中自注"峡"为"猪仔峡","乌向"为乌兰泰、向荣,"赛邹"为赛尚阿、邹鸣鹤。

❷据赛尚阿奏,自他执掌广西军政后,共得军费银八百二十万两,然于 1852 年 2 月 5 日,再伸手要二百万两,咸丰帝仍予批准。见《清政府镇压太平天国档案史料》第 2 册,第 857 页。

❸同上书,第 343 页。

>惟金田逆匪自称太平天国，确有历次所获犯供及伪示、伪印可凭。其匪首确系称太平王，惟其伪太平王究系韦正，抑系洪秀全，供词往往不一。臣等各处密发侦探，适有报称匪洪秀全以下八人，称二哥至九哥，其大哥即贼所妄称上帝，又曰天父者。……缘此会匪本由洪秀全、冯云山煽惑，韦正倾家起衅，始推韦正为首，后仍推洪秀全为首。而洪秀全又一姓朱，则向有此说，乃其诡称前朝后裔，洪字即假洪武字样……

赛尚阿还称，这些传闻之词，他也难以确认，以致未及时上奏。❹ 为了激励将帅用命，咸丰帝还于1852年2月6日下了一道严旨发给永安前线：

>以后如不能迅速攻剿，徒延时日，朕惟赛尚阿是问！若或防堵不周，致贼匪溃窜，再扰他处……朕惟乌兰泰、向荣是问！其能当此重咎耶？❺

这是一道不留余地的死命令。两天后，他又提醒赛尚阿，别忘了那把遏必隆神锋必胜刀，遇有临阵退缩或守御不严者，"立正典刑，以肃军纪"！❻

永安城的围攻战，持续了半年。在赛尚阿的统率下，向荣、乌兰泰两路夹击，大小数十仗。到了4月5日，眼看大功告成，永安即将得手，洪秀全、杨秀清又率军间道突围，直奔省城桂林了。

如此损兵折将，只赚得一座空城，赛尚阿自知罪孽重大。为了对付主子的圣怒，他将一名太平军俘虏，捏称为太平天国的天德王洪大泉。在奏折中大肆渲染此人是洪秀全兄弟，同称万岁，所有谋划皆由其主掌，洪秀全只享其成。❼ 这一名"首要逆犯"被赛尚阿一路秘密押解，"献俘"北京。

❹同上书，第408页。
❺同上书，第576页。
❻同上书，第579页。
❼《清政府镇压太平天国档案史料》第3册，第57至59页。

"洪大泉"于1852年6月押至北京，咸丰帝似乎已觉察出此人非"首逆"，但为了自鼓士气，仍下令凌迟处死。

不能说咸丰帝一无所获，他此时总算弄清了对手的实情。"洪大泉"的供单，明确开列了洪、杨、萧、冯等人的地位称号。可咸丰帝读到这份情报是在1852年5月9日，距金田起义已经484天了。

洪秀全、杨秀清决计突围永安，确实因兵事陷于危局。但当他们一旦出了这座小小的山城，反倒是蛟龙入海，造就出更大的形势。

永安突围有如一座里程碑。在此之前，洪、杨取战略防御之策；在此之后，他们开始了战略进攻。

1852年4月17日起，太平军攻广西省城桂林，作战33天，接仗24次，虽未破城，但也把广西的军政大员吓个半死。

1852年5月19日，太平军撤桂林围北上，克全州，于6月9日打出广西，进军湖南。

1852年6月12日，太平军兵不血刃地占领道州（今道县），休整月余，遂东进、北上，一路攻城略地，9月11日起进攻湖南省城长沙。

长沙的战事胶着持续了两个多月，杨秀清以久攻坚城非计，于11月底撤兵，北占岳州（今岳阳），随后水陆开进湖北。

1853年1月12日，太平军攻入武昌。这是他们攻占的第一座省城。天国的将士们在这座历史名城中度过了天历的新年。2月9日，洪、杨放弃武昌，率军沿长江而下，目标是他们的"小天堂"——南京。

在这十个月的征战中，太平军的人数急剧扩大。受尽压迫却生计无出的下层民众，山洪暴发般地涌入其行列。杨秀清以他的组织天才，几乎在一夜之间便将涣散的民众部勒成伍。在道州得挖矿工人而建土营，至岳州得船艘而编水军。总兵力在湘南即达五万，入湖北已近十万，而离开武昌时，已成为旌旗蔽日、征帆满江的五十万大军（包括妇女老弱），对外号称"天兵"百万。

已经没有什么力量可以阻挡他们了。人间的"小天堂"召唤出他们近乎无穷的创造力。

迅猛发展的造反浪潮，使京师龙廷中的咸丰帝坐卧不安。他一直在发怒生气，一直埋怨前方将帅不肯用命。可他并没有新的招数，其频频出手的王牌，仍是罢官、换马。

位于人臣之端的钦差大臣、大学士、军机大臣赛尚阿，先是被咸丰帝降四级留任，命其赶至湖南主持攻剿。但赛尚阿的军务越办越糟，于是，咸丰帝便调派其最为赏识的、刚刚镇压广东天地会颇有成效而晋太子太傅的两广总督一等子爵徐广缙入湖南，接任钦差大臣，并署理湖广总督，将赛尚阿革职拿问送京审判。

徐广缙又是个银样镴枪头，受命后一直在磨延时日，不能组织起大规模的军事行动。湖北战场的失败，使咸丰帝再次拿徐广缙开刀，革职逮问送京审判。

两湖战场的一败涂地，使咸丰帝的目光不再注视那些位尊名高的重臣，开始寻找那些有实战经验和统兵能力的战将。向荣，这位自参与镇压太平军起曾六次被他惩黜，差一点发配新疆的署理湖北提督，1853年2月3日被破格提拔为钦差大臣，"专办军务，所有军营文武统归节制"，成为两湖地区的最高军政长官。而他先前一向痛恨的在鸦片战争中对"夷"软弱、1852年6月借故发配吉林的前陕甘总督琦善，因办事干练，也于是年底召回，以三品顶戴署理河南巡抚，1853年1月12日授钦差大臣，带兵南下防堵太平军。至于官声一直不错的两江总督陆建瀛，也于1853年1月12日被授钦差大臣，带兵西进防堵太平军。

三位钦差大臣，分布在三个方向。咸丰帝的如意算盘是，三路合击，消灭太平军于湖北战场，至少也不能让其四处流窜。

向荣出身于行伍，征战四十年，又与太平军交手三年，深知对手的厉害：若发动大规模的军事进攻必自取其败。于是，他采取的作战方针是等距离追击。既不要突得太前，惹急了对手，也不能落得太后，以能应付主子。他打的是滑头仗。

由于太平军并没有北上，且琦善手中的兵力也不足，于是，琦善的"战法"是在江北随太平军的东进攻势平行向东移动监视。这自然也无仗可打，犹如远距离间隔的护送。

这下子可苦着了陆建瀛。

钦差大臣陆建瀛奉旨后率五千兵马西上，于1853年2月9日到达江西九江，随后遣兵三千前出，扼守鄂赣交界广济县境内的老鼠峡，自将两千兵扎营于龙坪。这么一点兵力，又何挡于雷霆之力。

1853年2月15日，太平军进抵老鼠峡，一夜尽覆陆建瀛前遣之军。躲在三十里后的陆钦差闻败，急乘小船一逃九江，再逃当时的安徽省城安庆。安徽巡抚苦求其留守此地，他仍不顾而去，只身逃往南京。

陆建瀛的逃跑开了一大恶例，长江沿岸的清军纷纷效法，闻风即溃。东进的太平军一帆千里，如入无人之境，轻取九江、安庆、铜陵、芜湖。南京已成了风前之烛。

陆建瀛逃归南京后，同城的江宁将军祥厚力劝其再赴上游督战。可陆氏已经吓破了胆，自闭在总督衙署内堂中三日不见客。原来奉旨赶至南京协防的江苏巡抚杨文定，见势不妙，不顾同僚垂泪哀求，也出城逃命，理由是防守南京后方的镇江！

陆建瀛的做法使咸丰帝暴跳如雷。他于1853年3月6日收到江宁将军祥厚弹劾陆、杨的奏折，立即下旨将陆建瀛革职逮问送刑部大

《进军金陵图》，1853年太平军弃武昌，水陆东下，于3月占领南京

堂治罪，授江宁将军祥厚为钦差大臣署理两江总督，组织南京城的防御。几天后，仍觉心气难平，又下旨抄没陆建瀛的全部家产，并将其子刑部员外郎陆钟汉革职。

然而，这一份威严无比的谕旨却无人接收，无人执行了。

1853年3月8日，太平军前锋进薄南京，19日攻入城内，20日尽荡城内之敌。已被革职尚未拿问的前任钦差大臣陆建瀛、已经授职尚未奉旨的继任钦差大臣祥厚，统统死于太平军的刀下。在天国的军威之下，怯懦的与胆壮的无分别地魂归一途。

当石头城易帜巨变的报告传到北京时，咸丰帝流泪了，当着众臣的面……[1]

1853年3月28日，太平天王洪秀全在万军簇拥下进入南京城，仪卫甚威，路人跪迎。南京被定为太平天国的首都，改名天京。中国出现了南北对立的两个都城。

---

[1] 黄辅辰：《戴经堂日钞》，《太平天国资料》，科学出版社，1959年，第47页。

紫金山下玄武湖畔的南京号称虎踞龙盘的名城，曾为六朝故都。明太祖朱洪武元璋在此开基立国，明成祖朱棣迁都北京后，仍以此为陪都。清代以北京为首都，以盛京（今沈阳）为陪都，改南京为江宁。当时的文人墨客又多用古名金陵。但南京这个名词，一直没有从老百姓的口中消失。去掉一个名称容易，抹去一片记忆甚难。这个在当时南中国最大的城市，为清代管辖苏、皖、赣三省，兼理漕、河、盐三务的两江总督的驻所，是中国最重要的政治、经济中心之一。

杨秀清由此看中此地，太平天国由此号其为"小天堂"。❶尽管今日历史学家对太平天国定都南京的得失众说纷纭，但它在当时许多人心目中具有帝王气象。

定都伴随着封爵加官。广西而来的"老兄弟"成了管理城市的新主人。王朝的典仪建立了，天国的规制大定了。天王洪秀全兴奋地颁布诏书：

　　地转实为新地兆，天旋永立新天朝。
　　一统江山图已到，胞们宽草任逍遥。❷

这道在今日文士眼中不够雅致的七律格式的诏书，看来确系洪本人的手笔。东王杨秀清也颁下诰谕：

　　……兹建王业，切诰苍生，速宜敬拜上帝，毁除邪神，以奖天衷，以受天福，士农工商，各力其业。自谕之后，尔等务宜安居桑梓，乐守常业，圣兵不犯秋毫，群黎毋容震慑，当旅市之不惊，念其苏之有望。为此特行诰谕，安尔善良，布告天下，咸晓万方……❸

❶ 据《李秀成自述》，太平军攻取南京后，洪秀全仍欲取河南为业，而杨秀清为一湖南老水手说动，遂移天王驾入南京，改为天京。详见《太平天国文书汇编》，第486页。

❷ 同上书，第39页。"胞

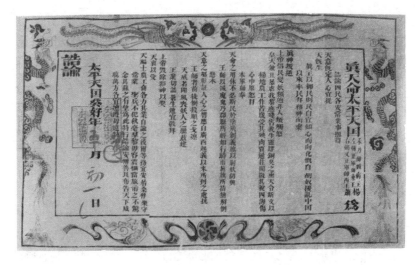

东王杨秀清诰谕。黄纸精印,墨刷,朱笔填写。纵91.44厘米,横152.4厘米。此布告发于1853年6月,但仍署1852年长沙战死的西王萧朝贵之名

为这位不识字的"真天命太平天国禾乃师赎病主左辅正军师东王"杨秀清撰此诰谕的书手,今已无从考其姓名,但文笔颇为古朴。洪秀全的诏书也罢,杨秀清的诰谕也罢,说的都是一个意思,即新朝已建,王业已立,"妖胡"行将扑灭。

位于今南京市汉府街的两江总督衙署,此时被改为天王府。许多年后,它又成了继洪秀全之后反清革命的孙中山、号行国民革命的蒋介石的总统府。此为后话。但从1853年3月直至咸丰帝病死,太平天国的天王洪秀全在此牢牢地坐在他的王位上。

正当洪、杨据南京为都时,北京的咸丰帝也陷入苦思:登极以来,日夜操劳,为的就是求天下平治,可为何局势却坏到这般田地?

面对着一次次的失败,咸丰帝似乎也承认自己用人不当。林则徐出师未捷身先死,丧失了两个月的时机;李星沅名高却不足以当大

们",是对太平军将士的称谓。"宽草"即宽心之意。

❸ 同上书,第111页。

四 "上帝"之祸 | 77

任，但操劳过度死于疆场还算是尽忠了；赛尚阿在召对时颇有对策，谁知一至前线反束手无策；徐广缙在反英人入城、平广东"会匪"时表现上乘，谁知到头来竟敢欺朕；陆建瀛负恩昧良，厥罪尤重，本死有余辜，但此时毕竟战死了，总不能再加罪死人，于是还得开恩按总督例治丧；眼下一个向荣，已进至南京东的孝陵卫，扎下江南大营，一个琦善，亦赶至扬州，扎下江北大营，可天晓得他们能否不辱君命，击灭这股不肯剃头的"发逆"。

想来想去，除了用人不当外，咸丰帝实在看不出来自己的举措又有何失当。对于布兵攻剿的方略，已详尽到何处设防何处进兵；对于逆匪处置的指示，也已具体到如何收买如何反间。总不能让朕亲赴前敌，事事办理妥当吧！前方传来的军报，从来都不过夜，当日便予以处置；前方将帅要兵，便调动十八行省精兵十万，就连关外龙兴之地的部队都动用了，更何况各地又大量雇勇；前方粮台要饷，便倾出家底搜罗近三千万两，户部的银库空了，各地的储备尽了，就连内务府的开支也十分紧张。还有那些没良心的地方官，嫌户部指拨的银两到达太慢，居然点着名要拨内务府银两一百五十万，朕也忍了，未加究治。❶只有臣子以天下养朕，哪有臣子敢掏皇帝的私房腰包。至于用兵之道，古训煌煌：在于赏罚严明。军兴三载，各地督抚换了个遍，桂、湘、鄂、赣诸省的军政官员换了一茬又一茬，被革发遣的不力将弁又何止数十员。就说向荣，六次惩黜，稍有微劳，即予开复。朕不惜于典刑，不苟于赏赉，可是这批臣子也太没有天良了！由此越想越气，将革职拿问的赛尚阿、徐广缙统统定为斩监候，并把赛尚阿的家产抄了，四个儿子统统罢官！

可在眼下，不用这批人又用谁呢？恩师杜受田撒手仙逝，满朝的文武，谁又能帮朕出出主意，挽狂澜于既倒！

咸丰帝的这番反思是永远找不到出路的。社会动乱的根源之一，

❶《清政府镇压太平天国档案史料》第5册，第75、103页。

太平天国玉玺，青白玉质。长、宽各20.4厘米，超过了清宫交泰殿清乾隆二十五宝中的玉玺。玺文为：天父上帝玉玺　太平　恩和　辑睦　天王洪日天兄基督　救世幼主　主王兴笃　八位万岁　真王贵福　永定乾坤　永锡天禄

在于自乾隆末年起半个多世纪的政治腐败。文官爱钱，武官惜命。拼命做官，无心做事。见利竭力钻营，见难弥缝逃避。绝大多数的官员已经不能在政治目标上与朝廷中枢保持一致。在李星沅、周天爵先后劳累病死之后，在广州副都统乌兰泰、湖北巡抚常大淳、安徽巡抚蒋文庆以及前面提到的陆建瀛、祥厚兵败自杀或被杀之后，在赛尚阿、徐广缙判处死刑缓期执行之后，当官已成了危途。捞不到钱，却要送命，做官还有什么意思？湖北巡抚龚裕，见太平军盛，居然自行上奏，诡称其患病且不知兵，请求开缺！在升官不能打动心思、罢官反觉释

然的时候，咸丰帝又用什么来鞭策、激励臣子们的效忠呢？

在万般无奈之际，咸丰帝多次想到天意，难道上天偏向于"天国"而不再倾向自己？从1850年冬至1853年春，他曾九次亲承大祀，每次都祈求上天祖宗的保佑。❶他甚至下令地方官将洪秀全、杨秀清、冯云山、韦昌辉等人三代祖坟彻底掘毁，并明确指示将坟后"坐山后脉概行凿断"，以坏其风水。❷在军事不利的危急关头，他还两次颁下《罪己诏》，一次在1852年5月17日，另一次在1853年2月15日，求上天宽宥，民众原谅，臣子尽心用命。❸局势没有丝毫的好转，反是更坏。《罪己诏》本是皇帝的最后一招，此招出手无效，难道真是天命终绝？上天哪，祖宗哪，你们既然择我为天子，选我继帝位，为何不给我指明一条能走的道？

勤政的咸丰帝，此时愁肠百转，渐渐地倦怠于政务了……

❶《清政府镇压太平天国档案史料》第6册，第318页。

❷《清政府镇压太平天国档案史料》第5册，第178页。

❸《清政府镇压太平天国档案史料》第3册，第134至135页；第4册，第363至364页。

五　亏得湘人曾国藩

就在咸丰帝一筹莫展陷于困境时，统治集团内部倒是真有一位奇异人士挺身而出，他还带出了堪与太平天国对敌的军队。这就是曾国藩和他训练的湘军。

曾国藩，湖南湘乡人，1811年出生于山村中一个小地主家庭。大咸丰帝二十岁。大洪秀全三岁。他六岁上学，读四书五经。教材与咸丰帝、洪秀全相同。

与洪秀全科场挫意相反，曾国藩十五岁便中了秀才，随后入衡阳唐氏家塾、湘乡涟滨书院和长沙岳麓书院学习。经名师高手指拨的曾国藩，理所当然比只靠村塾冬烘发蒙的洪秀全，更能理解传统经典的真义，八股制艺的技巧也更正规，更熟练。1834年中举人。1838年中进士，入翰林院。1840年散馆后授翰林院检讨。此后多任翰林院、詹事府的词臣之职，虽没有什么实权，但有机会读书，升迁机会比六部司官和地方县、府太爷更多，时人称为"储才养望"之地。果然，1847年，曾国藩由正四品的翰林院侍讲学士破格提拔为正二品的内阁学士兼礼部侍郎衔，连升四级。1849年，出任礼部右侍郎。

十年之中，由一名翰林院的庶吉士升至侍郎，当时属火箭速度的干部。而点燃这支火箭的，是权重一时的穆彰阿。

曾国藩中进士那年，穆彰阿恰为正考官，按当时的习惯，两人属门生、座师的关系。可当年中式进士183名，选庶吉士也有50名，穆彰阿对人群中的曾国藩看来没有很深的印象。1843年，穆彰阿任总考官大考翰詹。交卷之后，穆向曾索取应试诗赋，曾随即誊清送往穆府，自此，曾在穆的庇护下飞黄腾达。野史中关于穆彰阿如何照顾曾国藩的记载接近于神话❶，但曾国藩对其恩师之感激确在史籍中有可靠的记载。穆彰阿被罢斥后，曾每路过穆宅总不免一番感慨。后来曾国藩发达了，仍专程拜访穆宅。也曾因自己不得空，还派其儿子登门代致敬意。

京官生涯中，曾国藩虽官运亨通，但似乎更注意学问修养，与京城中的名儒交往甚密。他精通理学，一手桐城派的好文章，大字小楷也都写得不错。在儒家精神的感召下，他不仅要立功，而且还想立言、立德。这种至高无上的境界，他后来似乎都做到了。

咸丰帝登极后，下诏求言。曾国藩因先前上有《遵议大礼疏》❷而获咸丰帝的褒嘉，此时，他以为新君从善如流，必有大振作，自己亦可一展身手。于是，他细心结撰一折，抨击官场上的退缩、琐屑、敷衍、颟顸之恶习，请求咸丰帝加意整顿，注意考察。❸疏上，咸丰帝大为赞赏，下旨曰：

<blockquote>礼部侍郎曾国藩奏陈用人三策，朕详加披览，剀切明辩，切中情事，深堪嘉纳……</blockquote>

❶据《清稗类钞》，穆彰阿多次在道光帝面前表彰曾国藩遇事留心，可大用。一日，曾国藩奉旨召见，太监引至一室，但等到午后，仍未被召见。传言："明日再来。"曾国藩回到穆宅，穆问及可留意房间内悬挂字幅，曾国藩告之未留意。穆彰阿立即请家仆带四百两银子买通太监，连夜将该室内字幅全文抄下。第二天，道光帝召见，所问皆为昨日室内悬挂之历朝圣训，曾国藩对答如流。道光帝后对穆彰阿说，"你称曾国藩遇事留心，果然如此。"遂曾国藩骎骎向用矣。（见该书，第3册，第1404页）

❷《曾国藩全集》奏稿一，岳麓书社，1987年，第3至6页。"大礼"，是指道光帝陵寝"郊配""庙祔"二事。

❸《曾国藩全集》奏稿一，第6至10页。

❹《清实录》第40册，第116至117页。"日讲"是指以词臣每日向皇帝进讲儒家经典之事，以劝激

可是，咸丰帝似乎没有弄清楚曾国藩奏折中的曲折用意，只是对"日讲"一事发生兴趣，让有关部门"察例详议以闻"。❹曾国藩由此上奏"日讲"规章十四条❺，结果部议不予采纳。曾国藩并不气馁，继续上奏言事，尤以汰冗兵省国用一折切中时弊。然而，所有的建议都是不了了之，良苦的用心换来四处碰壁。以忠臣自励的曾国藩对此不免失望，愤懑的心情在私信中无保留地泻出：

> 自客春求言以来，在廷献纳，不下数百余章，其中岂乏嘉谟至计？或下所司核议，辄以"毋庸议"三字了之，或通谕直省，则奉行一文之后，已复高阁束置，若风马牛之不相与。❻

1851年5月24日，广西的局势已经不可收拾，心急如焚的曾国藩鼓足勇气，上有一折，直接批评咸丰帝注重小节而忽略大计，惑于虚文而不求实学，刚愎自用而不能知人善任。❼疏上后，曾国藩屏息以待雷霆，在给朋友的信中称："忝窃高位，不敢脂韦取容"❽；在其家书中又称，为了"尽忠直言"，"业将得失祸福置之度外"。❾

咸丰帝看到曾国藩这番教训他的话，果然怒气大作，将奏折扔在地上，即刻召来军机大臣，要求立即下旨加罪之。军机大臣们再三劝阻，咸丰帝也自觉失态，便下了一道表面上是优容实质上是斥责的上谕。❿很可能是曾为曾国藩房师时任军机大臣的季芝昌，将内情透露给曾国藩。⓫曾国藩消沉了，诗中出现了"补天倘无术，不如且荷锄"之句。⓬

朝野对儒家经典的注重。

❺《曾国藩全集》奏稿一，第11至17页。

❻《曾国藩全集》书信一，岳麓书社，1990年，第76页。"客春""去春"之意。

❼《曾国藩全集》奏稿一，第24至27页。

❽《曾国藩全集》书信一，第80页。

❾《曾国藩全集》家书一，岳麓书社，1985年，第212页。

❿《清实录》第40册，第446页。上谕中有"语涉偏激，未能持平，或仅见偏端，拘执太甚。念其志在进言，朕亦不加斥责"；"诸臣亦当思为君之不易"等语。

⓫朱孔彰：《中兴将帅别传》，岳麓书社，1989年，卷一，第2页。

⓬《曾国藩全集》诗文，岳麓书社，1986年，第22页，《秋怀诗五首》。

五　亏得湘人曾国藩　｜　83

赠太傅原任武英殿大学士两江总督一等毅勇侯谥文正曾國藩

曾国藩（1811—1872），字伯涵，号涤生，湖南湘乡人。原画书"赠太傅原任武英殿大学士两江总督一等毅勇侯谥文正曾国藩"，选自清人绘《清代名人像册·曾国藩像》

京官的生活对曾国藩来说是越来越乏味了，自觉得满腹才华无处使去，原来这堂堂二品京堂就是这么不当用的。

1852年7月26日，咸丰帝放曾国藩为江西乡试正考官，并准其在考差完毕后返回已离别十三年的家乡省亲。这一好消息使曾国藩如释重负，打点行装后离开京城南下。此一去，直至1868年才有机会再叩宫阙，那时，咸丰帝已去世七年。

1852年9月8日，曾国藩行至安徽太湖县境内，突闻其母病故，孝子之情使他当日折往湖南，回家奔丧，准备按儒家的礼制，在家丁忧守制三年。

回家的路，很不好走。太平军在两湖的攻势，使曾国藩切身体会到清王朝的颓势。10月6日，他回到湘乡老家，又亲眼目睹了当地乡绅在太平军攻击之后的惊弓之鸟状。然而，其母的丧事尚未办完，又于1853年1月21日接到湖南巡抚转来咸丰帝的谕旨：

> 前任丁忧侍郎曾国藩，籍隶湘乡，现闻在籍，其于湖南地方人情自必熟悉，著该抚（指湖南巡抚）传旨，令其帮同办理本省团练乡民、搜查土匪诸事务。伊必尽力，不负委任。❶

看到这一份谕旨，着实使曾国藩犯难。如遵旨出山，既有损于孝道，且诸事綦难，多年的名声难保；若抗旨不出，听说太平军已破武昌，势如破竹，覆巢之下，岂有完卵，不仅自己的名声，即连身家性命都必毁之。犹豫的心情整整折磨了他四天。在朋友一再劝激下，他终于以忠君卫道保乡的信念，驱向长沙，慷慨赴大任了。

咸丰帝让曾国藩帮办团练，并非是对他的重用。团练是不远离家乡的民间武装，一般由乡绅捐资，由乡绅控制；个别情况下亦由官府发饷，听官府征调，但性质也转变为雇勇。自嘉庆朝镇压苗民起义后，团练又成为清政府惯常的手段，与保甲制度相配套，保境安民，平息当地小股反叛，以补官军之不足。咸丰帝命曾国藩出山，是在他得知太平军已占岳州并开向武昌之时，恐湖南在太平军过后地方不靖，而湖南巡抚一个人又忙不过来，便让曾国藩出来帮帮忙而已。而且，在此前此后，咸丰帝共任命45名在籍官员办理团练，最多的一省为山东，共有13名团练大臣。谕旨中"帮同""团练乡民"的用语，更是明确限定了曾国藩的工作性质和任务范围。

咸丰帝此时丝毫没有想到，他的这份纯属一时之念的谕旨，成就了曾国藩此后数十年的大业。

---

❶《清实录》第40册，第1021页。

曾国藩到达长沙后，其最主要的敌人，并不是已经北上的太平军，也不是本省活跃非常的天地会，而是自家人——湖南本省的军政各大员。

曾国藩深知小打小闹的团练成不了气候，不用说是太平军，就连山堂林立的天地会也对付不了。于是，他挖空心思在"团练"两字上做文章，曲解其意思：将由乡绅控制的保境安民的武装，即本意上的团练，称之为"团"，而将集中雇募离乡作战的雇勇，称之为"练"。结果，他在乡团雇勇中发展了一支数千人的武装，成为其日后湘军的基础。咸丰帝交代的"搜查土匪"的工作，几乎没有花曾国藩多少力气。他以"团"为耳目，以"练"为机动部队，随时开赴各地镇压。不消几个月，湖南境内的局势大体平定下来了，而他与湖南地方官的矛盾却已如水火，无法相容了。

在平定各处反叛中，曾国藩拿获了大批"匪首"，他自设刑堂，自定罪名，大开杀戒，被乡人呼为"曾剃头"。然按清代制度，一省刑名由按察使负责。被架空的按察使自然不满，而欲从审判中捞取种种好处费的大小胥吏，更是骂声不绝。

按当时的一般做法，地方平静之后，练勇应立即遣散，至少得缩小规模，而曾国藩的部众却有补充扩大之势。由此引起的巨额饷银，也使有理财之责的巡抚、布政使苦累不堪，凭什么拿自家的钱养别家的兵呢？

团练也罢，雇勇也罢，以往都归于官方的军事长官节制。可曾国藩把持的这支"练勇"，就连巡抚都难以过问，执掌一省兵权的湖南提督更难染指。若此也就罢了，曾国藩还利用其下属插手于地方官军，竟然命令长沙的绿营随同这种不上台面的"练勇"一同操练！这些平日不事操演却有种种恶习的丘八老爷拒不从命，被激怒的军官更是挑起事端。最后在湖南提督的怂恿下，乱兵冲进曾国藩的公馆，差一点要了他的性命。

若以当时的官场游戏规则来讨论，应当说是曾国藩违旨，他本是"帮同"地方官办理"团练"，可他却利用昔日"二品京堂"的余威，专折奏事的权力，让地方官"帮同"他来筹建一支"练勇"。以此观之，地方官的不满是有"道理"的，但曾国藩心知肚明，正是这些"道理"使清王朝陷于如此之深的危局。要办成事情，只能自己身体力行，决不能沾上那早已腐烂的政权机器。

逆来顺受，带血吞牙，曾国藩一切都忍了。他不想告御状，在大业未成之际花力气打一场没完没了的笔墨官司。长沙再也待不下去了。1853年9月29日，他忍气吞声地带着三千人的小部队，南下衡州（今衡阳），对咸丰帝汇报说，要去镇压那儿的土匪。

太平军的凌厉攻势，使咸丰帝焦头烂额，根本无暇顾及湖南的曾国藩。曾国藩从帮办"团练"到自办"练勇"的角色转换，他稀里糊涂地认可了。曾国藩要求拨饷购炮造船，他也不假思索地批准了。他似乎只认一条理，只要对镇压太平天国有利，只要不从中央财政中拿钱，怎么办都可以。他不清楚细节，也无时间无心思作具体的策划。就是这么一条缝隙，使曾国藩在湘南一隅，从清朝的军政体制之外，不受干扰地完全依照自己的设计，编练出一支迥异于清朝各类武装力量的新军——湘军。

曾国藩的新军，新在哪里呢？

军官 曾国藩万分痛恨清军各级军官的腐败，私信中称他们"丧尽天良"。他由此以理学精神为号召，寻找那些具有"忠义血性"的儒生来带兵。一时间，众多有志有才的湘籍士子围聚在他的身旁。湘军军官中，儒生过半，成为其主要特色之一。

士兵 为了防止溃兵滑勇把种种恶习带入湘军，曾国藩强调募集边僻地区的山民。他还让带兵官自行回乡募兵，以一地之兵集中于一营，用乡谊故交维系部队内部的情感，以求在作战中互助互力。此种方法使湘军兵源很长时间内集中于湖南，尤其以曾国藩的家乡湘乡为最多。

编制 鉴于清朝国家军队平日兼负大量的警察职能，战时只能抽调，临时命将率领，结果兵将不习，兵兵不习，胜则相妒，败不互救；曾国藩建立了自己的指挥体系，由大帅到统领到营官，不越级指挥，职权归一；又因湘军的任务单一，作战时一营一营地成建制调出，兵将相习，又可收指臂之效。

火器 由于清朝国家军队战时临时抽调编组，各部携带的火器往往不一，且因远程调派运输困难而缺乏重火器。曾国藩在营制中注重轻重火器与冷兵器的恰当比例，并为解决运输问题而专门设立了"长夫"（类似于今日运输部队），这使得湘军的火力比各处清军皆强。

水军 清朝水师多设于沿海，长江各省绿营所编战船甚少。为对付太平军的水军，曾国藩亦相应建立了水军，以水制水。这使得在镇压太平天国的战场上，湘军是唯一一支可以水陆协同作战的力量。且水军的建立，也为湘军陆师的快速机动提供了便捷的运输条件。

训练 清朝国家军队训练废弛久矣，以致对付揭竿而起的农民皆纷纷败北，而曾国藩先前派所编"练勇"外援江西失败的教训，使之格外重视技战术训练。衡州的营地，实际上就是一个训练基地。也因为如此，湘军后来出战时，对付因作战频繁而训练欠足的太平军时，往往能以少击多。

饷俸 清朝国家军队饷俸低下，兼士兵多有家小，难以维持生计，需作别项经营。❶湘军实行厚饷制度，所募士兵多为青壮，无家小之累。在当时农村破产的湖南，厚饷吸引了众多苦于生活的山民，使湘军有可靠、充足的兵源。

湘南衡州的建军练兵工作，紧锣密鼓地进行了四个月。曾国藩在此期间绞尽了脑汁，费尽了心力。他只是一名丁忧在籍的官员，严格

---

❶ 当时清军的兵役制度十分落后。当兵是终生的职业，无合理的退役、补兵的明细规定。因而在军营中，士兵从十五至六十岁皆有，很多士兵上有老，下有小，均需其供养，因而在操练之余，兼做其他小生意，甚至做帮工。

说起来还算不上朝廷正式命官，上奏时自称"前礼部侍郎"，处于"非官非绅"的尴尬地位。他的这一支部队，也不是国家正式军队，官方文书上有"湘勇""楚勇""勇营"等多种称谓，属于既非团练又非官军的模糊性质。这种特殊性，虽有利于曾国藩放开手来创造，但要合"法"地取得清朝上下的承认、支持，尤其是获得军费，又是太难了。在当时一般官场人士的眼中，湘军只是一个怪胎。对它的非难以致刁难，从来没有停止过。

而曾国藩以他坚毅的性格，逐一克服来自清朝内部的种种困难，其目的，就是为了保住大清。

太平天国定都天京之后，又开始了英勇的北伐和西征。北伐军以精兵两万直指北京；西征军溯长江而上。

此时咸丰帝最最头痛的是手中无兵。南方各省可调之兵，除已溃散外，尽归于向荣之江南大营，北中国的部分兵力集中在琦善的江北大营。两大营的任务是攻克"发逆"巢穴，咸丰帝自然不能过分削弱。尽管从日后太平天国的发展来看，西征的意义重于北伐，但对咸丰帝来说，北伐的威胁大于西征。于是，他将北方各省精兵强将尽行用于对抗太平天国北伐军。至于西征一路，他找不到生力军，也未任命统兵大员，只是酌调些微兵弁命各省保全地方。

这是一个无可奈何的漏着。

长江中下游各省清军，已被太平军扫荡过一次，地方官手中的兵力少得可怜。他们拼尽全力虽保住了南昌，但九江、安庆、庐州（今合肥）先后易手。太平军由此建立起皖赣根据地，并以一部兵力攻入湖北。

太平军在西战场上的胜利，使咸丰帝拿着放大镜遍地寻找可用之兵。曾国藩的部队引起了他的注意，接连三次让曾国藩率部出省作战。

第一次是增援湖北。

1853年10月29日，因武昌危急，咸丰帝命曾国藩"选派"练勇，随同湖南的绿营兵赴鄂。紧接着又于11月3日和5日，再次下旨命曾部出动。❶此时湘军刚刚开到湘南整训，根本不具备远征作战的能力，数日之内的三道金牌着实使曾国藩犯难。好在此时太平军解围东归，武昌军情稍解。曾国藩便以形势有变为由而拒不从命。

　　咸丰帝命曾国藩部出援武昌，并不是认为其部足当大任，而是拣到篮中就是菜，以配合官军助攻。曾国藩的一番遁词也使咸丰帝很满意，朱批道："汝能斟酌缓急，甚属可嘉。"❷

　　第二次是救援安徽。

　　1853年12月12日，咸丰帝听说曾国藩部已发展到六千人，赶紧命令其率部开赴安徽，收复安庆等地。为了防止曾国藩不肯听命，先给曾戴了一顶高帽子：

　　　　该侍郎忠诚素著，兼有胆识，朕所素知。谅必能统筹全局，不负委任也。❸

曾国藩于12月23日收到此谕，正值湘军水师编练的关键时刻，船未造齐，炮未运到，若仓促轻试，难逃失败结局。于是他横下一条心来抗旨不遵，在奏折中强调若非船、炮、水勇一并办齐，所部无法开动。

　　曾国藩的这一篇奏折惹恼了咸丰帝，朱批中充满刻薄挖苦之语：

　　　　今观汝奏，直以数省军务，一身克当，试问汝之才力能乎？否乎？平日漫自矜诩，以为无出己之右者，及至临事，果能尽符其言甚好，若稍涉张皇，岂不贻笑于天下？❹

咸丰帝此时是小看了曾国藩。而曾国藩奉此严斥，连忙再次上奏，详

---

❶《清实录》第41册，第638、652、659页。

❷《曾国藩全集》奏稿一，第75至78页。

❸《清实录》第41册，第739至740页。

❹《曾国藩全集》奏稿一，第80至82页。

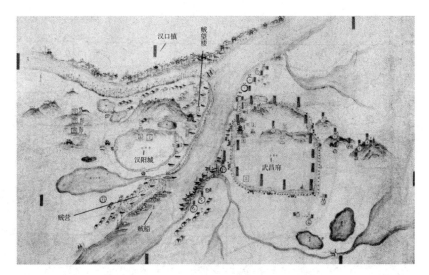

《武汉三镇布防图》，咸丰四年（1854）五月十三日，湖北巡抚青磨上奏清廷的军事形势图。半个月后武昌被太平军攻克

细说明了五条不能出战的理由。❺

第三次仍是出救湖北。

1854年2月25日，武昌危急，咸丰帝再次想到曾国藩的湘军，下旨"刻日开行"。为了堵住曾的口，谕旨中称：

> 现在已逾正月下旬（阴历），船、勇当早齐备，广东所购洋炮谅已陆续解到。

以此不让曾国藩再强调客观困难。❻ 然而，也就在这一天，曾国藩的湘军练成，共有陆师十营、水师十营，各类船艘四百余只，火炮四百余位，官兵长夫水手共计一万七千人。他未待旨命，率部离开衡州向北开进。

❺ 同上书，第86至90页。

❻ 《清实录》第42册，第50页。

这是一支强大的生力军。清王朝先前镇压太平天国时,还从未派出过如此军容整齐的部队。

咸丰帝调其出援的谕旨由北向南,曾国藩率军出征的奏折从南而北;身背公文的折差们两骑错过。双方各自收到文书的场景,今已无人知晓,时间的凑巧或许会使他们会心一笑。然而,曾国藩这一次又违旨了。他没有能救湖北,因为太平军已经攻入湖南。

最初攻入湖南的,是太平天国一支规模不大的部队。他们虽然在宁乡小挫新编成的湘军,但很快退走了。曾国藩立功心切,企图督军

《克复岳州战图》,系《平定粤匪战图》之四,清宫廷画家绘。湘军于1854年8月攻占岳州

乘机杀进湖北,哪知在岳州遇到太平军主力而大败,只得退缩于长沙。长沙周围的湘阴、宁乡、靖港、湘潭一带,尽为太平军所据。

长沙本来就是曾国藩的逆旅。败师回城,谤议四起。曾国藩决心用胜利来洗刷一切。他遣湘军陆师进攻湘潭,自率水师及陆师一部进攻靖港。

1854年4月28日的靖港之战,是曾国藩一生最大的失败之一。湘军水师被太平军打得大败,增援的陆师又闻败而溃。恼羞成怒的曾国藩以文弱书生之躯亲自执刀督阵,置令旗于岸边,上书"过此旗者斩!"哪知溃逃的士兵绕旗而奔,局势变得不可收拾。心冷至极的曾国藩投水以图一死了之,被幕僚们救护回长沙。

真正救曾国藩性命的是湘潭传来了获胜的消息。4月27日至30日，湘军陆师连连获胜，迫该处太平军退出湖南。靖港获胜的太平军见局势不利亦退至岳州。已经买了棺材不饮不食写下遗书的曾国藩，闻知此讯似乎没有像旁人那样高兴，而是冷静分析胜败两方面的教训，整军于长沙。胜将扩军，败营遣散，为此他不认亲情，其弟曾国葆亦被裁之。曾国藩此后立下一条规矩，打胜仗可升官，打败仗立即滚蛋。这与溃而复集、集而复溃的清朝国家军队，正好形成了鲜明的对照。

长沙整军，使湘军缩减至四千余人。而两个月的休整补充，又扩至万人以上。是年7月，曾国藩率湘军北上，与太平军在岳州、城陵矶大战月余，将太平军全部赶出湖南。随即又水陆并进，连战皆捷，于10月14日攻克了被太平军占据16个月的湖北省城武昌。

这一系列的胜利，使咸丰帝惊呆了。

自太平军突围永安城之后，咸丰帝似乎已经习惯了失败。各级官员谎报的胜仗，他早有觉察，只不过是军情紧急，无法一一查明而已。当他获知湘军在湘潭获胜的消息之后，十分怀疑此即谎报，以遮盖曾国藩靖港大败之罪。一日，他召见湘潭籍的翰林院编修袁芳瑛，袁氏以家乡得到的消息详细告之。咸丰帝闻之大喜。而这位编修也在龙颜大悦之际占了点便宜，当日放了一个肥缺江苏松江知府。由于曾国藩因靖港之败自请处分，他也按惯例将其前礼部侍郎的底缺革去了。岳州、城陵矶获胜的消息传来，咸丰帝对曾国藩刮目相看。尽管曾氏当年出山时为显示其孝道，宣称守制期间不受议叙，咸丰帝仍授其三品顶戴。10月20日，咸丰帝收到署理湖广总督（时在孝感杨店）用日行八百里的当时最快速度送来红旗捷报，称闻湘军已克复省城，他一时还不敢相信，旨命详细奏复。❶整整六天之后，曾国藩的奏折递到了北京，这天大的喜讯使咸丰帝激动了，朱批道：

❶《清实录》第42册，第520至522页。

《克复武昌省城图》,系《清军奏报与太平军交战图》之一。清人绘。1856年12月胡林翼率湘军攻克武昌

"太平天王金玺"玺文。印面24厘米见方。玺中为"太平天王大道君王全",右为"奉天诛妖",左为"斩邪留正"。

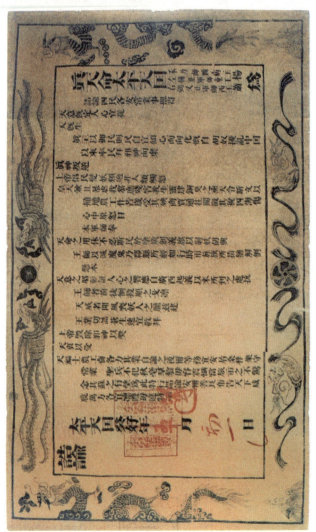

东王杨秀清诰谕。黄纸精印,墨刷,朱笔填写。纵91.44厘米,横152.4厘米。

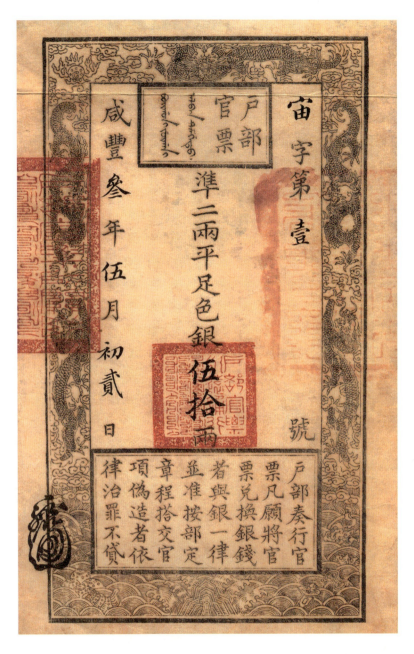

咸丰三年（1853）户部五十两银票，银票盖有户部关防，并有"永远通行"方形满汉文合璧图记。钞面下端长方格内印小字八行，"户部奏行官票，凡愿将官票兑换银钱者，与银一律；并准按部定章程搭交官项。伪造者依律治罪不贷"

《戏剧图册·定军山》，清人画，长宽各64厘米

> 览奏感慰实深。获此大胜，殊非意料所及。朕惟兢业自持，叩天速赦民劫也。

功绩卓著，立颁赏赉，这一点咸丰帝是从不含糊的，他当日授曾国藩二品顶戴，署理湖北巡抚，并赏戴花翎。❷

"署理"为暂时代理之意。以曾国藩的功绩，咸丰帝恐怕当时并非不肯实授此职，似乎为考虑另外两层原委。一是圣恩不可一日施尽，若曾国藩再立功绩，又加之何恩典？二是曾国藩以孝道自榜，上次给他三品顶戴都上奏推辞，若真实授，他必固辞不就，反为不美。守制期间任署理之官也是旗人的规矩，此时不妨效之。❸

但这"署理"，却给咸丰帝日后留下了余地。

沉浸在胜利喜悦之中的咸丰帝（他已很久没这么高兴了）向军机大臣说道："不意曾国藩一书生，乃能建如此奇功。"一位军机大臣提醒咸丰帝：

> 曾国藩以侍郎在籍，犹匹夫耳。匹夫居间里，一呼蹶起，从之者万余人，恐非国家之福。❹

这位军机大臣的话，如一盆凉水浇来，咸丰帝默然变色良久。出了一个洪秀全，可不能再招来巨盗，历史上如曹操灭黄巾之类的故事一幕幕在脑中闪过。七天后，咸丰帝收回成命，改曾国藩为兵部侍郎衔，专办军务，不再署理湖北巡抚了；同时，命令曾国藩率军沿长江东下，进攻江西。

咸丰帝对曾国藩的猜忌，用当时的观念来看，完全是有道理的。清朝以少数民族入主中原，历来的传统是以汉人办事，以满人掌权。

---

❷ 同上书，第533至536页。

❸ 清代制度，旗人守制百日即可出为官，担任署职，以示孝道。守制三年（实为27个月）后改实任。

❹ 薛福成：《庸庵文续编》卷一，《书宰相有学无识》。薛福成称此军机大臣为祁寯藻，近来据朱东安先生的考证，可能为彭蕴章（见《太平天国学刊》第2辑，中华书局，1985年，第178至182页）。无论是祁寯藻还是彭蕴章对湘军都有疑忌心理，后将详述。

五　亏得湘人曾国藩

"满汉一例"的口号喊得越起劲,就越说明满汉之间的不平等,否则也就不必多说了。曾国藩是个汉人,他出师时的《讨粤匪檄》风行一时,可只称卫护性理名教,对"发逆"的"兴汉讨胡"一说却是细心地不置一词。不表态就是表态。他是否存有异心呢?

若仅如此,也就罢了。可曾国藩所带的部队,实质上是私家军队,除了曾国藩等少数湘籍将帅外,谁也指挥不动。历来的"兵为国有"的根本制度,到他那儿成了"兵为将有"。还不知他手下的将士们,心中除了曾大帅外,还有没有大清。咸丰帝越想越猜忌:此人不能不防。

咸丰帝又错了。他从来就缺乏知人善任的本事。后来的历史证明,曾国藩是挽救大清朝的天字第一号忠臣。

咸丰帝的态度转变,曾国藩很快便体会到了。

当他奉到署理湖北巡抚的任命后,立即上奏请辞,可收到的却是充满虚情假意的朱批:

> 朕料汝必辞,又念及整师东下,署抚空有其名,故已降旨令汝毋庸署湖北巡抚,赏给兵部侍郎衔。

巡抚与侍郎虽为同品,可一是实权,一是空衔,其间的区别,谁都看得出来。更让曾国藩吃惊的是,咸丰帝又以其请辞奏折中未书写"署抚"官衔之细故,无限上纲,称"违旨之罪甚大","严行申饬"。❶看到这里,功臣的心凉了。

几个月后,那位军机的话语也传到曾国藩的耳边。曾的脸色一下子暗了下来,无精打采。他与密友谈起了东汉太尉杨震为权贵所逼在几阳亭自杀的故事,怆叹久之,开始为自己的命运担心了。❷

在许多时候,忠臣要比奸臣难当。

❶《曾国藩全集》奏稿一,第257页。

❷刘蓉:《养晦堂诗集》第5卷,《曾太傅挽歌百首》。

咸丰帝对曾国藩的态度转变,最终倒霉的当然是他自己。

按照一般的军事常识,湘军夺取湖北后应全力经营之,成为可靠的后方基地,稳扎稳打,逐渐向东进攻。而咸丰帝让湘军立即全军前出江西,一方面是急于镇压太平军,另一方面是对湘军又利用又限制的策略,不使其在湖北坐大,使在江西、安徽的拼战中消耗实力,最后由江南、江北大营的清朝国家军队坐收其功。这种如意算盘,当然只是咸丰帝的一厢情愿。曾国藩在两湖战场上的胜利,也使他冲昏了头脑,以为这支万余人的部队,能够迅速荡平"粤匪"。1854年11月,

《攻破田家镇克复蕲州图》,系《清军奏报与太平军交战图》之一。清人绘。1854年11月,湘军水陆师大破太平军,攻占田家镇

湘军水陆东进,在田家镇一带获胜,迅速开抵九江城下,发起攻城。

以后的战争不能不让志向高大的曾国藩沮丧。九江的围攻,历大小百余战,终不能克复,而湘军的水师却在湖口被切成两半,丧失作战能力。1855年2月,太平军发起奇袭,直取曾国藩的座船。在万分紧急关头,曾国藩再一次投水自杀,又被左右救出。

再也没有湘潭大捷的喜讯来安慰死而复生的曾国藩的心了。太平军已再次西征,于1855年4月,第三次攻克武昌。而咸丰帝在军情大变的情况下,又开始了瞎指挥,一会儿让曾部回救湖北,一会儿要湘军速克九江,直取天京。

《克复武昌省城图》,系《清军奏报与太平军交战图》之一。清人绘。1856年12月,胡林翼率湘军攻克武昌

一切恶果都显露出来了。湘军是无基地的作战，此时又丧失了后方。除了进军过早之外，湘军军事不得进展的另一重要原因是缺钱，无法扩充军力，无法购买枪械，就连士兵的粮饷也捉襟见肘。曾国藩不敢问中央财政要，这不仅得不到反而会遭到训斥；靠地方支持，那就得看地方官的态度了。家乡湖南虽有支持，但远远不够，而客军所驻的江西巡抚却不买曾国藩账，处处刁难。曾国藩怒而劾之，哪知新任江西巡抚更坏。孤军深入的湘军，苦苦卖命而得不到应有的报答。好在曾国藩的好友胡林翼此时署理湖北巡抚，他即派出主力部队援鄂助之，自己率领数千疲军在江西苦熬。

所有这一切使曾国藩深深体会到，真要有所发展，必须掌握地方政权，一个空头"兵部侍郎衔"是实现不了自己的目标的。

不能说咸丰帝一点儿也看不出问题症结所在。这一时期，地方官员变动极大，总督、巡抚的撤换如同走马灯一般。许多资历、功绩都不如曾国藩的纷纷被拔至高位，但他就是不把地方实权交给守制已满、眼巴巴等待着的曾国藩。

江西的日子是曾国藩一生中最痛苦的时期。皇帝的不信任，同僚们的镝射，使他在功业难成的情况下"不欲复问世事"。1857年3月，他接到父亲病故的讣告，奏报丁忧后便委军而去，直接跑回家乡守制了。

统兵大员不经批准放弃指挥权出走，在当时是一个不小的罪名。由于一些官员为曾求情，咸丰帝没有处分曾国藩，而是给假三个月，让他在家料理完丧事后立即返回江西带兵。这么一个让人不放心的能人，朕还需要他出力，实在不值与之过分计较。

三个月的假期很快就到了。曾国藩在此期间终于打定主意，要向咸丰帝争一争了。

作为一种试探，曾国藩先是于1857年6月16日出奏，为了孝道，请求在家终制。奏折中说了一句很值得玩味的话：江西军务"添臣一人，未必有益，少臣一人，不见其损"。❶这句话当然不符合实情，其真正含义是让咸丰帝掂掂他的分量。

咸丰帝当然明白曾国藩的重要性，谕旨中称："该侍郎所带楚军（即湘军），素听指挥"，这也婉转地承认别人指挥不动。他没有同意曾国藩的守制要求，而是让曾立即返回江西。他甚至还误以为曾国藩不肯出山是出自孝道，将曾国藩的兵部右侍郎的实缺改为署理，以顺应其孝子之心。❷

咸丰帝一再命其出山的谕旨，使曾国藩认为一切条件均已成熟。于

❶《曾国藩全集》奏稿二，岳麓书社，1987年，第860至861页。

❷同上书，第861至862页。

是，7月26日，他上了两篇奏折。前一折仍作孝子状，请求终制。后一折长达两千字，历陈带兵作战没有地方实权的种种难处，最后亮出底牌：

> 以臣细察今日局势，非位任巡抚，有察吏之权者，决不能以治军。纵能治军，决不能兼及筹饷。臣处客寄虚悬之位，又无圆通济变之才，恐终不免于贻误大局。❸

这段话的意思再清楚不过了，咸丰帝你要我出山，就得给我巡抚实缺，否则拒不从命。我已经受够了气，不再奉陪了。

咸丰帝这下子才真正弄明白，曾国藩闹了几个月，原来就是要挟朕授其江西巡抚。这决不能答应。军权加政权，如虎添翼，称霸一方，将来如何了得。于是，他将计就计，批准曾国藩守制，并按照守制的规矩，将曾兵部右侍郎的底缺也开去了。你不是要做孝子吗？朕这次成全你！

尽管咸丰帝在诸多方面不显才气，唯独这一方面十分清醒。专制统治者对威胁自己权势的任何人与事，从来就是最灵敏，最恶感，并下手不留情的。

这下子该曾国藩叫苦了。没想到咸丰帝居然假戏真做。一肚子黄连，又向谁道去。当年10月，又收到咸丰帝谕旨，让他以在籍身份，帮办湖南团练。这就更让他哭笑不得了。湖南境内并无太平军，出来再帮办团练又算什么呢？于是，他在10月26日的奏折中小心翼翼地提及江西，并写下了一段充满悔意的话：

> 臣自到籍以来，日夕惶悚不安。自问本非有用之才，所处又非得为之地。欲守制，则无以报九重之鸿恩；欲夺情，则无以谢万世之清议……

❸ 同上书，第866页。

太子保头品顶戴两江总督一等威毅伯曾国荃

曾国荃（1824—1890），字沅甫，曾国藩的三弟。所部"吉字营"为湘军主力，攻占吉安、安庆、天京。封一等威毅伯。选自清人绘《清代名人像册·曾国荃像》

曾国藩此中曲折透露出来的意思是让咸丰帝"夺情"，命他复往江西。哪知咸丰帝一不做，二不休，在其奏折上朱批：

> 江西军务渐有起色，即楚南（湖北）亦就肃清，汝可暂守礼庐。❶

也就是说，帮办湖南团练一事也都免了吧。

不管曾国藩如何示孝，但真正让他在家乡守制却憋得更加难受。他饱浸理学，忠孝不能两全的古训，他深知之，事君事亲孰重孰轻，

❶《曾国藩全集》奏稿二，第868页。

他更明之。他早已立志以救天下为己任，江西只不过是不敏志，在家则是不得志！这位讲究修养的理学大师，一下子变成了行为乖僻的人，常常无缘无故地生气，拿家里人来出气。最倒霉的是他的弟媳妇，被这位大伯的无名火弄得不知所措。

然而，在此怨愤忧郁中稍稍使他宽慰的是，在江西、湖北征战的湘军将领，遇事仍至湘乡向他请示。湖北的一切，由其密友胡林翼一手包办，江西的湘军，由其部将杨载福统带。别人谁也插不进手。

风筝虽然放了出去，可线还捏在曾国藩的手里。

到了1858年，江西、浙江、福建的局势大变，咸丰帝只得请曾国藩出山，但职权上丝毫不让步，让曾以"前任兵部侍郎"的空衔领兵征战。

《湘军平定粤匪战图》中的曾国藩画像，1901年石印本。其文为："曾文正：衡岳之英，中兴之望。学汇洛闽，才综伊尚。整顿乾坤，陶铸将相。勋业巍巍，垂炜遐旷。"这是曾国藩去世很久之后，人们给他的评价

到了1860年,清朝用于镇压太平天国的唯一主力部队江南大营,被太平军击灭,手中再也无可用的国家军队。咸丰帝只得将救急的目光聚焦在曾国藩身上,先是加其兵部尚书衔,署理两江总督,不久后改为实授,并任命其为钦差大臣,督办江南军务,节制大江南北水陆各军。

到了这种境地,咸丰帝终于明白,要镇压头号对手太平天国,不靠曾国藩和他的湘军,已经不行了。至于将来会有什么后果,到那时再说吧。

这些都是后话,后面还会述及。

六　新财源：厘金

湘人曾国藩及其创建的湘军，在清朝镇压太平天国的主战场——湘鄂赣皖等省的顽强表现，帮了咸丰帝的大忙，缓解了其极为头疼的兵力不足的难题；但是，另一个问题又凸现在咸丰帝的面前，这就是军费问题。

清朝的财政体系是一种相当落后的制度：每年的财政收入是固定的，约银四千万两，主要来源于地丁钱粮；每年的支出也是固定的，近四千万两，主要用于官俸兵饷。其基本特点就是量入为出，而由此引出的最大弊端，就是缺乏弹性。一切都是固定不变的，为政者没有钱去开办新的事业，而一旦遇到天灾人祸，如水灾、旱灾、蝗虫、战争、瘟疫，政府的收入锐减，支出剧增，往往会引起财政危机。

但这种制度最初推行时，似乎效果还不错，康熙、雍正两朝明主的精心管治，使户部的存银最高时达到七千万两，但经好大喜功的乾隆帝大手笔开销，到嘉庆帝时，存银已经不多了。川楚白莲教起义、张格尔叛乱、鸦片战争，再加上黄河多次决堤，清政府的财政已陷于窘境。咸丰帝一上台，就想清清自己的家底，管理户部事务的大学士卓秉恬向他报告：国库存银仅八百万两，而且"入款有减无增，出款有增无减"，入不敷出，为数甚巨。❶

战争是吃钱的怪兽，其消耗量大得惊人。可清政府财用的匮乏，

---

❶ 转引自彭泽益：《十九世纪后半期的中国财政与经济》，人民出版社，1983年，第84、138页。

似乎没有影响咸丰帝镇压太平天国的决心。他从户部银库中支拨，从各地封贮银中调解，从内务府"私房钱"中发给。与先前和之后的列朝皇帝不同的是，咸丰帝动用皇家私产时毫不顾惜、毫不心疼。兵部尚书桂良奏称，内务府存有金钟三口，重两千余斤，值银数十万两，请销熔以补军费。他立即命令内务府查明，派六弟奕訢亲自监熔。结果这三口乾隆年间由宫廷工匠精制、镌有乾隆帝御制铭文，分别重八百斤、七百斤、五百八十斤的世界超级工艺品，被熔为金条、金块共计两万七千余两。❶ 户部奏请将宫廷园林中多余铜器发出，以供铸造铜钱。他又命令内务府查明，结果圆明园等处存放的今天绝对是上等级文物的铜瓶、铜炉、铜龟鹤等228件，化成了8747斤铜料。❷ 对于咸丰帝多次从内务府发银的谕旨，使总管内务府的各位大臣都处在不理解的也要坚决执行的思想境界。到了1853年9月，内务府终于向咸丰帝亮出了红灯，存银仅四万一千两，再也不能支付皇室以外的任何开支了。❸ 年轻的咸丰帝似乎第一次知道，富甲天下、金碧辉煌的皇家也有财尽用窘的时候。

到处罗掘，千方筹措，使咸丰帝从1850年至1853年7月，总共弄到了近三千万两的银子供应前线❹，换来的是太平天国定都南京。而到了此时，咸丰帝已经山穷水尽，户部存银仅29万两，就连京官京兵的俸饷也都发不出来了。

至此，咸丰帝再也没有什么招数了。后来的情况表明，咸丰帝在财政问题上只能是听任臣子们的摆布。而为了救急，臣子们的建策无不毒辣万分。咸丰帝只能一一照办不误：

一、官兵减俸减饷

从1853年起，根据户部的提议，咸丰帝先后批准将京内外文官

❶《清代档案史料丛编》第1辑，中华书局，1979年，第5至6、9至11、26至27页。又据奕訢奏，金钟除外包金，内质的成色是金三、银五、铜二，故只熔得这些黄金。

❷《清代档案史料丛编》第1辑，第7至8、13至14页。

武弁营兵的俸饷扣发两成。以后又多次扣减。我在这里具体地一一说明此类扣减的比例和时间，会是毫无意义。因为已经减少的俸饷，也经常欠发（尤其是京外）。到了后来，俸饷中又搭发大钱、银票、宝钞，那更是名不副实了。

官弁的俸饷减少，决不会使他们自甘生活无着。于是，他们更变本加厉地胶刮百姓。早已腐败的吏治更是坏到无以复加。长期欠饷的清军士兵，多次因闹饷而起事，不少人干脆干起了打家劫舍的土匪勾当。这一切，加剧了全国的动乱局势。

二、大开捐例，卖官鬻爵

开捐是清政府应付财用不足的传统手法，自康熙朝开创后，几乎从来没有停止过。咸丰帝的父亲道光帝对此种手段颇为痛恨，每次召见捐班官员皆容色不悦，曾经发生过因捐纳官员应对粗俚而退捐罢官的事例。他在私下场合对一名科举出身的官员坦露过心迹："捐班我总不放心，彼等将本求利，其心可知。科目未必无不肖，究竟礼义廉耻之心犹在，一拨便转。"❺

道光帝虽对此不满意，但为了财政之需仍不得不为之。咸丰帝没有他父亲的那种道德上的顾忌。他需要银子，管不了那么许多。为了吸引富绅大商投资官秩官位，他根据臣子们的意见，来了个减价大拍卖。1851年，他将1846年的捐例核减一成，九折收捐。至次年底，户部收账为银三百万两。1853年，再减一成，按八折收捐，当年户部收得六十七万两。1854年，再减半成，按七五折收捐，户部得数甚少。

户部所获捐银的减少，并不是当时收捐总数的缩小，这主要是捐银大多被地方官截留了。个中的原因，我在后面还会介绍。

❸ 同上书，第19页。

❹ 转引自彭泽益：《十九世纪后半期的中国财政与经济》，第139页。

❺ 张集馨：《道咸宦海见闻录》，中华书局，第22页。

三、铸大钱、发银票、制宝钞

当时中国的货币是白银、铜钱双制式。银按成色以重量为计,钱由清政府铸造。为了用更少的成本获取更大的财富,咸丰帝批准了臣子们铸大钱的奏议。

1853年4月25日起,户部开始铸造当十铜大钱(即1枚抵10枚制钱)。在此后的一年中,又添铸了当五十、当百、当二百、当三百、当四百、当五百,甚至当千的铜大钱。除了中央的户部外,又有13行省先后获准开局铸造大钱。为了直接获利,各处并不全是开矿炼铜或进口洋铜,而是往往熔毁原值一文的制钱,改铸大钱。

即便如此,铸铜钱仍嫌成本太高,当时的铜资源十分有限。1854年2月28日,咸丰帝又批准了铸造铁钱,甚至批准了铸造当五、当十的铁大钱。是年9月,咸丰帝还批准了铸造铅钱。

铜大钱、铁钱、铁大钱、铅钱,毕竟还用金属铸造,更能获利的是纸票。1853年4月5日,咸丰帝批准发行银票,即"户部官票",面额有一两、三两、五两、十两、五十两不等。是年12月24日,咸丰帝又批准户部印制宝钞,即"大清宝钞",又称"钱票",面额有一千文、二千文、五千文、十千文、五十千文、一百千文。除户部外,由户部监督的官银钱号,也发行了数量惊人的京钱票,面额有高

咸丰时期的当十、当五十大钱

达一万千文者！这种近乎无成本的纸币，获利惊人。如宝钞一张，工本费仅制钱一文六毫，造百万即可获利百万，造千万即可获利千万。除了户部外，京外16省区也开设官银钱局，发行"局票"。

从世界金融史来看，从以重量为计的贵金属货币，发展到以数量为计的贵金属或金属货币（如金圆、银圆、铜钱等），再发展到纸币，是一种历史的必然。从清代的经济规模和商品交换的总量来看，纸币的出现本非坏事。事实上，民间钱庄票号发行的各种票据也弥补了此种不足。但纸币的发行须有完善的金融理论来指导，须有周密的设计，其中相当数量的保证金及严格控制的发行额，已是今日使用纸币的人们耳熟能详的决定性原则。可是，咸丰帝也罢，奏请发行银票、宝钞的官员也罢，他们并无近代金融知识，更无改造清朝落后的货币体系的构思。他们只是为了应付本无能力承担的财政开支，而滥用行政权力发行根本不准备兑

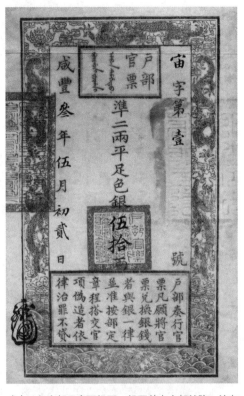

咸丰三年户部五十两银票，银票盖有户部关防，并有"永远通行"方形满汉文合璧图记。钞面下端长方格内印小字八行："户部奏行官票，凡愿将官票兑换银钱者，与银一律；并准按部定章程搭交官项。伪造者依律治罪不贷。"

六 新财源：厘金

咸丰四年《大清宝钞一千五百文》。宝钞即钱钞，格式与银票类似。钱数上钤"大清宝钞之印"满汉文合璧钤记；下端印小字九行，曰："此钞即代制钱行用，并准按成交纳地丁钱粮。一切税课捐项，京外各库一概收解，每钱钞贰千文，抵换官票银壹两。"

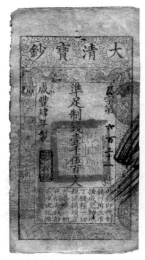

现的大钱、银票、宝钞。毋庸多言，如此无限量空头发行毫无保证的纸币，其后果必然是恶性通货膨胀，这与直接掠夺人民无异。

滥发通货的后果，立刻就显现出来，咸丰帝也不是不知道，但装着看不见。为了挽救财政危机，他一意孤行。户部用白银与票、钞、大钱搭放的方式支付财政用度，如兵饷，往往银、票对半，这实际上减少开支一半；又如河工，竟然银二票八，这实际上减少开支八成。从1853年至1861年咸丰帝去世，清中央政府发行的大钱、银票、宝钞、京钱票高达六千余万两，占这一时期国库总收入的69.5%。❶

咸丰一朝，是清代历史上货币制度最为混乱的一朝。

咸丰一朝金融体系的动荡，给中国社会经济带来了巨大的灾难。咸丰帝似乎对这一切并不在意，为治眼前疮，已不顾心头肉了。因为，他也实在想不出别的办法来了。

❶ 彭泽益：《十九世纪后半期的中国财政与经济》，第114至115页。

❷ 湖南、湖北都是湘军控制的省份。1855年湖南巡抚骆秉璋依靠幕僚左宗棠整顿田赋，其主要办法是抛开清朝原有的赋税机构，依靠乡绅直接征税，改"中饱"为"公费"，结果增加收入数十万两，而民众减少了实际缴纳额。1857年，湖北巡抚胡林翼用同样的方法进行整顿，也大大增加了收入，详见龙盛运：《湘军史稿》，四川人民出版社，1990年版，第3、4章。

❸ 按粮津贴是按正项钱粮，带征同额的津贴。后因津贴仍不够用，复勒索民间按正规钱粮数额摊派捐输。

然而，从以上叙说中，我们又可以看出，咸丰帝的举止有如被臣子们操纵的木偶。万能的皇帝已在臣子们面前显露其无能，至上的皇权也受到臣子们的侵蚀，这可是一种不祥的征兆。

大钱、银票、宝钞的强制推行，只不过缓苏了中央政府的财政危机，而镇压太平天国的军费，并没有因此有了着落。

自1853年中央财政危机大爆发之后，前方将帅们再也收不到由户部拨来的实银，顶多不过是一纸他省协饷的公文。而各省对此种非分且无休止的指拨，根本没有能力完成，只能是推诿不办。久而久之，此种皇皇的指拨协饷的命令，成了一纸并无效用的具文，将帅们别指望凭着它就可以弄到银子。也就是从这时开始，中央的财政命令已经不灵光了。至于户部发下的银票、宝钞、京钱票，民间往往拒收，并不顶用。

在这种情势下，筹集军饷似乎已不再是中央政府的义务，而在不知不觉中变成了战区地方官的责任。咸丰帝在国库一空的现实中，只让前方将帅打仗，不肯管也没有能力管前方的供给了。

于是，既然中央不负责军费，地方如何筹饷也理所当然地成为中央管不着也管不了的事了。

于是，在战区各省，筹饷成了地方官诸般政务中的头等大事。

除了湖南、湖北等少数省份用整理本省财政的方法，增加财政收入外❷，许多省份的办法是利用各种名目加捐加税，其中有：四川的按粮津贴和随粮捐输❸；江苏、安徽等省的亩捐❹；广东的沙田捐❺；安徽、江西、湖北、湖南、河南的漕粮折色。❻这种新增加的捐税，集中于土地，也为地方官开辟了"浮收"的新管道，往往实征是其定额的数倍，多收的款项成为各级官吏"中饱"的渊薮。在国库日虚的

---

❹ 亩捐是按地丁钱粮数额的加征。最初在苏北开征，每亩捐钱二十文至八十文不等。后在苏南、安徽推行，数额不一，有每亩捐钱四百文者，亦有每亩捐谷两斗者。

❺ 沙田是广东沿海因泥沙冲积而形成的新土地，原来的国赋较轻，沙田捐是在正赋之外，每亩加征银二钱。

❻ 太平天国定都南京后，控制了长江漕粮转运的中心区域，南方各省的漕粮无法北运。清政府改实物为折色，即令各地缴纳白银抵充先前的谷物。1853年，部定每石漕粮折为白银1.3两。但各省官吏大肆浮收，经常向农户多征数倍。

同时，许多官员腰包日盈。战争给他们带来了发财的新机会。

然而，农业生产的技术和规模，限定其产出。农业税再怎么增加，毕竟数量有限。过度的搜刮使小民赔累不起只得铤而走险，全国都陷于战争状态（详见第七章）。于是，各省地方官的眼睛转向富绅大商。对付他们的办法，就是劝捐。

按照原来的捐例规定，各省将捐银数额交到户部后，再转行吏部，最后经皇帝批准发下标明捐得何种官爵的凭照。这种办法需时多日，往往银子交上去后，很久没有下文，还要花银子打点以催促办事胥吏。为了提高效率，咸丰帝应地方官的请求，命吏部直接下发空白凭照，由地方官自填，定期汇总上报。从此，捐官捐爵成为一手交钱，一手发照的直接生意。这种高效率一时性地促发了"官爵消费者"的购买兴趣；同时，地方官握有空白凭照，不必再等户、吏两部转文，也以军需为由将卖官鬻爵的捐银截留。1854年以后，捐银成为各地军饷的主要来源之一，早期的湘军粮饷，基本是靠这些空白凭照解决的。而户部自然再也收不到捐银了。

但是，捐来的官爵大多是空衔，即便多缴银两捐补实缺，也须等待数年后方有机会授职。花两三千两白银，捐一个七品知县的顶戴，最初的自我感觉是能够跟县太爷平起平坐，但等到邻里中知县满街走，甚至知府、道员的顶戴日日相见时，反衬托出真正的县太爷的八面威风。虚衔又怎比得上实缺？投资是要讲效益的。当这种官场投资不能换来原来期望的实际效益时，捐纳市场就不可避免地走向熊市。

然而，庞大的军费开支不能容许捐银数量的下降。于是，原来标榜为"自愿"的捐纳，在实际操作层面"自愿"的成分越来越小。上门劝捐已属给面子的客气，不给面子的带兵勒捐也已见多不怪。许多绅商畏惧官府的权势，只得一捐再捐，用白花花的银子去换几张空头官衔的黄纸。

绅商遍遭勒索之后，又有官员将目光注视到在外面做过大官发过大财的回乡在籍官员身上。这些做过真官的家庭，本来就看不起捐班，对空头名衔毫无兴趣，可无奈于地方官一再劝勒，也不得不交出部分家产。其中最典型的事例是，曾国藩对前两江总督陶澍家的逼捐，使陶家的女婿左宗棠大为光火，埋下了日后曾、左仇隙的种子。

事情仍未到此为止。军费的需求使在职官员也难于幸免。这方面最生动的事例是，1853年，太平天国北伐军逼近北京，清军军费无出，户部尚书孙瑞珍（前两江总督、体仁阁大学士孙玉庭之子）被视为富户，王公大臣在集议中派孙家捐银三万，孙瑞珍闻此变色，自报家产仅七万，"若有虚言，便是龟子王八蛋"。这一场争论几乎弄到老拳相向。几代儒学一品大员竟以粗俚的"龟子王八蛋"自誓，可见其恼羞成怒，也在史籍中添一笑料。❶京官不比地方官可以刮地皮，京官的俸禄已经一减再减。如此逼勒使这位负责全国财政的高官也受累不起。第二年，孙瑞珍以病告退。当官原来是一桩赔钱的生意。

尽管开捐已成为地方官敛集军饷的主要手段，但时间越长，收益越低。道光朝中期捐一监生需银一百余两，到1857年仅十七两，捐者仍不踊跃。战区内富绅大商已受太平军的打击，复遭官军的劫抢，根本无力应付再三再四的逼捐，此处的罗掘毕竟有穷尽之时。更何况还有两点需地方官作考虑：一是开捐终究挂着"自愿"的名义，总不能带兵入室抄寻，谏台对勒捐多有微词上闻，虽说咸丰帝基本不管，即便管也是装装门面，但毕竟不能做得太过分；二是捐银的数量极不稳定，有时多一些，有时根本没有，但前方军营的开支是一个常数，不能吃了上顿还不知下顿在何方。有没有一种强迫性且具稳定性的新财源呢？

厘金由此而产生。

最初的厘金，仍是捐输的变种，称为厘捐。首行区域为苏北，创办者为雷以諴。

---

❶ 邓文滨：《醒睡录初集》
卷四，《龟子虚言》。

1853年，刑部侍郎雷以諴奉旨帮办扬州江北大营军务，主要任务是筹饷。这可是一件极难办顶费力的差使。可他的一个幕僚钱江，当时颇具传奇色彩的人物❶，向雷氏出了一个主意：派官兵到各水陆要冲去设关卡，对通过的货物按其价值强行派捐（这实际上是商品过境税，当时又被称作"行厘"）；另对开店销货的各商人按销售额强行派捐（这实际上是商业税，当时又被称作"坐厘"）。厘捐的交纳者亦可同其他捐纳者一样，领到捐得何种功名的部照，只不过这里面再也没有自愿的色彩了。

1853年10月，雷以諴首先在里下河设立机构，向扬州城附近的仙女庙、邵伯、宜陵、张网沟各镇米行派厘助饷，最初的标准是，每一石米，捐钱五十文。雷以諴一开始抱着试一试的念头，哪里想到在半年之中，共收钱两万串。次年4月，他向咸丰帝报告（先斩后奏）：此种方法既不扰民，又不累商，数月以来，商民无事。他还看出了此种方法的长期稳定性，奏折中称："且细水长流，源源不竭，于军需实有裨益。"于是，雷以諴一面宣称自己将在里下河各州县推行此法，一面提议由江苏巡抚和南河总督在各自防堵的区域里，"照所拟捐厘章程，一律劝办"。❷

咸丰帝收到这一奏折，并没有立即认识到此中的特别意义。他只是例行公事地认可了雷氏的做法，谕旨中说了一段极为含混的话：

粤逆（指太平军）窜扰以来，需饷浩繁，势不能不借资民力，历经各路统兵大臣及各直省督抚奏请设局捐输，均已允行……（雷以諴）称里下河一带办理有效，其余各州县情形，想复不甚相远……❸

从这段谕旨来看，在咸丰帝的心中，厘捐与当时各省的捐纳捐输并没有什么区别，并用"想复不甚相远"一语，对雷以諴之前之后的行为

❶ 钱江，字东平。鸦片战争中，他以监生的身份来到广州，刊刻由何大庚起草的《全粤义士义民公檄》，妨碍和局，被当地官员逮捕，充军新疆，与林则徐有过交往。释回后，赴北京，以其纵横捭阖之说，奔走各官僚门下，名噪一时。投靠雷以諴之后，多有建策，然恃才傲物触怒雷以諴，于1853年6月被雷所杀。

❷ 罗玉东：《中国厘金史》，商务印书馆，1936年，上册，第16页。

予以承认而已。至于雷氏的建议，咸丰帝下旨江苏巡抚、南河总督等各就当地情形安当商酌，若事属可行，亦可照雷氏的方法变通办理。这是咸丰帝第一次对厘金一事的表态。

1854年5月，雷以諴收到谕旨后，便在泰州设立分局，大张旗鼓地抽厘助饷。厘金的范围从大米一项扩大到各类粮食、家禽、牲畜、油、盐、茶、糖、碱、棉、丝、布、衣物、酒、漆、纸、药材、锅碗及各类杂货，可以说，没有一种商品不抽厘。此外，对银号、钱庄亦按其营业额抽厘。江苏巡抚、南河总督大约也在是年下半年开始设卡抽厘。其具体做法今人限于史料还难以考证清楚。但到了1855年初，有人向咸丰帝报告"大江南北捐局过多"，可见其发展规模之迅速。

1854年底，钦差大臣、降调内阁学士胜保发现了厘金的特异功能，上奏宣扬其种种好处，并请下旨各地仿行：

> 可否请旨饬下各路统兵大臣，会同本省邻省各督抚，会同地方官及公正绅董，仿照雷以諴及泰州公局劝谕章程，悉心筹办。官为督劝，商为经理，不经胥吏之手，自无侵漏之虞。用兵省份就近随收随解，他省亦暂存藩库，为协拨各路军饷之需。❹

胜保的建议中有三点值得注意：一是以统兵大员为主，各地方官只是会同（他此时正任钦差大臣，为军费所苦，颇想自行征收）；二是以公正绅董经手（由此可摆脱地方官吏的种种牵制和侵渔）；三是以济军需为名，随征随解（由此可不让户部插手，也可不上交中央财政）。其核心是在清朝国家财政税收网络之外，另辟新的税收体系。智商平常知识有限的咸丰帝，看到了这一奏折，似乎没有弄清楚胜保的真意，只是惯常地发下交户部议复。而户部一不识厘金之意义，二不知厘金征收之实额（各处多有瞒报甚至不报），因而对其发展前景并不看好，

❸ 同上书，第19页。

❹ 同上书，第20页。又，该书将胜保的职衔误为内阁大学士兼礼部尚书（很可能是对内阁学士兼礼部侍郎衔一职的误解），并误称胜保在江苏帮办军务（此时已升钦差大臣）。

只是同意各省可以试一下。由此决定,战区各省督抚可以针对本省情况定夺,酌量抽厘。

朝廷的这一决定,将征收厘金的权力下放到各省督抚手中,这对胜保的建策是一种修正,但对征收的方法及标准,均无明确的规定。户部对此并无通盘的设计,咸丰帝更是懵懂不清。他脑子里想的只是要弄到银子来应付缺口极大的军费,至于银子的来由,他不想过问,也弄不清楚。

由此,各省纷起仿办厘金。

走在前列的又是创建湘军的湖南。1855年5月,湖南巡抚骆秉璋奏准设厘金总局于长沙,委本省盐法道为总办,本地绅士为会办。湖南的做法与胜保的建策颇有相通之处,即绕开府州县的各级官僚体系,官督商办,将抽厘的收入直归省级财政。继湖南之后,以侍郎衔领湘军在江西作战的曾国藩,也于1855年10月奏请在江西试办厘金。两个月后,湖北巡抚胡林翼亦仿行于湖北。曾、骆、胡都是湘军集团的头面人物,为湘军的饷需费尽了心思。他们最先看出了厘金的种种优长。

此后办行各省日多,最后发展到全国,可见下表:

1856年	四川	新疆	奉天				
1857年	吉林	安徽					
1858年	福建	直隶	河南	甘肃	广东	陕西	广西	山东
1859年	山西						
1860年	贵州						
1862年	浙江						
1874年	云南						
1885年	黑龙江						
1886年	台湾						

《骆秉璋朝服像》。骆秉璋(1793—1867),广东花县人。湖南巡抚。湘系集团重要人物。咸丰元年守长沙,为清廷所倚重。支持曾国藩办团练,又延左宗棠为幕僚。湖南厘金由其开办

其间,胜保于 1857 年 7 月所上一折,奏请各省普遍抽厘,起到了推波助澜的作用。按照当时的实际做法,各省督抚只需将该省厘金的收入数与支出数,按季报户部核查即可。也就是说,谁征谁用,怎么征,甚至怎么用,朝廷都管不着。

这下子可为枯竭的省级财政输了血。按照清朝的财政制度,一切财政收入均归于中央,各省、府、州、县要弄点钱,只能在"耗羡"等名目上打主意。自 1853 年夏天之后,中央财政已拨不下军费,本无正当财源的省级财政却要负担为数甚巨的各军营军费。现在总算有了一个名正言顺的征收渠道,谁也不肯将此交到中央财政去。厘金由此成了不受中央控制的大财源,由各省督抚所把持。

也就在这一时期，厘金渐渐脱离了"捐"的范围，明确了"税"的身份。

如果我们用今天的财经理论来划分，厘金当属于商税。它的出现，有着历史的必然。尽管在中国古代的历史中，商税经常成为国家的主要税种，特别是宋代，商税超过一千一百万贯，成为最主要的财政收入之一。但我们仍须看到，自明代之后，这种情况有了变化。朱元璋出身于农家，限于其个人的经历，认识不到商业的意义，国家税收主要为地丁钱粮，即农业税，商税反而减弱了。清承明制，国家收入的三分之二来自于地丁。永不加赋的祖制❶，又使之失去了扩张性。此外虽有盐、茶、矿、关、酒、当、契、牙诸税，但除盐税外，其余税目征收额很小。

这种落后的税收制度，使国家财政依赖于农业。本来产出有限的土地，因官府种种名目的加增（大多为中饱，中央财政沾润很少）受到越来越多的榨取，农民甚至地主都无力承受。而利润颇丰的商业，却长期处于轻税甚至无税的状况。由此产生了两大严重后果：一是国家在商业中获利甚微，为保证其财政收入，一直采取重农轻商的政策，传统的农本主义的经济思想一直占主导地位，商业得不到国家扶植反备受打击。二是获利的商人成为各级官吏搜刮的对象，各种陋规和摊派多取自于商人，一些商人也结交官府，谋取超经济的优势，如广州的行商、扬州的盐商即是，这使得正常的商业秩序久久不能建立起来。与宋代已经取得的城市经济和工商业兴旺的成就相比，明清的工商业未能达到其应有的水准。虽说历史不能重演，但我们不妨试想一下，如果明清两代能有合理的商税，国家从日益扩大的商业中获得越来越多的收入，是否会对商业采取保护或扶植的政策？

在咸丰朝财政大危机之际，许多官员也有征商税之议。1853年，

---

❶ 康熙五十一年上谕宣布，丁额以康熙五十年为额，以后滋生人口永不加赋。雍正初年实行摊丁入亩，田赋也永不加增。这种自我限制财政收入的方式，既反映了土地产出有限的实情，也使得清政府无法扩大其财政收入。对照此期的通货膨胀，清政府陷于财政危机是一种必然。

户部也获准拟定了具体办法❷，准备先在北京试行，然后推广到全国。但北京的商人们闻讯后纷纷以关闭相抗，市井萧条，民众不便，最后不得不取消。这一计划的流产，反映了清政府主管经济部门的官员才智低下和办事低能。厘金的出现，应当说是弥补了商税的不足。从以后几十年的历史来看，它和关税的蓬勃发展，使清朝财政的基础由农业转向商业。就这一点而论，应当说是有意义的。

但是，正如纸币代替贵金属货币符合历史方向，而无限量空头发行"银票""宝钞""京钱票"却是极大祸害一样；在这一时期出台的厘金，以最大程度地榨取商人而填弥巨额军费空洞为目的，失去了合理性，对商业的发展有着种种不利的后果。其一，各种征发机构庞杂，名目繁多。如厘金的发源地苏北，在咸丰一朝，抽厘机构有江北大营、江南大营、南河总督、袁甲三军营（为镇压捻军而设）四大系统，名目有卡捐、饷捐、房捐、铺捐、船捐等近二十种，彼此雷同，重复抽取。其二是厘卡林立，密于市镇。如江西厘金卡局达56处，湖北厘金卡局竟曾高达480多处。几里几十里即遇一卡局，商旅难于行路。其三是各省自行规定税率，从百分之一到百分之二十不等，一般都达到百分之四、五。由于是重复征收，商人望而却步，严重影响了商业规模的扩大和全国市场的形成。

由此我们可下结论，厘金是一种恶税。

尽管厘金是商业的毒瘤，但对各省级财政来说，却是一大幸事。万分窘迫的军费难题由此得到了缓苏。

最先推行厘金的江苏省，相当长时期内缺乏实收额的统计数字。但据当时办理上海抽厘事务吴煦的档案来看，仅上海一地每年就超过一百万两白银，其中最大一项是对当时的禁物鸦片的抽厘，其公开的名义是"广捐"。❸湖南本为一财政小省，开征厘金后，银浪滚滚。

---

❷ 当时规定上等铺户每月征银二钱，中等铺户每月征银一钱，下等铺户及工匠免税。这种方法与商业利润脱节，不太合理，自然遭到了抵制。

❸ 见《吴煦档案选编》，江苏人民出版社，1983年。

湖南巡抚骆秉璋自称每年厘金收入七八十万至一百二十万两之间，但经手其事熟悉内幕的郭嵩焘却称超过一百四十万两，今人估计为近二百万两。❶湖北的厘金更为出色，曾国藩的弟弟曾国荃称，1857年至1862年，平均每年有128万两，曾国藩称"岁入二百数十万两"，湘军大将刘蓉称"举办盐货厘金岁五六百万两"（包括盐税等项），今人估计为三百万至四百万两之间。江西是个穷省，且长期为主要战区，其1859年的厘金收入达一百六七十万两，此后四年共计为七百万两。❷准确地估计当时厘金的绝对数额，今天已无可能性，因为当时的官吏为免得户部提取或恐户部在报销军需中作梗，有意压小数字，且即便是压小上报的数字，也是各时各人自报一账。但是，如果我们注意当时官员之间的私人信件，可以看出，西战场上的湘军和东战场上的江南大营、江北大营，每月几十万两的开支，主要靠厘金支撑着。

清政府镇压太平天国究竟花去多少银子？今天的历史学家有一个统计，即向清中央财政正式奏销数为1.8亿两❸，实际开支数字可以肯定超过2.5亿两，如果再加上镇压捻军等其他军费开支，仅咸丰一朝的军费远不止3亿两。这么大一笔数字，没有厘金的支持是难以想象的。

因此，后来的历史学家不停地对厘金的数额进行猜测。其中最有影响的，是罗玉东在《中国厘金史》中的估计，自1853年至1864年，平均每年1000万两，共计1.1亿两。❹这一说法当然缺乏严格的史料支持，但也能揭示真相，说明事实。就我个人的估计，此一时期的厘金总额似乎超过1.1亿两。

从清朝的社会经济结构来看，要搜敛这么一大笔资金，只可能从商业中榨取，在农业或手工业中绝无可能。这是一种历史的必然，咸丰帝个人或户部对此有何想法或设计，一下子就显得不那么重要了。

❶ 龙盛运：《湘军史稿》，四川人民出版社，第149、152页。

❷ 同上书，第335至337页。

❸ 彭泽益：《十九世纪后半期的中国财政与经济》，第127至130页。

❹ 罗玉东：《中国厘金史》上册，第38页。

同湘军一样，厘金的出现也非源于旨意，而是由统治集团内部由下而上地兴办的。它们的共同特点是：一、在清朝国家体制之外自创制度；二、朝廷的监控权很小。这显示了统治集团中某些个人的出色才华，也反衬出朝廷及整个官僚机器的无能无力。客观地说来，在当时的情况下，如果真正想办一点事，依靠旧有的国家机器和行政关系几乎寸步难行，只能凭借某些个人的胆识、毅力和关系。遵制守法的结果，我在第四章中已作了说明，那必将一败涂地。要做非常之事，须靠非常之人，行非常之法。

非常一旦行久，又变成了正常。

从此，各省督抚在办理军需的名义下，不仅把持了捐银，而且控制了更为重要的厘金，就是原来由中央财政管理的地丁钱粮，战区各省也时常以各种理由进行截留。这一变动，完全颠倒了原来中央集权的财政体系。中央断了来路，各省督抚自行执掌银钱流向的开关：可以上交中央，可以自行留用，甚至可以付给其他省份或地区与己关系密切的军营。湖南、湖北两省政权由湘系控制，搜敛到的银钱便大力支援湘军。而上海等处的收益，又解往赖以为屏障的江南大营。中央关于调度银钱的命令，他们可听也可不听，往往找一个理由拒付。天底下动听的理由又有多少，更何况中央也并不掌握他们手中银钱的实际数额，退一步说，那些好不容易弄到银钱的督抚也不愿将之上交，腐败的中央政府无识无能，与其让他们挥霍，不如留下来办点实事！

也就是由于这种情势，曾国藩才处心积虑地上演了我在第五章中介绍的向咸丰帝要江西巡抚的一幕。掌握厘金等款项的督抚职缺太重要了，无此即无饷，又如何能练兵打仗。待到后来，曾国藩柄政两江，湘军征战八省，其总兵额最高时达到五十万！与清朝八十万经制兵已相距不远，而战斗力远远胜之。

厘金与湘军，是咸丰一朝的两大变局。银与兵，是咸丰帝当政之初日夜焦虑耗尽心力的两件事。厘金和湘军正是应朝廷之急而生，可以说它们挽救了清王朝的危亡。可是，财权和兵权，这两项在任何国度中都极为重要的权力，渐渐地落到了地方督抚手中，朝廷的权力也慢慢地只剩下任官命将一项（这一项权力后来也受到了侵蚀）。厘金和湘军开始了晚清中央权轻、地方权重的新格局，原来的统治秩序从内部开始了变异。只是仅仅看到其最初几幕的咸丰帝，还没有明白剧情会向何处演变。

细心的读者一定会发现，在湘军的创建过程中，咸丰帝多次与曾国藩斗法，而在解决财政危机上，咸丰帝却身影不显。我在这里用了这么多的篇幅，介绍咸丰帝根本没有插手或形同傀儡的诸如减俸、开捐、大钱、厘金等项事务，似乎游离了传纪的本体。但是，要知道，无所作为也是一种作为。在像厘金这般重要的大政上，咸丰帝居然毫无己见，一切放手，这本身也就说明了许多、许多……

七 "造反""造反"

今人称湘军和厘金挽救了清王朝的危亡，是因为他们看到了咸丰帝死后许多年的历史结局，然身在庐山之中的咸丰帝，一时间还感受不到春江水暖，依旧处于浑身寒冷之中。他的那双惊恐的眼睛，紧紧盯着扑面而来的太平天国北伐军。

1853年5月，由太平天国天官副丞相林凤祥、地官正丞相李开芳等人，率军两万"扫北"，目标是攻取北京，将咸丰帝推下皇位。这支部队虽然人数不多，却是从广西到南京一路打先锋的精锐，其中两广来的老兄弟就有三千人之多。他们从浦口登岸后，进军安徽，连克滁州、临淮关，于6月攻克河南归德（今属商丘）。军事的胜利，使之信心大增。此时太平军镇江守将罗大纲致书英国驻上海领事称："依揆情势，须俟三两月之间，灭尽妖清。"❶

虽说咸丰帝在太平军尚未北伐之前，为防其北上，于4月29日批准了山东巡抚所奏防堵计划，5月2日又命直隶总督讷尔经额择要加强防御，但观其主旨，是以黄河下游为天然屏障，在徐、淮一带阻截太平军。太平军攻占归德后在刘家口渡黄河不成，似可视作此一计划的成功之处。哪知擅长乘虚蹈隙的北伐军又向西进击，在黄河中游的巩县，用了8天时间渡过黄河，于7月8日进围怀庆府（今沁阳）。

---

❶《太平天国文书汇编》，
　第295页。

咸丰帝得知怀庆未失守，写"喜报红旌"四字，命做成匾额。今故宫博物院军机处堂内依旧挂着咸丰帝所书"喜报红旌"匾

怀庆府的围攻战进行了56天，动作缓慢的清军终于在外围的南、东、北三个方向完成了反包围，可是，只见北伐军向西一跃，径入山西，二十余日连克十余城。9月29日，太平军攻入直隶，至10月7日，连下任县、柏乡、赵州、栾城、藁城。这一胜利的消息传到天京，洪秀全从杨秀清之请，封林凤祥为靖胡侯、李开芳为定胡侯。"靖胡""定胡"，不仅表明了他们的决心，似也说明了他们的信心。

前后五个月，征战五个省。如此迅速的攻势，又如何不使咸丰帝坐卧不宁。在这五个月里，他调动了盛京、吉林、黑龙江、密云、察哈尔、绥远城、陕西、甘肃、河南、山东、直隶……几十处数万兵马，任命出征的将领不下数十人。如此频频下旨，今天观其出招的套路已零乱无序。就是顶顶显赫的钦差大臣一职,他先是授于文渊阁大学士、直隶总督讷尔经额,两个月后因战争失败,改授因过失而降调的前内阁学士胜保,命其节制直、晋两省各路兵马。他又恐胜保不孚众望,授其康熙年间安亲王所献的神雀刀,许以副将以下先斩后奏之权。至于讷尔经额,先是解任戴罪,再是革职逮问,最后又定为斩监候。此一场景,如同先前之向荣、赛尚阿一幕之重演,不过节奏更快而已。

在危急的日子里,咸丰帝可能已经想到了亡国。稗史中有这么一段记载,称他曾对恩师杜受田的儿子杜翰说道:

> 天启当亡国而弗亡,崇祯不当亡而亡。今豫南北皆残破,贼已渡河,明代事行见矣。设在不幸,朕亦如崇祯不当亡而亡耳。❶

"天启"是明熹宗朱由校的年号,"崇祯"是明思宗朱由检的年号。咸丰帝将此局势比拟亡明,虽自认为"不当亡",但又自比"崇祯",可见对局势悲观至极。

上引这一条材料属前人的道听途说,亦是今日历史学家认为不立之孤证,但当时在华的外国人几乎全认为清朝行将灭亡。这种风声之大,以至远在伦敦正致力于理论建设的马克思都听到了。马克思写道:

> 最近东方邮电告诉我们:中国皇帝因预料到北京快要失陷,已经诏谕各省巡抚将皇帝的收入送到其老祖宗的封地和现在的行宫的所在地热河,该地距万里长城东北约八十英里之遥。❷

外电的说法仍然是一种道听途说,我在档案中找不到相应的记载。至少可以肯定,《起居注》中没有这一道谕旨。而中国的一则笔记,也

---

❶ 费行简:《慈禧传信录》,上海中原书局,1926年,卷上,第14页。

❷ 《马克思恩格斯论中国》,人民出版社,1993年,第162页。

七 "造反""造反"

谈及出逃北京一事,但角色完全颠倒了,咸丰帝成了镇定自若的统帅。该笔记称,咸丰帝在局势的危急关头,召集王公四辅六部九卿会议,各位大臣皆涕泣丧胆,眼眶肿若樱桃。咸丰帝喝道:"哭不足济事,要准备长策。"于是,有人建议北逃盛京,有人建议迁都西安,有人建议下诏各省兴师勤王,有人建议派王大臣督兵出战,有人建议闭城与民死守。咸丰帝闻此,下了最后的决心,谓:

> 弃大业而出奔,古所耻;谕各省勤王兵,势无及。国君死社稷,礼也。然与其坐而待亡,不若出而剿贼。惟遣师督兵,战而捷,则长驱直捣,灭此小丑而还;不捷,则深沟高垒,待勤王之师不迟。

说罢,命查前朝拜大将军仪制,准备遣师出征了。❶尽管这一则笔记描写得有鼻子有眼,但越是完整的材料,越有可能掺入记录者的合理想象和添油加醋。这段笔记写了咸丰帝的英武明断,也透露其心虚如草。"国君死社稷"一语,似乎在宣布将效法崇祯帝朱由检,寄魂于此时为御花园的景山。"战而捷""不捷"的选择性判断,似与赌徒孤注一掷的心理并无二致。

除去上述难以验证的记载外,在宫廷的皇家档案中留下正式记录的是咸丰帝拜将出征的悲壮场面。1853年10月10日,前方误传太平军已攻占距北京仅180公里的定州(今定县),咸丰帝意识到,仅靠一个胜保,无法指挥如此庞大的军事。11日,他在紫禁城乾清门外举行仪式,授惠亲王绵愉为奉命大将军,颁给锐捷刀,授科尔沁郡王僧格林沁为参赞大臣,颁给讷库尼素光刀。12日,又命其六弟恭亲王奕䜣参加办理京城巡防事宜。

在文华殿大学士赛尚阿、文渊阁大学士讷尔经额先后革拿后,

❶ 邓文滨:《醒睡录初集》卷三,第19至20页。

❷《文文忠公事略》卷二,《自订年谱》。

咸丰帝此时选用的是清一色皇亲。惠亲王绵愉是道光帝的五弟。由于道光帝诸兄弟除绵愉外皆先于道光帝去世，绵愉成了唯一的叔叔，咸丰帝登基后十分尊重他，免其行叩拜礼。科尔沁郡王僧格林沁原为蒙古贵族，因过继给下嫁蒙古王公的道光帝姐姐庄敬和硕公主，而袭封郡王。他长年在北京担任御前之职，道光帝去世时为顾命大臣之一。恭亲王奕訢因皇位之争与咸丰帝有隙，在此危急关头不能再计前嫌。一位是亲叔叔、一位是过继的表兄，一位是亲弟弟，自家人总比外姓人可靠，总比那些缺少天良的臣子们更多一份忠诚，他们的生死荣辱早已与爱新觉罗家族结成一体。咸丰帝此时的胸中萌动着血浓于水的亲情。

强自打气的命将仪式，丝毫无补于京城内的慌乱气氛。自太平天国定都南京后，北京城内就有不少官员请假出都，以求苟全性命于乱世。就连后来在洋务运动中名声大噪的文祥，也有人约其同作走避之计。待到此时，京内官员甚至有不待请假便仓皇出城者。❷由于命将仪式，咸丰帝下旨，令吏部排定的新任官员带领觐见的仪式向后推迟，不料这些官员亦有不少抽身出都者。❸又有谁愿陪亡国之君做亡国之臣？久为传颂的"家贫出孝子，国乱出忠臣"，此时被翻新为"家贫出忠臣，国乱出孝子"。意即讥讽那些家贫而无资逃亡的官员，只能留在京城，故云"出忠臣"，而此时请假出都者，不是托辞归养，就是借名迎亲，作出万般"孝子"状。❹ "树倒猢狲散"是历史的结局，但就过程来观察，不待树倒而只是树摇，猢狲们早已纷纷逃散。

因此，尽管命将仪式后颁布的谕旨立即发出邸钞，多作胜利在握之词，"天戈所指，自可剋日荡平"❺，但前门外最为繁华的大栅栏商业区，若荒郊，无人迹。❻只是车马行前人头簇拥，车资马费的价格一路高扬，比平日翻了几个跟斗。

❸ 崇实：《惕庵年谱》，第32至33页。

❹ 周寿易：《思益堂集·日札》卷九，第19页。

❺《清政府镇压太平天国档案史料》第10册，第15页。

❻ 邓文滨：《醒睡录初集》卷三，第19页。

逃亡的也罢，留京的也罢，此时他们最最关注的是咸丰帝的神情，但只有最亲近的人才能体会到咸丰帝此时心乱如麻。

犹如硬弓射出的疾箭，飞得甚速甚远，但毕竟有力竭堕地之时，太平天国北伐军一路扫荡，兵力最多时扩充到四万人，但 10 月 30 日攻至天津以南十里处，便无力继续向前了。他们只能在天津近郊的静海县城和独流镇扎营固守，等待天京再派援兵。

尽管太平天国北伐是一幕威武的壮剧，但今天的历史学家几乎一致认为，其难免悲剧的命运。这不能不从定都南京说起。

太平天国定都天京时，总人数有五十万，这是将男女老少一并计算，而真正能征战者不过十多万。北伐去了精兵二万，保卫天京及附近地区用兵四万，其余大多用于西征。这种兵力分配，在当时是形势使然，别无选择。

在太平天国北伐军威胁到清朝的首都之前，自己的首都就已受到了清军江南大营和江北大营的威胁，咸丰帝频频给江南大营的统帅向荣下达死命令：

若能迅克金陵，则汝功最大，前罪都无；若仍吃紧时巧为尝试，则汝之罪难宽，朕必杀汝！❶

向荣受此严旨，不得不全力攻击雨花台、太平门、朝阳门、汉西门、神策门，虽未能奏效，却是太平天国的腋肘之患。与天京的巩固不同，作为北部屏障的扬州在江北大营的攻击下，岌岌可危。咸丰帝也同样给江北大营主帅琦善下了一道死命令：

琦善老而无志，如再不知愧奋，朕必用从前赐赛尚阿之遏必隆刀将汝正法！❷

❶《东华录》咸丰朝，卷二三，第 19 页。类似的言论，咸丰帝又曾多次提出，在一次上谕中称："向荣接奉此旨，若再不迅速进攻，仍前迁延观望，国法具在，必当立置重典！"（同上书，卷三〇，第 43 页）

❷《剿平粤匪方略》卷五六，第 23 页。

到了1853年，扬州太平军已陷于绝境，最后在援军的救助下突围而出。太平天国的江北据点仅剩下瓜洲。天京的东部屏障镇江，虽未如扬州那般失守，但也长期处于敌强我弱的围攻之中。

除了天京、扬州、镇江三地的战守外，为了首都的供给，太平天国又开始了西征。这次战役的最大成果是建立了皖赣根据地，使得太平军能坚持长期的战争，但要保住这片根据地，只能与湘军为主的清朝各类武装反复厮杀。西战场由此成了主战场。此处的情节，我在第五章中已有交代，此处不再详言。

由此可见，既然定都天京，保卫首都就成了太平军军事战略之首要，太平军的主力应坚守此地；为了保住首都，保证供给，西征成了太平军军事战略之次要，杨秀清对此极为重视，先后派出了石达开、赖汉英、罗大纲等重将，也多次抽调精兵增援。这样一来，北伐处在第三的位置上了。尽管杨秀清后于1854年2月派出援军万人，也进至山东临清州，但因主将不力，部众发展过滥，三个月后便败亡了。

前出天津的北伐军，只是一支孤军。

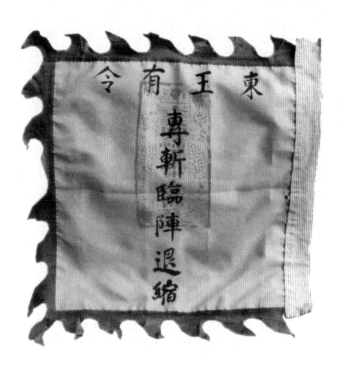

东王有令旗

让这么一支孤军去推翻清王朝，失去了现实的可能性。❶太平天国派军北伐，犯了孤军深入的战略错误。

历史不可能重演。但是，历史学家为了研究的必要，也为太平天国设想了种种方案：或从武汉直接北伐，经河南直扑北京；或从南京全师北进，尽早与清朝进行战略决战；或定都后全力经营江南，先图南中国，廓清后方后再北上……每一种方案都会有其各自的利弊，但看到历史结局的"事后诸葛亮"们一致断言，无论采用哪一种方案，都会比偏师北伐的结局要好许多。

太平天国的战略错误，白送给咸丰帝一个战略胜利。

尊贵的皇叔绵愉出为奉命大将军，那只是借重声望挂名而已，真正出征的是参赞大臣科尔沁郡王僧格林沁。这一条蒙古汉子做起事来却粗中有细，率军出京后，并不急于进攻，却择要防守。这种慎战与钦差大臣胜保的浪战形成对比。对于胜保的多次败绩和怠误，咸丰帝的手法一如其对向荣和琦善：

若执意玩视，必以汝身家性命相抵！❷

在天津近郊静海、独流驻守待援的北伐军，此时最大的对手似乎不是"清妖"，而是气候。习惯于在温暖的山岭中赤足行走的两广"老兄弟"，难抗北方冰天雪地的严冬。他们没有保暖的衣被，也没有御寒的知识。刺骨的寒风成为他们难以克服的大敌。除此之外，与南方的稻米相比，北方的麦粟也不适应于他们的肠胃，至于玉米、高粱之类更使他们难以下咽。如此的饥寒交迫，非战斗减员超过了战场上的死伤。在困守三个多月后，1854年2月5日，北伐军被迫从静海、独流南退，一路遗尸。2月7日退至河间束城镇。

❶ 北伐军虽一路进军神速，但其作战指导是乘虚蹈隙。若要攻克防守严密的北京，当时还没有这种能力。如仅有兵勇万人的怀庆，北伐军便久攻不下，便是明证。

❷《东华录》咸丰朝，卷三〇，第53页。

参赞大臣僧格林沁率马队当日赶到束城，北伐军再度被围。一个月后，待援无望的北伐军再次突围南下，被僧格林沁、胜保两部困于阜城。

北伐军在天津的停顿，使咸丰帝看到了转机。原先的保守京师的战略，转变为消灭北伐军的战略。可是，天津近郊与河间束城的两次突围，虽减轻了京师的压力，却又不能不使咸丰帝生气，谕旨中充满着斥责。怎能让这些"长毛"来去自由，如入无人之境。哪知痛骂的声音尚未消失，仅剩下数千残兵的北伐军又从阜城突围了，于5月5日占领了东光县的连镇。不久，林凤祥听到北伐援军的消息，遣李开芳领兵一千人南下山东高唐。

连镇是一个运河边不大的镇子，却在近代战争史上留下了美名。林凤祥率兵数千，顽强抗拒僧格林沁的两万大军。原本以为战事会很快结束的咸丰帝，在僧格林沁的奏折上毫不掩饰地朱批道：

> 朕数日未阅军报，即觉烦闷难堪。今早忽接军报，以为必可得手。及细阅情形，仍属敷衍。若不赶紧灭尽，何日是了！又藉口冰雪皆融，若早能歼灭，焉致今日之费力，断不能再宽时日！❸

可是宽不宽时日的决定权，并不掌握在咸丰帝的手中。林凤祥孤军在连镇坚守了十个月，以一当十，以至弹尽粮绝。1855年3月9日，咸丰帝终于接到僧格林沁的红旗捷报，脸上出现了多年不显的笑容。这胜利虽然来得太晚，但直隶境内的"长毛"灭绝，毕竟是一个天大的胜利！看来新年之后数度斋沐祭拜终于有了灵验。当日，他下了两道谕旨，一是皇恩大开，晋僧格林沁为博尔多勒噶台亲王，命其移军高唐，扑灭北伐军李开芳部，并命将师老无功的钦差大臣胜保押解北

---

❸《清政府镇压太平天国档案史料》第12册，第438页。

僧格林沁（1811—1865），1853年为参赞大臣，1855年击灭太平天国北伐军，晋封亲王。1859年在大沽口督军力战，击沉英法炮舰多艘，击伤英舰司令何伯。次年，被英法联军所溃。1860年奉命南下攻捻。1865年所部在山东曹州（今菏泽）高楼寨一役中兵败被杀

京；二是下令各衙门做好准备，一个半月后将亲驾西陵，祭拜其父道光帝和各位列祖列宗，感谢他们的保佑。北方的军务使他两年未亲赴山陵了。

僧格林沁率军至高唐后，改变了胜保先前大兵强攻的战法，而是网开一面诱李开芳出城。李开芳见僧部至，知林凤祥已败，于3月17日乘夜率骑八百人向南突围，据守茌平县的冯官屯。僧格林沁虽有马步万余，然对一座小小的村庄也不肯死攻，而是挖沟引水浸灌。冯官屯成了一片泽国，水深二尺至五尺不等。至5月31日，僧格林沁诱捕了李开芳，北伐军全军覆没。

咸丰帝闻此喜讯，其恩赏大得惊人，居然让僧格林沁以亲王"世袭罔替"。

按清代制度，皇帝之子可封亲王，而亲王以下的子孙，一般都要降袭，如亲王之子降袭郡王，郡王之子降袭贝勒，贝勒之子降封贝子，贝子之子降封镇国公……这种制度是吸取了明朝封王过多的教训，避免数百年后亲王遍布天下的

局面。因此，清朝的亲王是不多的，因而显得极尊贵。但是，这种降袭制度也有例外。咸丰帝的曾祖父乾隆帝规定，清初开国定基的八位王爷，即礼亲王代善、郑亲王济尔哈朗、睿亲王多尔衮、豫亲王多铎、肃亲王豪格、承泽亲王硕塞（后改号庄亲王）、克勤郡王岳託、顺承郡王勒克德浑的子孙中可有一人"世袭罔替"，即不必降爵而按原爵袭封。此八人，即民间俗称的八位"铁帽子王"。除此之外，乾隆帝仅特批一人，那是康熙帝第十三子、雍正帝的弟弟、乾隆帝的叔叔怡亲王胤祥，他因辅佐雍正帝有功，被乾隆帝列入"世袭罔替"之类。僧格林沁以蒙古贵族进封亲王，已属特恩，此次再获"世袭罔替"的破格待遇，反映出来的是咸丰帝对时局的估计：僧格林沁击灭北伐军之功，有如再造大清王朝。

1855年6月23日，紫禁城内乾清宫前热闹非凡，卤簿仪仗全设，咸丰帝为此次胜利举行盛大的庆典。惠亲王绵愉、博尔多勒噶台亲王僧格林沁率领出征将弁摆队排列，在礼乐声中向咸丰帝恭交"奉命大将军"印信和参赞大臣关防，恭交锐健刀和讷库尼索光刀。钟鸣磬响，一切如仪。可是，若要细究清代制度，此一凯旋庆典当在大获全胜后才可举行。当此南方军务吃紧之际，咸丰帝却展开了一招一式皆如祖制的仪式，难道是强作精神自我打气？当日颁下的谕旨仅称"现在北省军务告蒇，河北一律肃清"。那么，黄河以南呢？咸丰帝就不再顾及了？

乾清宫前的庆功仪式，向我们述说了什么？

无论以当时的战况和后来的作用来看，北伐作为太平天国的偏师，不能视作至关重要的行动，或者说，扑灭北伐军距扑灭整个太平天国的火焰，还十分遥远。而我在这里连篇累牍地详细介绍，忽略了更为重要的西征和天京周围的战事，那只是跟着咸丰帝的视野转；他此时只看重镇压北伐一路，将其作为工作重点或中心，在兵力、军费、调将等项上采取了倾斜政策；至于其他战场上的战事，他似乎已经放松了，甚至有点放任了。

　　从《清实录》中，我们可以看出，自1854年之后，咸丰帝对前线的战事（北伐一路除外）不再充满热心和信心了，显得有些厌倦。他想不出办法，找不到能臣，放着一个曾国藩还不敢重用。虽说每日依旧勤奋地披阅军报，但下达的谕旨多是头痛医头、脚痛医脚的公式化文章，一看便知军机处例行公事，所作的朱批只是痛骂加催胜，看不到先前在命将、调兵、战略乃至战术上的果敢的大动作。看来他在自己曾挖空心思策划的种种计谋一一破产之后，已经认识到力不从心。他不再细心制定新的作战方略，而是将之下放到前方统兵大员。好在湘军和厘金已经创办，兵与饷的难题开始缓解。聪明的六弟恭亲王奕訢，在北京危急时参与组织防御，不久入军机，为首席军机大臣，也为他分担了不少政务。对于前方的统兵大员，他时常以杀头相威吓，但此类说多了说久了，效果也越来越不显。要是真的将这帮将军都杀了，朕又到何处去找别人替代他们？于是，前方的将帅们也看出了此处的虚张，听任咸丰帝一道道催命般索讨胜利的严旨，自行作主，自行其是，只是在奏折上大耍笔头子功夫。下级员弁，更是无功无志无求。南京城下江南大营的兵勇，离家已久，也娶了当地的民妇，过起抱子赌钱做买卖的和平生活。

　　与北方的胜利相反，长江流域出现了军事危局。湘军攻九江不克，反在湖口大败，曾国藩寻死不成。太平军随即进击湖北，攻占省城武昌。咸丰帝调僧格林沁所部大将、镇压北伐军立有战功的察哈尔都统西凌阿为钦差大臣，率得胜之师前往湖北。哪知西凌阿开战不利，德安一役几乎全军覆没。四个月后，咸丰帝只能换马，以湖广总督官文为钦差大臣，主持湖北军务。官文好财好色，无才无德，靠的是署理湖北巡抚胡林翼所部湘军。咸丰帝十分明白，对此颇有心计，就是不

胡林翼(1812—1861),字贶生,号润芝,湖南益阳人。湘军统帅之一,与曾国藩并称为"曾胡"

将全部权柄授予湘军,坚持在胡林翼头上加了一盖子。如此用将,自然使官、胡矛盾一时激烈。胡林翼欲出奏弹劾官文,手下谋士劝道,若是去了官文,皇上必派新总督来,处境未必更好。胡林翼一下子弄清了咸丰帝的心思,此后将功劳银子尽行输于官文,官文亦放权让胡林翼大干,两人反见融洽。咸丰帝也将计就计,授胡为头品顶戴湖北巡抚,丁母忧时坚决不让胡去职,让其尽心出力,又时常给官文加爵(赏戴花翎,授协办大学士等),试图以官文品级尊贵来压胡林翼一头。

到了1856年,局势再度变化。太平天国东王杨秀清巧施妙计,从西战场上抽调精锐,编组强大作战兵团,解围镇江,击破江北大营、

七 "造反""造反"

江南大营，钦差大臣向荣惊骇病死。太平天国达到其最盛时期。

正如虱子多了不觉痒，败仗吃多了反倒成处变不惊。远在京城的咸丰帝，对于南方的战事觉得越来越遥远。他早已不在乎长江流域一城一地的得失，注重的是京畿地区的安定。北伐军被消灭之后，他松了一口气，但时时关注太平军是否会再度北上。湖北一危急，他立即在河南布兵预防。江南大营曾因兵力单薄而无力攻破天京，向荣向咸丰帝请调江北大营兵力助攻。咸丰帝恐太平军北上，破口大骂："汝必欲江北兵，可将汝首送来！"❶此时江北、江南大营俱破，咸丰帝注重的并不仅仅是此次惨败，而更警惕太平天国下一步的动向。

也就在此时，咸丰帝的好运气到来：太平天国内部发生了激烈的权力斗争。东王杨秀清逼宫谋权，北王韦昌辉奉诏杀杨，翼王石达开闻讯领兵"清君侧"，天王洪秀全杀韦迎石回京辅政。整整一秋季，天京城陷于血腥恐怖之中。前线的将领放弃战守返回，第一线的主力亦不待胜利而抽回，卷入了这场大残杀之中。据保守的估计，死于此事的新、老兄弟不下三万。这等于白白送给咸丰帝一大胜利。

有了此喘息机会，被击溃的江北、江南大营重整旗鼓，恢复建立。琦善的手下大将德兴阿被命为钦差大臣，督办江北军务；向荣的手下大将和春也被任命为钦差大臣，督办江南军务。太平天国刚获得的军事优势瞬间消退，从它的巅峰上跌落下来。

天京内讧的消息，对懈怠政务的咸丰帝也是一个刺激。他一开始还将信将疑，特意去瀛台涵元殿拈香。随着奏报的增多，消息被证实，咸丰帝也越来越兴奋。他下令钦差大臣和春、德兴阿"乘此机会""迅奏肤功"❷；又下令钦差大臣官文和湖北巡抚胡林翼"乘此内乱，次第削平"。在给官、胡的谕旨中，还有一段话：

所望克复上游，即可移师东下，由九江而至安庆，由安庆

❶《东华录》咸丰朝，卷三一，第3页。

❷《清实录》第43册，第295页。

而至金陵……兵饷可不加增，而成功庶几有望。❸

他已经陷于胜利的狂想之中……

太平天国虽说已被削弱，但仍有相当的劲道。在石达开的主持下，逆势很快扭转。清军的攻势再度受挫。

咸丰帝又失望了。

到了这个时候，太平天国内部再一次爆发权力斗争。天王洪秀全恐石达开成为杨秀清第二，暗施多种钳制之策。1857年6月，石达开负气出走，沿途发布告示，各路精兵多听石氏召唤随之而去，辗转赣、浙、闽、粤、桂等省，太平天国统治区内，仅剩下一些老弱残兵。

咸丰帝的心中重又点起胜利的希望。他曾经命令曾国藩设法招降石达开，然曾氏已看出石氏不成气候。胡林翼肃清了湖北，德兴阿攻陷瓜洲，和春占据镇江，到了1858年5月，湘军攻克太平军重要据点九江。这一系列胜利，使咸丰帝以为离制服太平天国的时日已经不远。

然而，太平天国方面此时又出现了两位年轻的杰出军事将领：陈玉成和李秀成。他们在危机中显示了非凡才华。1858年8月，陈玉成部攻克当时安徽的临时首府庐州（今合肥），咸丰帝急命胜保为钦差大臣，主持皖北军务；9月，陈玉成、李秀成合军摧毁江北大营，咸丰帝立即将钦差大臣德兴阿革拿，并撤销江北大营，江北军务由江南大营的和春兼理；11月，李秀成、陈玉成再次联手，在安徽三河歼击湘军主力李续宾部，挫败其东进的图谋。太平军在这两位青年将领的指挥下，再次走向振兴。

咸丰帝的美愿又破灭了。

每次都从充满希望开始，以极度失望告终。一而再，再而三，反复多次。谁又能忍受如此峻烈的心理挫折？希望值越高，失落感越大。心

---

❸ 同上书，第302页。

理不平衡的状况可以想见。一个二十多岁的青年人，抱着"治国平天下"的一厢情愿，结果落到这种地步。乱世出英雄，是指那些打破常规的人，可谁又曾想到在乱世中最最难受的，正是要维护常规的皇帝？

然而，对于咸丰帝说来，这一切还远远不够。

就在清朝与太平天国作生死较量之时，各地民众亦纷纷揭竿而起，频频"造反"。其中影响最大的有：

捻军（1852—1868） 在咸丰帝出生之前，皖、豫、苏、鲁四省交界处私盐贩子、游民及贫苦农夫中早就有一种分散的组织，称为"捻"。咸丰帝上台时，"捻"子们已十分壮大，多有起事。太平军的北伐，实为鼓动他们"造反"的示范。如此暗无天日，不反更待何时！各路"造反"的"捻"子们，汇成了一支支捻军。1855年秋，豫皖边地区各捻军首领在雉河集"会盟"，推出盟主，建立五旗军制。1857年，捻军接受太平天国的封号。此后，他们活跃于淮河南北，不时进击豫

东、苏北,总兵力超过十万。直至咸丰帝死后七年方被扑灭。

天地会 天地会的渊源比捻军更早。天地会自己的文献称其肇始于康熙年间,而今日历史学家手中的证据最早为乾隆年间。"反清复明"是他们的旗帜,做起事来全凭着一股"忠义"。其支派甚多,有小刀会、红钱会、三合会、三点会等名目,内部又自称"洪门",在南中国有极大的势力。太平天国起义时,广西天地会已经纷起。太平军入湖南,湖南天地会又大作。太平天国定都天京前后,东南沿海的天地会起义进入高潮。其中规模最大的有:

——黄德美等人领导的福建小刀会起义(1853—1854),曾占领漳州、厦门等地,后退往海上,坚持与清朝对抗。

——林万清等人领导的福建红钱会起义(1853—1858),有会众数万,曾占领德化等十余县。

——刘丽川等人领导的上海小刀会起义(1853—1855),有会众数万,曾据上海、嘉定等县城。

《攻剿山东捻军战图》,系《平定捻军战图》之五。清宫廷画家绘。1861年,僧格林沁亲督清军围剿山东捻军,捻军伤亡万余人

——何六、陈开、李文茂领导的广东天地会起义（1854—1864），有会众十万，号称"红军"，围攻广州达半年之久，后移师广西，占领浔州，改称"秀京"，建"大成国"，年号"洪德"，控制广西四十余州县。咸丰帝死后三年才被镇压下去。

——朱洪英、胡有禄领导的广西天地会起义（1853—1854），有会众数万，转战湘桂边，建"升平天国"，奉"太平天德"年号。

除这几股较大的外，各地小股起义多到难以统计。以广西一省为例，据不完全统计，从1851年至1868年，见于清方官书的有组织名号的天地会"反叛"多达175支。❶

贵州各民族起义 从1854年起，贵州各族民众纷起造反，其中最大的有：

——杨凤等人领导的斋教（白莲教的一支）起义（1854—1855），部众两万余人，据桐梓等地，建立"江汉"政权。

——张秀眉、包大度领导的苗民起义（1855—1872），部众数万，控制黔东南地区。

——号军（白莲教的一支）起义（1855—1868），分红号、白号、黄号等，各拥兵数万，控制黔北地区。

——张凌翔等人领导的回民起义（1858—1868），控制黔西南地区。

——陶新春等人领导的苗民起义（1860—1867），控制黔西北地区。

整个贵州，除几个中心城市外，化作一片"造反"的海洋。直至咸丰帝死后十一年方才平定。

❶《太平天国革命时期广西农民起义资料》上册，中华书局，1978年，前言，第2页。

杜文秀印

云南各民族起义　自1856年起，云南如同贵州，各族民众纷纷造反。其中最著名的有：

——杜文秀领导的滇西回民起义（1856—1873），部众数万，称号"总统兵马大元帅"，开府大理，占据二十余州县。

——马德新、马如龙领导的滇南回民起义（1856—1862），部众数万，控制滇南地区，并三度进攻省城昆明。

——李文学领导的彝民起义（1856—1872），控制了蒙化（今魏山）等十余州县。

云南各族人民的"造反"，持续时间很长，直至咸丰帝死后十二年才被镇压下去。

李永和、蓝朝鼎起义（1859—1865）　以烟帮（为鸦片贩子护送走私的团体）为基础在云南起义，后转入四川，据州占县，兵力最盛时有数十万，咸丰帝死后四年才告失败。

所有这些起义，配合太平天国，形成了全国范围的动乱。从《清

实录》中来看，关内18行省，已有14省战火正炽，相对稍显平静的直隶、陕西、甘肃、山西，也不时爆发一些较小规模的聚众抗官事件。"造反""造反"，清王朝出现了立国以来前所未有的混战局面。

仅仅是一个太平天国，就使得咸丰帝心力衰竭，面对如此众多的反叛该施以何策？我们从咸丰帝的众多谕旨中，发现他心中有一条警戒线，那就是黄河。他最害怕黄河以北的动荡，那将危及京城。至于黄河以南的造反，他又根据地理远近分别处理：捻军就在黄河边上，虽组织松散，形不成多大气候，他仍先后命将调兵予以压制；东南沿海的天地会，亦严旨各督抚全力平之；至于云贵川地区，本来就"天高皇帝远"，咸丰帝无心顾之，除在谕旨中说一些严厉的话外，并无

《克复云南大理府城图》，清宫廷画家绘。1873年清军攻克大理，此时咸丰帝已去世十二年

实际的对策。尽管上面提到的"造反"，每一股在平常的朝代都已是大患，朝廷都应作出极大的反应，就在咸丰朝初期的李沅发起义，规模小许多，咸丰帝也没有放过手。但到了此时，他已经管不了那么多，也不想管下去。只要不打到黄河以北，他似乎已经不太在乎了。

此时咸丰帝的心中，似乎已求偏安。

咸丰帝一放手，责任便落在各省地方官身上。兵要自己调，勇要自己募，饷要自己筹，朝廷是一点儿也靠不着。权利和义务从来就是对等的。既然皇帝不尽其义务，权利也同样受到侵蚀。皇上谕旨经常被地方官搁置一旁，或虚假地应付一下。历来在九重之上的至圣至睿，让臣子们仰慕不止，此时也露出了真相，原来皇帝也是如此无能无力。

他们在奏章上依旧歌颂"英明",但在心底里对这种"英明"开始怀疑。他们只是从儒家的教义出发,忠君效能,已体会不到咸丰帝本人那种领袖的人格感召力了。天子本应是神,而他们心中的神坛开始塌陷。

一些聪明的官吏,见此情势,不再求助于朝廷,而是求助于邻省。最典型的是广西。1858年,广西巡抚因无力维持局面向湖南呼救,结果湘军蒋益澧部开入,成为当地清军的头号主力。一些跨省的官僚集团也开始形成。如曾国藩、胡林翼、骆秉璋的湘系集团,两湖成为其基地,势力扩大到数省;又如何桂清、王有龄、薛焕的江浙集团,凭借从上海搜刮的银子,维持江南的局面。他们之间的二指宽的条子,效能作用大于堂堂圣旨十倍!

对于这些变化,咸丰帝不知道吗?看来他是在装糊涂。天下的事情不必弄得那么清楚,多一分糊涂可多一分幸福。

此时的咸丰帝,开始了另一种生活。

按照中国的传统,皇帝贵为天子,理所当然地可以享有人间一切福乐。衣锦食肥,华厦幽院,自然不在话下。而最为人们津津乐道的,就是可以拥有近乎无限的性伙伴。森严的后宫,从来就是激发文人们想象力的地方。"三千粉黛","五千佳丽",既有想象的成分,也有事实的依据。

咸丰帝17岁成婚,不久后福晋就去世了。他御位不久,便选了一次秀女,后来出名的东、西两太后,皆于此时入宫。1853年,依照惯例,又一次选秀女,京内满族官员家中13岁到15岁的女孩均应入宫候选。这些年轻的孩子哭别父母,一大早便在紫禁城坤宁宫前排班候驾。哪知一直等到午后,仍不见车驾到来,鹄立甚久,饥渴难忍,加之对前景感到惶恐,一时欷歔声与嗟怨声并起。这一类最具传染性的声音,引起了女孩子们的混乱。守兵们大声喝道:不许哭,一会儿皇帝驾到，会发怒挨鞭子的！众女子一听，更是吓得浑身战栗。在此队列中，有一八旗骁骑校之女，识文字，工针黹，平日有空竟教邻家童子识字，换取升米斗粮之值（这在当时极为罕见）。她见此挺身而出，说了一番大义凛然的话：

> 我辈离父母，绝骨肉，一旦入选，幽闭终生，就像囚徒一样。生离死别，在此一刻，谁又能忍得住此种伤感。我不怕死，又何惧于鞭子。广东的长毛起于田垅，据长江，入金陵，天下已去大半。身为君主，不知求将帅以能战守，保住祖宗的大业，却迷恋女色，攫良女幽深宫，使之终生不复见天日。弃宗室于不顾，而纵一己之欲，还算得上什么英明君主！

此语一出，闻者大惊，欲加以颜色，而咸丰帝已驾临。守兵们将该女缚起，牵到咸丰帝面前，令她下跪请罪，该女就是不肯屈服。咸丰帝问其原因，该女竟然当面将刚才说的话再重复一遍。咸丰帝叹道，"奇女子也"。结果，这位女孩由咸丰帝指婚，嫁给了某位亲王，这次选秀女之事作罢，所有女孩都被放回家去。❶

上面这一故事，见之于野史。从这一条记载来看，咸丰帝御位之初，对私生活还是注意检点的。

然而，这样的事情，仅此一例。野史中对清代皇帝私生活的记载，就数咸丰帝最多。

从清宫史料来看，从咸丰帝登基到去世的十一年中，封贵人以上者共计14人，答应、常在人数今无可考。这些都可视作皇帝应有的待遇，从来也没有人对此指责过。可在野史中描写的情况，却让人吃惊。

按照清代制度，后宫佳丽虽多，却是清一色的旗人，乾隆帝的香

---

❶《清朝野史大观》卷一，第65页。引文由作者改为白话。

妃，可以视作例外。宫中是不应当有汉女的，以保证皇室血统的纯正。可是，那些大脚的旗女已在咸丰帝眼中失去了新鲜感，那些缠足的汉女更能引起他的兴趣。据野史中称，发现咸丰帝此种偏好的某位大臣，以重金到苏浙购妙龄女子数十人来京。由于小脚女人不得入宫，便以"打更民妇"的名义入圆明园，每夜以三人在咸丰帝寝宫前轮值"打更"，咸丰帝听到梆铃声便召幸之。在诸多汉女中，有四人最受咸丰帝的喜爱，被称为"四春"，即牡丹春、海棠春、杏花春、陀罗春（一作武陵春）。❶除此四人外，再加上号称"天地一家春"的那拉氏（详见第十三章），野史中称其为咸丰帝的"五春之宠"。❷

受宠的四名汉女，也留下了不少美丽的传说。如牡丹春，江苏人，最为艳丽，入园后多思逃归之计，后在英法联军攻入北京时，改服逃走，

圆明园旧日一角

❶ 许指严:《十叶野闻》，《近代稗海》第11册，四川人民出版社，1985年，第22至23页。

❷《清稗类钞》第1册，第368页。不过该则笔记中没有"陀罗春"，而有"武陵春"。

❸ 许指严:《十叶野闻》，《近代稗海》第11册，

嫁江南一士人。又如海棠春，大同人，曾在天津演戏，工青衣，曾与某士人相恋，入园后终思该士人，郁郁致疾，玉殒香销。又如杏花春为某大吏之婢，为大妇所不容，入园后曾为主子谋得封疆大吏，又为主人之子说项，也谋得一官。陀罗春原是北京宣武门外一孀妇，后入尼庵，为咸丰帝看中后再入圆明园。每当咸丰帝临幸时，她便跪地不肯起，入园八个月，未让咸丰帝得手。后英法联军攻入北京，她投池自杀。❸

受宠的"四春"，皆在圆明园分居亭馆。西郊的圆明园经此装点，自然比城内的皇宫更具魅力。清代的皇帝来自黑山白水，经受不住关内的盛夏，每年为避暑而住圆明园，已经成为制度。但咸丰帝住园，似乎不是为了避暑。他时常一过了新年就迁往圆明园，一直到了冬至，才肯搬回紫禁城的养心殿。

咸丰帝的风流韵事，野史中还有两则记载。其一是称他在后宫藏了一个来自民间的寡妇：

> 有山西籍孀妇曹氏，色颇姝丽，足尤纤小，仅及三寸。其履以菜玉为底，衬以香屑，履头缀明珠。入宫后，咸丰帝最眷之，中外称为曹寡妇。❹

以理学为本，号召天下民女"节""烈"的天子，居然做出如此"害理"之事，实在让人们吃惊。另一则记载更是骇人听闻，称圆明园内藏有春药。晚清名臣丁宝桢在咸丰朝曾任职翰林院，一日上奏言谈军事，咸丰帝读之大喜，召见于圆明园。丁宝桢早早入园静候，见室隅玻璃盘，内有果子十数枚。丁氏吃了一枚，觉得甘香异常，复食两三枚，突觉腹中发热，阳具暴长，窘状万分。此时咸丰帝已升殿，即将召见，丁宝桢灵机一动立即扑地抱腹喊痛，诡称痧症骤发，方得以出园。后询问内务府一官员，称道："此媚药之最烈者，禁中蓄媚药数

第36至41页。

❹《清朝野史大观》卷一，第40页。

❺许指严:《十叶野闻》，

《近代稗海》第11册，第100页。

七 "造反""造反"　　147

十种，以此为第一。"丁宝桢急延医诊视，困卧十余日始起。❺

从野史中得知，咸丰帝此时酗酒也很厉害。他不仅嗜饮，而且每饮必醉。醉后又必大怒，而又必有一二内侍或宫女遭殃。待他酒醒之后，自觉失态，对受辱受挞者宠爱有加，多有赏赐。然不久又醉，故态复萌。为此，咸丰帝曾告诫后宫，当他醉时不要随侍左右，免得皮肉吃苦。可是，等到醉皇帝宣召时，又有谁敢不上前呢？如此这般，几乎要闹出人命案子。而"四春"之中的杏花春似乎是一个例外，等到咸丰帝大醉时，只要杏花春绰约而前，必狎抱之，曰："此朕如意珠也。"结果，凡遇咸丰帝酗酒，后宫必膜拜顶礼，求杏花春为代表，以免谴责。杏花春为此获得两个外号，一曰"欢喜佛"，一曰"刘海喜"。❶

野史中的传闻，虽不能一一细究对证，且只能姑且听之，但对咸丰帝如此之多的议论，实为清朝皇帝中之罕见。在正史中，有一条材料耐人寻味。1855 年初先是兵部左侍郎王茂荫奏请咸丰帝住在皇宫，不要去圆明园，咸丰帝读之龙颜大怒，以"无据之词，率行入奏"为名，将王茂荫交部议处。不久后，掌福建道御史薛鸣皋，见圆明园修理围墙，认为咸丰帝又要去住园，上奏谏止，称言"逆氛未靖"，不要"临幸御园，萌怠荒之念"。咸丰帝见之怒不可遏，由内阁明发上谕，加以驳斥：

> 圆明园办事，本系列圣成宪，原应遵循勿替……敬思我皇祖（指嘉庆帝）当莅政之初，适值川陕楚教匪滋事，彼时幸圆明园，秋狝木兰，一如常时。圣心敬畏。朕岂能仰测高深。设使当时有一无知者妄行阻谏，亦必从重惩处……

咸丰帝对此搬出祖制来为自己辩护，以封杀一切谏阻他去圆明园的言论。为了杀个鸡给猴子看看，他下旨将薛鸣皋从掌福建道监察御史，降为一般的监察御史，并交部议处。❷

❶ 许指严：《十叶野闻》，《近代稗海》第 11 册，第 40 页。

❷ 《清实录》第 42 册，第 813 至 814 页。

皇帝住园本来就是制度，王茂荫、薛鸣皋为何连续上奏劝阻？他们是否听到了圆明园内的种种风流韵事？今天的治史者并不能对此下结论，但可以肯定地说，自从薛鸣皋受惩后，咸丰帝的耳边安静了，谁也不敢再对此事说三道四了。

醇酒妇人，从来就是凡夫俗子的一种追求。可所有的凡夫俗子都知道，沉迷于此，必死无疑。一个二十多岁的青年，不知深浅，一时性乱而不知自制，那是可以理解的。但是，如此长时间的乐此不倦，并对祖制家法极大破坏，这就不能不使人心生疑问：咸丰帝为什么要这么做？难道他在自寻死路？

如果将此荒唐，与咸丰帝登位之初的慎勤相比，更让人加深此种疑问。有一则笔记称，1850年，鸿胪寺卿吕贤基曾向其友人称：

> 闻上（指咸丰帝）常居飞云轩倚庐，而云贵人常依康慈皇太妃（咸丰帝养母、奕䜣生母）居慎德堂，中隔一湖，相距二里许。飞云轩仅三楹，上寝食其中，读《祖训》《实录》，阅章奏及内廷册档，召见大臣皆于是。除恭奠几筵及恭诣康慈皇太妃宫请安外，无他适也。

《圆明园铜版画·方外观正面》，清宫廷画师绘。清宫刻本。圆明园是当时世界上最华丽的皇家园林，西洋楼景区极为独特，方外观是第三座洋楼

1860年圆明园被英军所毁,图为今天方外观遗址

此种端庄的姿态，使得臣子们从内心中发出了"今上圣德"的呼喊。❶不数年间，判若两人。为什么当年的英发果毅之姿，流变为此时的风流滑稽之态？

咸丰帝在逃避，逃避现实中一切理应由他解开而又无能为力的难题。

天下危局莫奈之何，只有美酒。从酒中寻找片刻的麻醉，一时的安宁。皇帝喝的御酒，肯定是上品。但我们可以想见，那酒在咸丰帝口中是苦的。❷

天下危局莫奈之何，唯有美女。从女人身上显示自己的能力，验证自己的雄风。皇帝看中的女人，肯定是绝色。但我们可以想见，那里面咸丰帝只有性的征服，而没有情的缠绵。

咸丰帝的这种心态，就连当时的野史作者都已看了出来，谓：

> 咸丰季年，天下糜烂，几于不可收拾，故文宗（指咸丰帝）以醇酒妇人自戕。❸

他确确实实需要一种片刻的欢娱，解脱心中的烦闷。朕当政这许年了，没有过一日舒心的日子；既然这一天都不可得，那么有一刻也是好的。他是在找乐，也是在找死。就连他自己都已感受到，他那本不健壮的身体越来越虚弱了……

今朝有酒今朝醉，过一天算一天吧……

除了醇酒妇人这些流品低俗的欢娱外，咸丰帝此时还迷上了两门高雅艺术。

其一是绘画。琴棋书画本是旧式文人的一种风雅与潇洒。咸丰帝

---

❶ 郭沛霖：《日知堂日记》卷上。

❷ 对此，野史中也有一记载："咸丰某年元旦，文宗御制诗有'一杯冷酒千年泪，数点残灯万姓膏'之句，盖是时粤寇之祸方炽，故有慨乎其言之也。"（《清稗类钞》第8册，第3945页）咸丰帝自将酒比作"泪"，且用"冷"形容之，可见此酒的味道了。

❸ 《清朝野史大观》卷一，第68页。

受业于杜受田，染上一些文人病也是不足奇的。而他的绘画，似乎主要是绘马。野史中称：

> 尝见文宗所画马，醇邸（指咸丰帝七弟醇亲王奕𫍯）恭摹上石，神采飞舞，雄骏中含肃穆之气，非唐、宋名家所能比拟也。❶

这一条史料说的是咸丰帝死后的情况，而且经奕𫍯临摹后刻石，已经转过两手。当时在咸丰帝身边的军机大臣彭蕴章亲见过墨迹，曾在诗中对咸丰帝所绘马作以下评价：

> 挥毫尺幅英姿壮，屹立阊阖依天仗。❷

皇帝的御作，臣子们不敢不恭维。但赞美之辞高到"非唐、宋名家所能比拟""挥毫尺幅英姿壮"，可见决非信手涂鸦之作了。今天，我们找不到咸丰帝绘画的原作，也难以判断他的水平，但从上引两条材料来看，其成就已经不俗。而他于此究竟花了多少时间和心思，今天更难考证。❸但谁都知道，学画决非是三朝两夕即可成功的。

其二是听戏。自徽班进京后，咸丰朝正是其充分成长的时期。"汉王好高髻，郭中高一尺。楚王好细腰，宫中多饿死。"专制君王的好恶引导着文化流派的兴衰。昆曲在此时牢固确立其优势地位。除了一般的听戏外，咸丰帝似乎也有一般戏迷的嗜好——捧角儿。野史中有一段记载：

> 有雏伶朱莲芳者，貌为诸伶冠，善昆曲。歌喉娇脆无比，且能作小诗，工楷法。文宗嬖之，不时传召。有陆御史者（相传即常熟陆懋宗，不知是否）亦狎之，因不得常见，遂直言极谏，

❶《清朝野史大观》卷二，第9页。

❷ 彭蕴章：《八月二十九日奉敕恭题御笔求骏图敬成七言古诗一章》，见梁章钜、朱智：《枢垣记略》，中华书局，1984年，第305页。彭氏在诗中将咸丰帝作画的用意，称为"绘图意在安天下"，"安得名

引经据典，洋洋数千言。文宗阅之，大笑曰："陆都老爷醋矣。"即手批其奏云："如狗啃骨，被人夺去，岂不恨哉！钦此。"不加罪也。❹

君臣为一戏子而争风吃醋，风流滑稽至如此，实属罕见。据史料作者称，他是听同狎朱莲芳的龚引孙所言，看来还不完全是无稽之谈。很可能受咸丰帝的影响，其妃那拉氏后来也成了有名的戏迷。

由此看来，绘画和观戏成为咸丰帝苦中作乐的另两种方法。

退一步说，醇酒妇人是当时上流社会的习气，绘画观戏更是上流社会的时尚。前者无可厚非，后者更应褒扬。即便是在那动乱的岁月，王公贵族也从未停止过此种享乐。若以此为标准，咸丰帝沉迷于声色犬马之中，也不当招致物议。可是，他的身份不同。他是个皇帝。是皇帝就应当宵衣旰食勤政忧民！

正因为如此，咸丰帝与陆御史同狎一戏子时，那位陆御史就可以引经据典地批评他。也因为如此，尽管一般王公贵族、富绅大贾的醇酒妇人的风流，绘画观戏的雅趣，都可以成为史籍上的佳话，但皇帝就是不能。官方史书绝无其沉湎于酒色的记录，而千方百计地将之塑造成为千篇一律的以天下为重而无任何个人情趣的标准的皇帝形象。

一个社会对于不同社会等级的人，有着不同的道德标准。

皇帝是天子，一切应按神的标准来行事。

也就是说，如果奕詝不做皇帝，仅是一名亲王，一切都可别作他论。野史中对他的各种非议，皆可变作另一种欣赏。

可是这么一来，新的问题又出现了。咸丰帝的一切痛苦，都可以归咎于是他做了皇帝，尤其是一个乱世的皇帝。若非如此，他可以不必为此类天下皆反的危局而心烦，过一种平静、无争、自然的生活，

将扫八荒"，显然是阿谀之词了。

❸ 关于咸丰帝的绘画，还可见奕詝为画所题诗，《题御笔山水应制》《题御笔云龙画轴应制》《题御笔画马应制》等，见《乐道堂诗钞》。

❹ 《清朝野史大观》卷一，第68页。又，许多著作将朱莲芳误作女伶，实不然，此时唱戏的还未出现坤角。当然，妓院中会唱戏的妓女除外。

七 "造反""造反"

《咸丰帝便装行乐图》，清宫廷画家绘。纵167.1厘米，横80.5厘米。闲适而坐，面对美景，可能是更适合他的生活方式

他可以根据自己的能力去做一些力所能及的事，不必为力不从心而苦恼。真要出现了这一种局面，他还会借酒浇愁吗？他还会以女色伤身吗？他又会过一种怎样的生活呢？

…………

今天的历史学家找不到任何心理的痕迹，去判断咸丰帝奕詝是否后悔过做了皇帝；但可以肯定，如果他不做皇帝，他个人会多一分平常，也就是多一点欢乐。"幸福的家庭都是一样的，不幸的家庭却各有各的不幸"，托尔斯泰的这句名言，道出了人生哲学的真谛：幸福就是平常，不幸来源于非凡。站在人生各类巅峰上的人们，有着与他们的欢乐同样尺码的哀伤。这又是指成功人士而言的。咸丰帝作为一个不成功的皇帝，又有多少欢乐？多少悲伤？

然而，世界上任何一个人都可以将自己的悲伤倾诉于密友、家人、幕僚，以减轻内心的压力，但中国的皇帝则不然。他不能透露出丝毫，必须以镇定自若的神态来统御天下，只能将一切苦衷伴着冷酒，全部吞到自己的肚子里去。

…………

别忘了，他当皇帝时只有十九岁，此时才二十多岁！

八　外患又来了

正当咸丰帝在内战的泥淖中苦苦挣扎、摆脱无计时,外患又来了。这就是1856年至1860年的第二次鸦片战争,英国和法国入侵中国,俄国与美国趁火打劫。

不过,对于这一次战争的到来,咸丰帝毫无知觉,一点未做准备。他受了两广总督兼管理五口通商事务的钦差大臣叶名琛的蒙蔽。在他最不愿意开战时,又卷入对外战争。

咸丰帝对内对外两面作战,而叶名琛又恰恰是他最为信赖的宠臣。

叶名琛,字崑臣,湖北汉阳人。1809年出生于一诗书官宦人家,长咸丰帝22岁。其早年经历与当时中国有志向的青年相同,在科举途上一路奋斗。1835年,叶名琛26岁时中进士,入翰林院。1838年散馆,外放陕西兴安知府,1839年擢山西雁平道。1840年调江西盐法道。1842年初升云南按察使,当年底晋湖南布政使。1844年丁母忧去职。1846年服阕,授广东布政使。1847年擢广东巡抚。从这么一份简历中可以看出,叶氏是一名"火箭式"干部,出翰林院不到十年,已升至省级大员,在此期间还丁忧守制二十七个月。这么快的速度,在清朝的汉族官员中实不多见,可谓飞黄腾达。

叶名琛在官场上一路搭快车,主要原因有二:一是他办事干练。

如他 29 岁时外放兴安知府，将这一三教九流汇集、号称"难治"的地区，整理得有条有序，博得善治的能名。二是他理学、文学修养俱深。其祖辈颇有文名，著作等身，他从小耳濡目染，也极有造诣。他的上司、同僚、部属经常为他的学问功底所折服。要知道，理学和文学在当时是最崇高的学术。能办事、学问好，使叶名琛在官场甚有好评，因而几乎一年一迁。不过，这些都是道光朝的事。咸丰帝之所以赏识他，却是依据两件功绩确伟的事实：

我在第三章中提到，1849 年广州反入城斗争时，广东巡抚叶名琛坚决支持两广总督徐广缙，断然拒绝英人入城要求，其中叶氏的主要功绩是组织团练，准备武力相抗。这一在今人看来无关轻重的事件，在当时被视为极大的外交胜利。叶名琛因此受封男爵。咸丰帝上台后，对外持强硬路线，对敢于与"西夷"相抗的叶名琛特别青睐。此为一。

我在第四章中提到，1850 年 9 月太平天国领导层下令"团方"，准备起义。然此时拜上帝教的势力不仅仅在广西，其中广东的会众由凌十八率领，也准备参加金田起义。因为受阻，凌十八等人占据广东高州罗镜，部众达一万多人，与太平军占据的广西永安，遥相呼应，兵势不相上下。两广总督徐广缙率军久攻一年，师老无功，后被咸丰帝调往广西，接替钦差大臣赛尚阿。叶名琛随即赶至高州前线，调整部署，仅用了一个半月，便攻占罗镜，全歼凌十八起义军。此一战绩另兼此前此后平定广东各地反叛的军功，使叶氏连获太子少保、加总督衔的殊荣。此为二。

外能折冲樽俎，内能戈马平定，咸丰帝的心中，自然地将之与耆英之流比较，与李星沅等辈对照，如此比较对照的结论，极具说服力，叶名琛是一个不可多得的人才。因此，徐广缙调广西后，咸丰帝让他署理两广总督。1853 年 2 月，徐广缙被革拿，叶名琛奉旨改实授。

就在叶名琛柄政广东不久，更大的考验到来了。1854 年 6 月，广东天地会发动了规模空前的红兵大起义,先后占据东莞、佛山、花县、三水、顺德,以十余万众围攻广州。广东境内能征善战的部队早已调往外省镇压太平天国,叶名琛手中仅兵勇一万余人。在此危急时刻,他一不靠外省相援,二不要国帑相助,硬是靠自己的本事,沉着应变,谋定后动,居然也能婴城自固。经过半年多的战斗,他竟将红兵逐出广州地区,随后又迫使他们退往广西。到了1855年夏天,广东全省的战火大多已平息下来,虽说还有几处仍在交战,但在烽火连天的南中国,有如世外桃源。

我们若将广东与广西作一比较,可以清楚地看出,广东的反叛规

两广总督叶名琛(1809—1859),被英军俘后三个月,客死于印度加尔各答威廉炮台

模一点不亚于广西,而咸丰帝对广东的关照又少得多,几乎是漠不关心。而在广西局势糜烂之际,广东却能摆脱危机,咸丰帝对此特别满意。除了本省事务外,叶名琛还为湘军购买洋炮,派红单船入长江,主动派兵援江西,表现出与其他省区大吏只顾本境不同的慨然以"天下"为责的风度。对于叶名琛所做的一切,咸丰帝也报以实际的奖励。1855年10月,授叶为协办大学士。1856年2月,再授体仁阁大学士。咸丰帝没有调他来北京,仍留他在广东,为咸丰帝看好岭南的这一份家业。

还有什么比一名信得过靠得住的官员更让咸丰帝宽慰的呢?尤其是在懈怠政务之后。

叶名琛成了咸丰帝的南方一柱,一切提议建策,咸丰帝无不言听计从。

自1844年起,两广总督例兼管理五口通商事务的钦差大臣。由于当时清朝自认为与"西夷"的关系仅仅是"五口通商",管理五口通商事务的钦差大臣也成了清朝与西方各国打交道的最高外交官员。作为两广总督,叶名琛在平叛中显示治绩,为咸丰帝所倚重;作为通商事务钦差大臣,叶名琛也镇定自若,颇有"计谋",为咸丰帝所信赖。

事情就坏在这里。

1854年春,包令(J.Bowring)继文翰出任英国驻华公使,根据本国政府的训令,于4月25日照会叶名琛,要求修约。

修约是指修正1842年的《中英南京条约》和1843年的《中英虎门条约》及其附件。英国提出修约的外交依据是:

一、1844年《中美望厦条约》第34款载:

和约一经议定,两国各宜遵守,不得轻有更改;至各口情

形不一，所有贸易及海面各款恐不无稍有变通之处，应俟十二年后，两国派员公平酌办。❶

二、1843年《中英虎门条约》第8款载：

……设将来大皇帝有新恩施及各国，亦应准英人一体均沾，用示平允。❷

按照英方的说法，虽然《望厦条约》12年的修约期限至1856年才到期，即便按《中英虎门条约》，也是要到1855年到期，但《虎门条约》作为《南京条约》的"附粘"条约❸，12年的修约期应当从《南京条约》起算，1854年到期。

既然英国1854年有权提出修约，那么享受最惠国待遇的美国与法国，也有权在这一年提出修约。

这有如连环套，一环扣着一环，可问题的要害在于，按照国际法，

---

❶ 王铁崖：《中外旧约章汇编》第1册，生活·读书·新知三联书店，1957年，第56页。

❷ 同上书，第36页。

❸ 《中英虎门条约》的正式名称为：《五口通商附粘善后条约》，条约的序言部分称："凡此条款实与原缮万年和约（指南京条约）无异，两国均须专一奉行"，该条约的法律地位由此确立。

❹ 《中英虎门条约》中文本关于最惠国待遇的条款，明确指明享有此项权利的为"英人"，即不包括英国政府。条约的英文本对此则更加明确，直译为现代汉语为："皇帝还进一步地同意，今后不论何种原因，施于其他外国的国民以更多的优惠或豁免权，这种优惠或豁免权将扩展至英国国民，为英国国民所享有。"（总税务司编：《中外条约协定汇编》*Treaties, Conventions, etc., between China and Foreign States*, Shanghai, 1908, 第1卷，第201页）英国政府的法律官员对此认定："这里所说的优惠或豁免权，是指外国个别民人的人身权利和享有的事情，并不包括政府之间涉及修改条约的规定。"英政府以前任驻华公使德庇时（J.F.Davis）曾为修约问题与耆英交换过照会为由，要求包令提出修约。包令将耆英致德庇时的照会重温一遍，得出印象："耆英固定不变的意旨在于，尽可能避免承认修约的权利，怀疑其存在，并极力贬低它的价值和重要性。"（蒋孟引：《第二次鸦片战争》，生活·读书·新知三联书店，1965年，第8至9页），一直到了1858年的《中英天津条约》，最惠国条款的内容和文字发生了很大的变化，才包括政府等各个方面。

❺ 佐佐木正哉：《鸦片战争

《中英虎门条约》所规定的最惠国待遇，只是针对"英人"，并不包括政府❹，更何况修约不应在最惠国待遇之内。对于这些理由，英方缄口不言，清方毫不知晓。

叶名琛长期浸于传统学术，对外部世界并不知晓。他不怕"西夷"的恫吓，也不愿直接引起冲突。他就任管理五口通商事务的钦差大臣后，对付西方使节的办法有二：一是以军务倥偬为由，拒绝与西方外交官相见。多见面多麻烦，少见面少麻烦；二是对于西方使节的各种外交文书，都以最快速度答复，而且每次都用温和的语言，对西方的各种要求一律拒绝，早一点结束这种纠缠。此次，他收到包令的长篇照会，依然如旧，对包令提出的各项具体要求一律拒绝；而对修约一事，小心地不作回答；至于包令提出的到广州城内两广总督衙署进行会谈一事，叶名琛敏锐地觉察到英方企图由此实现入城。于是提出了反建议，在城外仁信栈房会面。❺

叶名琛的答复，自然不能让包令满意。他于5月11日又一次照会叶名琛，称其对修约一事"默然不论"尤其不满，再次强调了他的

后の中英抗争（资料篇稿）》，1964年，东京，第185至189页。英国政府给包令的训令中指出，修约要达到八项目的：一、进入中国内地，至少是长江自由航行；二、鸦片贸易合法化；三、废除子口税；四、有效取缔中国沿海的海盗；五、制定中国劳工向外移民的办法；六、公使驻京，至少能建立公使与朝廷政要之间的公文往来的关系；七、外国公使能与总督直接会晤；八、条约的解释以英文为主。(马士：《中华帝国对外关系史》，中译本，生活·读书·新知三联书店，1957年，

第1卷，第767至768页）而包令致叶名琛的照会中，没有提出上述内容，只是强调了至1854年8月29日，即南京条约期满12年，英方有修约的权利。此外，他又提出了六项要求：一、进入广州城；二、茶叶不应抽用行费；三、河南、黄埔租地；四、两广总督不应拒见公使；五、华人应归还欠英人债务；六、英人被盗及被伤害的处理。此外还要求在广州城内公署与叶名琛会晤。叶名琛很可能以为修约只是围绕着此六项内容而进行，于是5月7日的复照也围绕着此六项内容予以

驳斥：一、入城已经罢议；二、茶叶虽抽行用费，但贸易甚旺，可见有益无损；三、租地并非两厢情愿；四、已答应在城外会见，可见无拒见大吏之事；五、华人欠英人债务，英人亦欠华人债务，应当一体归还；六、广东盗贼甚多，"一时何能尽净"。叶名琛的答复，完全是重复旧调。因为包令提出的六项要求，一直是中英间长期存有矛盾之处。由此可见，若叶名琛以为修约仅仅是围绕此六项要求，那么完全可以全盘拒绝，根本没有什么可以讨论的。

各项要求,并坚持在广州城内两广总督衙署内进行会谈。❶

由于历史文件的保存不全,我们今天已不知道叶名琛对此如何作复,但当时的局势已使在广州的继续交涉成为泡影。自 1849 年广州反入城斗争后,徐广缙、叶名琛从未对西方的要求让过步,曾任广州领事的包令,对叶名琛的行事方式可谓知根知底;更何况此时正际广东红兵大起义的前夜,广州城也在风雨中晃动。

包令北上了。他准备到上海和天津,绕开叶名琛,另辟与清朝交涉的渠道。

叶名琛似乎也掌握了包令北上的情报,1854 年 5 月 23 日,他在一份奏折后附了约二百字的夹片,轻描淡写地汇报了英国等国的修约要求。在这份简短报告的最后,说了一句充满自信的话:"臣惟有相机开导,设法羁縻。"❷

如果仅仅从叶名琛的报告来看,谁也弄不清楚"修约"是怎么一回事,更何况对外部毫无知识的咸丰帝,对此似乎根本没有放在心上。既然叶名琛对此甚有能力且不乏自信,那么一切都交给他去办理吧,下发给叶名琛谕旨中,出现了这样的话:

> 叶名琛在粤有年,熟悉情形,谅必驾驭得当,无俟谆谆诰诫也。❸

按照清朝官场用语的习惯,这段话意思是,皇上本人并无定见,叶名琛可全权处理。

---

❶ 佐佐木正哉:《鸦片战争后の中英抗争(资料篇稿)》,第 190 至 191 页。

❷ 《筹办夷务始末》咸丰朝,第 1 册,第 269 至 271 页。叶名琛的正折是谈俄国要求通商之事。另,叶名琛上奏日期,见中国近代史资料丛刊《第二次鸦片战争》第 3 册,上海人民出版社,1978 年,第 8 页。

❸ 《筹办夷务始末》咸丰朝,第 1 册,第 271 页。

❹ 同上书,第 306 至 307 页。

❺ 英方的要求为:一、公使驻京;二、开放内地;三、天津开埠;四、公使可至各省督抚衙门以平行礼会见督抚;五、修改税则,鸦片合法进口;六、英船可承办各通商口岸之间的货运;七、废除子口税;八、定明各种银圆的价值;九、共同肃清海匪;十、制定华工出国章程;十一、下诏允英人购买中国土地;十二、

1854年6月，包令来到上海，与先前到达的美国公使麦莲（R.M.Mclane），向江苏官员交涉修约一事。咸丰帝得知这一消息，下旨江苏官员，让英、美公使南下，一切与叶名琛商谈办理。在咸丰帝的心中，叶是办理外交的最佳人选。

1854年8月，英、美、法三国公使在香港举行会议，讨论下一步的行动。他们一致认为若与强硬的叶名琛交涉，决不可能有任何进展，于是联合行动，再次北上。9月，三国公使到达上海，要求修约。江苏巡抚吉尔杭阿看出三国决不会善罢甘休，而叶名琛已与三国公使势同水火；更见此一时期三国外交官纷纷前往镇江、南京，恐已与太平天国暗通款曲；遂向咸丰帝提议，"可否钦派重臣会同两广总督妥为查办"，其意是削去叶名琛办理外交之权，结果遭到咸丰帝的严词驳斥。❹

1854年10月，英、美、法三国代表到达天津海河口外。经过一番交涉，英方向清政府正式提交了修约要求18条，美方亦提出修约要求11条。❺从内容来看，已不是《望厦条约》中的"量为变通"，而是另订新约了。咸丰帝本来就对西洋事务不甚明了，看到这些密密麻麻的要求更难弄清其中的真意，遂下旨：除在三项枝节问题上可到广东与叶名琛继续商办外，其余坚予拒绝。❻

此时英、法两国正与俄国进行克里米亚战争，无力东顾，美国官员见太平天国势强，清廷可能垮台，主张再观望一段时间。三国代表在北方转了一大圈，毫无收获，不得不南下香港。但他们都没有去找叶名琛继续交涉修约之事。三国第一次修约活动失败了。

叶名琛费尽心力与围城的红兵交战之际，突然想起北上的"西夷"

---

❺ 下诏保护英人生命财产；十三、下诏追回华人欠英人款项；十四、停止广东茶叶抽厘；十五、允许英人入广州城；十六、新约以十二年为期，到期重订；十七、设立保税官栈；十八、条约以英文本为准。美方的要求为：一、公使可至中国官员衙署会面；二、美人在租房、租地上享有华人之待遇；三、两国官员合审中美民人争讼案件；四、准许美船承办通货口岸之间的货运；五、定明各种银圆的价值；六、重订税则；七、可随时修改条约；八、建立保税官栈；九、免除所欠关税；十、开放长江，开放内地，公使驻京；十一、允许美国人在中国沿海捕鱼开矿。（《筹办夷务始末》咸丰朝，第1册，第343至347页）

❻《第二次鸦片战争》第3册，第63至64页。

不知究竟如何。这些隆鼻凹眼的"丑类"肯定在极力诋毁我,殊不知在"天朝"里,"夷人"的咒骂就是对我的赞扬。话虽如此说,但到底放心不下。11月18日,叶氏上奏:

> 该夷酋等(指三国代表)如果径抵天津,无论要求者何事,应请敕下直隶总督仍令该夷酋等速行回粤,臣自当相机开导,设法羁縻,以期仰慰圣廑。❶

这段话的口气很大,请皇上将一切都交给奴才来办吧。

此奏上呈后不久,叶名琛收到咸丰帝先前的谕旨,一切仍交给他处理。皇帝的信任增加了叶氏的信心,这些"夷人"想绕过我与朝廷打交道,连门都没有!

叶名琛的自信并没有能维持多久。12月7日,在红兵围攻广州甚急之际,他给包令发了一份照会,最后有一句话:"惟得悉贵国兵舰此刻亦泊省河护卫,为此照会贵公使,通力剿匪。"❷不管叶名琛发此照会的动机为何,包令却看出此中有可乘之机,一面照会叶名琛表示英国的中立态度,一面乘军舰直入珠江,来到广州城外,要求到城内总督衙署会谈。

又是入城。反入城是叶名琛起家之本,他决不会答应包令入城商议的要求。于是,他派了两名知县与包令交涉,会面在城外任何一地都可以。包令也不肯让步,过了近一个月,广州局势缓和,包令也自觉无趣,返回香港了。

一直到了1855年9月8日,叶名琛突然发现去年咸丰帝给他的酌量变通三条的谕旨,既没有执行,也没有报告,于是他上了一道长达四千字的奏折,详细分析情况,提议将咸丰帝已同意商办的三条也一一推翻。咸丰帝看到这份奏折后,十分感慨,朱批道:

❶《第二次鸦片战争》第3册,第65页。

❷黄宇和:《两广总督叶名琛》,中文本,中华书局,1984年,第78页

览卿所奏各夷情状，实属明晰，亦能善体朕意，示以镇静，不但杜其无厌之求，并免另生不测，以致扰乱大局。卿其永励斯志，忍待军务悉平，彼时饷裕气复，朕断不任其狡狯尝试，时存窥测。❸

一个时期都有其特定的语言习惯，也是历史学家应当切入的语境。如从当时的语言习惯，尤其是皇帝用语习惯来看，咸丰帝的朱批，有着四层意思：一是赞扬叶名琛对外强硬的态度；二是要求对外强硬的态度不能扩展到中外决裂，不能"扰乱"镇压太平天国的"大局"，因此要求叶名琛还需"忍"一下；三是批准了叶名琛的建议；第四点最有意思，即"彼时饷裕气复，朕断不任其狡狯尝试，时存窥测"，这实际是咸丰帝对其去年允诺商办三条的自我辩护（已经认识到不应当让步），这可看作咸丰帝婉转地向叶名琛作检讨！

1856年，《中美望厦条约》届期12年，美国驻华委员伯驾（P.Parker）联络英、法，再次向叶名琛提出修约，被拒绝后，又提议北上。英国公使包令认为此举不过是白费力气，拒绝同往；法国公使因尚未奉到政府训令，只是在外交上予以支持。结果第二次北上修约，成为美国的单独行动。

叶名琛得知伯驾北上后，立即上奏咸丰帝，要求不论三国公使行抵何省，如有交涉事件，仍令其回广东"听候查办"，而他本人将"坚持定约"，"设法钳制"。咸丰帝因太平军击破江南、江北大营，正处于鼎盛时期，口气软了下来，令叶名琛"可择事近情理无伤大体者，允其变通一二条，奏明候旨，以示羁縻"，并告各省，对外交涉事件归叶名琛办理。❹叶名琛收到此谕，心里十分清楚，稍为变通的方法不会使英、法、美三国代表满意，反会让这些得寸进尺的"夷人"掀起更大的波澜。于是，他仍旧我行我素，不作任何退让。

❸《第二次鸦片战争》第3册，第68至74页。

❹《筹办夷务始末》咸丰朝，第2册，第464至466页。

从后来的历史可以看出,"修约"是英、法、美侵略中国的重要步骤,它们必然会使用一切手段来达到此目的。就在美国全权委员伯驾北上交涉之时,包令正在香港向伦敦要求炮舰。他的结论是,若要实现修约,"一支代表缔约国各自国家的威武舰队,应于明年五六月间会同于北直隶湾(指渤海湾)"。❶ 包令在这里不仅要求战争,而且提出了战争的时间和地点了。

火药桶已经打开了盖子,空气中充满了火药味,稍有火星,即刻就会爆炸。

主管外交事务的叶名琛没有看出这一点,他正在为一再挫败英国等国公使的修约要求而自鸣得意。

此时正迷恋声色的咸丰帝更没有觉察这一点,他正在为有这么一位能独当一面分担忧虑的得力干臣而高兴。

战争一步步逼近了。

1856年10月8日,清广东水师根据举报,在广州江面上检查了一条名叫"亚罗号"的船,带走船上12名中国水手。英驻广州领事巴夏礼(H.S.Parkes)以"亚罗号"曾在香港登记为由,要求释放全部被捕水手,为水师官员所拒。于是,巴夏礼一面向公使包令报告,诡称水师官兵扯下了船上的英国国旗,污辱了英国的尊严;一面致文叶名琛,要求道歉、放人并保证今后不发生此类事件。

"亚罗号"事件只是一件小事,且内中疑问丛丛❷,但包令却一味扩大事态,用他自己的话来说,就是"希望能在浑水中摸一些鱼"。❸

❶ 马士:《中华帝国对外关系史》第1卷,第785至789页。

❷ "亚罗号"是中国人苏亚成按中西合璧的样式,于1854年在内地制造的划艇,后卖给居住在香港的中国人方亚明。1855年9月27日,该船在香港殖民政府登记,取得了为期一年的执照,并雇用一名爱尔兰人为船长,全部水手皆为中国人。至"亚罗号"事件发生时,其执照已经过期12天,按法理,已不再受香港政府的保护。英方对清政府隐匿了实情。"亚罗号"是一条海盗船,多次在海上进行抢劫、走私活动。澳门当局曾因发现其海盗行径欲将其扣留,但被它逃脱。清朝水师之所以对它采取行动,正是得到了几天前在海上被劫商人的举报。被捕的12人中,有两人是著名的海匪。另外,根据英国的航海惯例,船舶进港停靠后,须降下国旗,至离港时再升起。当清

10月10日,即事件发生的两天后,叶名琛允放水手9人,但巴夏礼拒收。10月16日,包令照会叶名琛:"如不速为弥补,自饬本国水师,将和约缺陷补足。"❹ 由此可见,英方不仅准备动武,而且将提出事件之外的要求。10月21日,巴夏礼限叶名琛在24小时内满足英方要求。叶名琛允诺释放全部被俘水手,但因未扯落英国国旗,不允道歉。于是,包令下令香港英军进攻广州。

战争就这么打了起来,很明显,"亚罗号"事件只是导火索。

1856年10月23日,英舰三艘越过虎门,攻占广州东郊的猎德炮台。叶名琛此时正在阅看武乡试,闻报后宣称,"不会有事,天黑自然会走的",并下令水师战船后撤,对入侵英舰"不必放炮还击"。❺ 24日,英军攻占广州南郊凤凰岗等处炮台,叶仍不动声色,继续阅看武乡试。25日,英军占领海珠炮台、商馆等处,兵临广州城下,叶的对策是中断对外贸易。27日,英军司令照会叶名琛,要求允许外人自由进入广州城,叶名琛不予答复。当日起,英军每隔五至七分钟,便炮击一次叶氏官署,署内兵弁逃避一空,但叶毫无惧色,端坐在二堂的官椅上,当日发布宣示,要求广州军民协力剿捕,杀英军一人,赏银三十元。英军见此仍不能奏效,便于28日起集中炮火轰击广州城南的城墙,当晚轰塌了一个缺口。29日下午,英军一百余人攻入广州新城,冲进两广总督衙署。多年的入城要求,终于在炮火中实现。正巧当日上午叶名琛去旧城文庙行香,遂避居旧城巡抚衙门,未被英军捉住。

此次开战的英军,只是香港驻军,兵力不足,很快从广州城内撤退,然仍继续炮火射击,保持军事压力。与炮弹同时发来的还有英军

朝水师上"亚罗号"搜查时,该船的船长正在另一条船上用早餐,该船也没有作任何开航前的准备。也就是说,此时若升起英国国旗,意味着水手们反叛船长,准备潜逃了。清朝水师官兵否认船上升有国旗,即也无从扯落国旗。但该船船长却声称,他在远处看见了扯下国旗的

全过程。作为一名海盗船的船长,他的证词有多处破绽,经不起推敲。英方此时之所以要用"亚罗号"事件大做文章,特别是靠不住的扯下英国国旗一事,无疑是为了挑动其国内的民族情绪,以实现对华开战、修改条约的目的。叶名琛对此警惕性不足。

❸ 黄宇和:《两广总督叶名琛》,中文本,第172页。

❹ 佐佐木正哉:《鸦片战争后の中英抗争(资料篇稿)》,第203页。

❺ 华廷杰:《触番始末》,《第二次鸦片战争》第1册,第165页。原文由引者改为白话。

司令的三份照会，要求道歉、入城，皆为叶名琛所拒。英国公使包令也赶至，要求入广州城与叶会谈，仍被拒绝。

尽管军事行动的规模不算太小，广州城也一度被攻破，但叶名琛表现出超常的沉着镇定。他为什么这么沉得住气呢？

叶名琛自以为窥破英方的底蕴。

"亚罗号"事件不久，双方照会的中心内容很快便由"道歉"转向"入城"。原来英"夷"的真正目的就是藉此机会实现多年的入城愿望，叶名琛一下子就充满了信心。对付此事，他有经验，也有招数。

1847年叶氏初任广东布政使，正恰英方为一细故发兵攻入珠江，一直打到广州城边的商馆，当时的两广总督耆英吓破了胆，立即同意两年后开放广州。1849年，两年期满，英人要求践约，叶名琛协助徐广缙坚决顶住。正反两方面的经验教训，叶皆亲身体验。此次英方行动的规模有如1847年，这可要硬着头皮顶下去，决不能重犯当年耆英的错误。于是，他开出赏格，鼓励军民杀敌。

叶名琛当然知道，军事上的抵抗根本靠不住；可他还有制敌招数。"夷"人最嗜利，万里来广州，不就是为了做生意赚钱？于是，他又下令断绝通商，绝其财路。此举颇有今日经济制裁的味道。他要让包令掂掂分量，入城与通商，孰重孰轻？

想到此，叶名琛一点也不慌张，坚信一定能挫败英方的入城图谋，只不过需要一点时间罢了。"镇静"不仅是他对时局的态度，而且变为他的对策了。

从广州到北京，当时的加急公文需时约16天，即便以普通速度交付驿递，也不过40天。可是，一直到了1856年12月14日，咸丰帝才收到叶名琛报告事件的奏折。此时距"亚罗号"事件已经两个多月了。

缓报军情，已是胆大包天之举，更让人惊骇的是，叶名琛竟然谎报军情。他宣称，清军两次大败来犯英军，击毙击伤敌四百余人，就

第二次鸦片战争时广东水师战船模型

连英军的总司令西马縻各厘（M.Seymour）也被当场打死。❶他还宣称，他已调集兵勇两万余人，足敷防守；美国、法国及西方各国均认为英国无理而不会相助。

叶名琛送来了一枚定心丸，但咸丰帝吃后仍有所担心：此次兵衅已开，不胜有伤国体，胜则英方必来报复，或窜犯其他口岸，当此中原未靖之时，沿海岂可再起风波。他在为"胜利"而喜悦的同时，又决定不扩大事态，下旨给叶名琛：

> 倘该酋（指包令）因连败之后，自知悔祸，来求息事，该督（指叶名琛）自可设法驾驭，以泯争端；如其仍肆鸱张，亦不可迁就议和，致起要求之患。

这真是滑稽，失败的一方等待着战胜者来"悔祸"。在这篇谕旨中，

---

❶ 西马縻各厘（M.Seymour），英海军少将，英驻东印度及中国区舰队总司令，他为此时军事行动的指挥官。叶称将其击毙，当属谎言。

咸丰帝还授予叶名琛处理此事的全权："叶名琛熟悉夷情，必有驾驭之法，著即相机妥办。"❶

广州附近的水陆战事，打打停停。英军虽战无不胜，终因兵力不足，于1857年1月先由城边十三行退往南郊凤凰岗，不久后又退出珠江。叶名琛以为他的"镇静"之计已明验大效，得意洋洋地向咸丰帝报告："防剿英夷水陆获胜，现在夷情穷蹙。"咸丰帝闻之甚为欢喜，让叶名琛全权处理，"朕亦不为遥制"。尽管如此，他仍担心会爆发大规模的战争，在谕旨中提醒叶名琛：

> 从前林则徐误听人言，谓英吉利无能为役，不妨慑以兵威，致开衅端。迨定海失后，即束手无策。前车之鉴，不可不知。❷

他让叶不要做林则徐第二，不要光想到广东防守得胜，还要考虑到全国的情况。

两个月后，叶名琛又报来了好消息：清军在战场上节节获胜，英国政府不满意包令、巴夏礼所为，另派新使前来定议。咸丰帝闻此，以为事件很快会结束，指示叶名琛见好就收，"弭此衅端"。❸

又过了一个多月，一直没有广东的消息，在北京等得心焦的咸丰帝，于1857年6月4日急命叶名琛，速将近况"详细具奏，以慰廑怀"。❹尽管此时广东水师在珠江上又一次被英军打得大败，广州外围炮台全部失守，广州城已经处在内江无战船、外围无屏障、孤城困守的局面，但叶名琛依旧报喜不报忧。咸丰帝在这份奏折上宽慰地朱批："该夷乘机起衅，天褫其魄，理宜然也"，"俟新酋到后，设法妥办，总宜息兵为要也"。❺

咸丰帝的全部指示，可以概括为两条：既不要引起大战，又不准对英方作任何让步。

❶《筹办夷务始末》咸丰朝，第2册，第499至500页。

❷同上书，第516页。

❸同上书，第520至521页。

❹同上书，第530页。

❺同上书，第535页。

由于叶名琛的误导，咸丰帝对真情实际上是一无所知。

而真相又是如何呢？

"亚罗号"事件的消息传到伦敦，英国首相巴麦尊决计扩大战争，但议会里有不同意见。1857年2月，上院一议员提出议案，谴责英国在华官员擅用武力，结果以110∶146票被否决。此时，下院一议员又提出了类似的议案，以263∶247票获得通过。巴麦尊立即解散下院，重新大选，结果巴麦尊一派在大选中获胜。3月20日，英国政府派额尔金伯爵（Lord Elgin）为高级专使，准备对华正式用兵（此即叶报告中的新使）；并与法国、美国频频联络，筹划联合行动。

"亚罗号"事件发生前，法国传教士马赖（A.Chapdelaine）非法潜入广西西林县传教，于1856年2月被当地官员处死。法国驻华官员多次要求赔偿、道歉，叶名琛或置之不理，或予以拒绝。法国政府早已计划对华用兵，此时得到英国政府的请求，遂与英结成同盟。1857年4月，法国派葛罗男爵（J.B.L.Gros）为高级专使，领兵东来。

"亚罗号"事件发生后，正在上海交涉修约的美国驻华委员伯驾立即赶回香港，准备参与行动。尽管美国驻华外交官一再呼吁战争，建议侵占台湾、舟山，然美国对外用兵权属于国会，国内又因黑奴问题而南北对立，势如水火。美国政府婉拒了英国的出兵要求，但允在修约问题上与英、法"一致行动"。1857年4月，美国政府派列卫廉（W.B.Reed）为驻华公使。

俄国此时正在武装航行黑龙江，在黑龙江下游建立了诸多军事据点。由于黑龙江、吉林的驻军已大多调入关内镇压太平天国，东北的军事局势已经主客易位，虽没有发生正式的交战，但俄军的数量已远远超过清军。❻1857年2月，俄国政府派普提雅廷（Е.В.Путятин）为全权代表，要求与清朝缔结一条条约，以获英、法、美在鸦片战争后所获得的侵略权益。普提雅廷在恰克图等地入境被拒后，由海路抵

---

❻ 当时中国在黑龙江以北、乌苏里江以东地区驻军很少，居民也很少。俄军建立了许多军事据点，当时清方并没有发现。

天津，仍被拒绝，最后南下上海、香港。他不顾克里米亚战争俄国与英法结下的怨仇，参加了英、法、美的行动。

这样，当时世界上最强大的四个国家——英、法、美、俄联手对付中国。清朝的危机空前严重。

1857年7月，额尔金到达香港，然此时印度发生了土著士兵起义，侵华英军不能如期到达。额尔金遂返回印度，并将香港英军与正在途中的英军撤回印度，镇压土著士兵起义。额尔金的行踪，为叶名琛侦知，尽管他并不知道额尔金离去的背景。他不免自鸣得计，认为英国的伎俩不过如此，"以静制动"的方略大获成功。

到了11月，英国已控制了印度的局势，额尔金重返香港，法、美、俄三使也已先期到达。此时，英法联军已大体齐结：英军有战舰43艘、海陆军兵力约1万人，法军亦有军舰10艘。12月12日，额尔金、葛罗分别照会叶名琛，提出了三项要求：一、准许进入广州城；二、赔偿"亚罗号"事件和马神甫事件的一切损失；三、清朝派"平仪大臣"与英、法进行修约谈判。该照会限叶名琛十天内允诺前两项，否则将进攻广州。这无疑是最后通牒。

但是，叶名琛却不这么看，中英争端以来，他在香港等处派有大量探子，收集情报。从史料记载来看，他的情报数量非常之多。可是他不会用国际战略的眼光去分析，仍用陈腐的观念去判断。他最信的情报有四：一是英国女王的"国书"已经送到香港，令"中国事宜务使好释前嫌，毋得任仗威力，恃强行事"；二是英国在克里米亚战争中被打得大败，赔俄国军费7800余万两，因而要求入城，每日在城内、城外各收地租1万两，另每日收货税1万两，合计每月收银90万两；英国又因镇压印度土著士兵起义，财用耗尽，军饷都发不出来了；三是额尔金在镇压士兵起义之中被打得大败，陆路奔逃，被士兵追击到海边，适遇法国军舰经过，连开数炮，吓退追兵，额尔金幸免于难；四、法国

❶ 华廷杰：《触番始末》，《第二次鸦片战争》第1册，第178页；《阖省防虞公局告示》，佐佐木正哉：《鸦片战争后の中英抗争（资料篇稿）》，第331页；叶名琛奏，《第二次鸦片战争》第3册，第118至128页。叶名琛对自己的情报来源十分得意，曾对其下属称："从前林文忠公好用探报而反为探报所误，偏听故也。我则合数十处报单互证，然得其端绪。即如彼中大汉奸张同云，前日尚有信来，不过不惜重赏，彼故为我用。"

国王在葛罗临行时指示,中英交战,法国"只在守约通和,不准助势附敌"。❶所有这些,都是子虚乌有之事。真不知叶名琛是从哪里弄来这些情报的,或许他的探子都是送假情报的双重间谍?

凭借着这些情报,叶名琛气壮如牛,竟然认为额尔金的最后通牒是英方技穷之后的"求和"行动!其目的是想讹一些银子,就如1841年广州被围时靖逆将军奕山付给赎城费600万两一样。他还认为葛罗发出照会是受英方怂恿所致,并非出自本心,受到美国的揶揄已自生惭恶。由此,叶名琛于12月14日复照额尔金、葛罗,拒绝了英法的要求。

10天的期限过去了,英、法并未进攻。又过了两天,12月24日,中方才收到英、法的照会,声称已将事务移交给军方。同日,英法海陆军总司令亦发出照会,限两天内广州清军退出90里之外,叶名琛仍复照拒绝。两天的期限又过去了,英、法仍未攻城。叶以为英、法不过是虚辞恫吓而已,更兼他好扶乩,这两天的谶语无不大吉大利。天意实况都在告诉他,最难过的一段日子就要过去了。

1857年12月27日,即收到额尔金最后通牒的第15天,叶名琛兴致勃勃地给咸丰帝上了一道长达七千余字的奏折,声称"英夷现已求和,计日准可通商",表示要"乘此罪恶盈贯之际,适遇计穷力竭

额尔金伯爵(1811—1863),英国外交官,第二次鸦片战争时任英国高级专使,下令烧毁圆明园

八 外患又来了 | 173

之余",将英方的历次要求"一律斩断葛藤,以为一劳永逸之举"。❶

这一份奏折整整在路上走了21天。1858年1月17日,咸丰帝收到此折,心中悬虑甚久的中英争端,竟能得到如此圆满的结局,叶名琛不负朕望,不辱君命。当日发出的谕旨更是不乏坚定信心:

> 叶名琛既窥破底蕴,该夷伎俩已穷,俟续有照会,大局即可粗定。务将进城、赔货及更换条约各节,斩断葛藤,以为一劳永逸之举。❷

咸丰帝完全在重复叶名琛的话,完全受了叶名琛的蒙蔽。如果他知道此折在路上的21天内广州城发生了什么,即使他杀了叶名琛都不会解恨。

在咸丰朝,臣子们哄骗皇帝司空见惯,不是什么新鲜事。局势那么坏,君上的要求又那么高,若不行欺瞒延宕之术,哪一位官员都不可能混下去。叶名琛主持对外事务,许多事情我行我素,不请示不汇报。"亚罗号"事件后的一年多,中英已经开战,他仅上了六篇奏折,可谓少得不能再少。而且他完全颠倒了广州的战况,明明是一败涂地,竟被他说成是屡挫敌焰。

叶名琛并不能一手遮天。咸丰帝若勤于政务,早就能发现破绽。曾在鸦片战争中弹劾琦善私许香港而名噪一时的怡良,此时在两江总督任上。他通过上海这一窗口,了解了广州战况。1856年12月15日他上一折,因见叶名琛为咸丰帝所宠信,不敢明言直陈,只是婉言透泄。咸丰帝对此全然不信,称此为"英夷造言耸听",下旨让怡良"勿为所惑"。❸

当然咸丰帝也作过一些调查。曾在1856年秋外放广东乡试正、副考官的鸿胪寺卿王发桂,掌陕西监察御史张兴江,"亚罗号"事件时正在广州。他们的奏折对战况的描述相对真实一些,但在基调上却肯定

❶《第二次鸦片战争》第3册,第118至129页。

❷同上书,第132页。

❸同上书,第94至96页。

❹同上书,第100至101页。

❺同上书,第115页。

❻华廷杰:《触番始末》,《第二次鸦片战争》第1

了"该夷始有却志,民心亦渐次安定"。❹进京觐见返粤的广东巡抚柏贵也于1857年8月有一折,但与叶名琛同出一调。❺官官相护本是官场上的规矩,咸丰朝尤其如此。这两份伪词使咸丰帝误入歧途。

与当时绝大多数官员粉饰作伪还有所不同,叶名琛谎报的仅仅是战况,而对局势的未来发展,却是出自内心的判断。既然我完全有能力处理危机,又为何用这些微小败仗去干扰圣听!他早就看出咸丰帝是左右摇摆并无定见的主子,一旦报告真相,很有可能被撤职。新派大臣主持其事,很有可能对外示弱,局势岂不变得更糟?再说,轰破了城墙,损失了几条战船,伤害了几名士兵,又有什么了不起?当年十万红兵围攻广州,局势比此严重多了,我不也硬挺过来了吗?按照传统道德,叶名琛犯了欺君之罪,但深谙传统道德精义的叶名琛却认为,他胸怀着另一种忠诚。

"了却君王天下事,赢得生前身后名",叶名琛敢于作伪,不仅是一种自信,而且也因看出咸丰帝的心思。在广州城陷时,他终于说了一句心中的真言,"有人劝我具疏请罪,不知今上圣情,只要尔办得下去,不在虚文请罪也"。❻强烈的责任感,使得他擅权自专。本是主管对外事务的钦差大臣,正是利用咸丰帝的过分宠信,利用咸丰帝倦怠政务,成了清朝对外政策的决策人。在广州的外国观察家称这位太子少保、世袭一等男爵、体仁阁大学士、两广总督、管理五口通商事务钦差大臣,是大清朝的"第二号人物"。❼且不论此说是否可靠,但从前面已介绍的修约、亚罗号事件等交涉来看,咸丰帝已被他牵着鼻子走,至少在这些事务上,他是大清朝的第一号人物。

"将将""将兵",正是统帅与将军的区别。

"用人"是天下君主的第一大政。

在咸丰朝的汉族官员中,曾国藩是咸丰帝最为疑忌的重臣,叶名琛是咸丰帝倚为长城的疆吏,两人正好形成对照。我在这里不厌其详

册,第184页。

❼ 柯克:《中国——泰晤士报特派中国记者1857至1858年之报导》(G.W. Cooke," China :being The Times Special Correspondence from China in the Year 1857-8", London, 1858),第396页。

地描绘这两位人物，不仅因为他们处于历史漩涡的中心，而且正是通过这些描写说明咸丰帝的用人之道，同时也想借此机会说明咸丰朝地方政治的实情。

1857年12月28日，即叶名琛上奏英方技穷的第二天，英法联军以战舰20艘、地面部队5700余人进攻广州。密集的炮弹如雨点般地落到了两广总督衙署，兵役再次逃匿一空，而叶名琛依旧镇静地在署内寻检文件，并声称："只此一阵子，过去便无事。"

29日，英法联军攻入城内，广州城陷。逃难的市民挤满了街道。叶名琛仍居住在城中，并不避逃。对于部属各种议和的要求，他仍坚持不许英人入城之定见，只同意给一些银子。1858年1月5日，英法联军搜寻广州各衙门。叶住在左副都统署之第五院，敌军第一次来搜，未至第五院，家丁劝其赶紧离开，叶仍不肯。不久敌军复至，将其捕去，送上英舰。直至此时，他仍保持钦差大臣的威仪，准备与英、法专使进行面对面的谈判！此后，他被送往印度，仍以"海上苏武"自居，三个月后客死于加尔各答威廉炮台。

叶名琛的所作所为，被时人讥讽为："不战不和不守，不死不降不走，相臣度量，疆臣抱负，古之所无，今亦罕有。"❶

1858年1月7日，叶名琛被捕后的第三天，以广州将军穆克德讷为首的广东全体高级官员联衔上奏，报告广州城失陷的消息。二十天后，1月27日，这份奏折送到了御前。十天前刚刚看过叶名琛大报平安的咸丰帝，闻广州又来奏折，以为有了上好消息，哪知竟会出此等事情，头脑一下子转不过弯子，用朱笔在该折尾写了几个大字：

览奏实深诧异！❷

---

❶ 薛福成：《书汉阳叶相广州之变》，《庸盦全集续编》卷下。

❷《第二次鸦片战争》第3册，第130至132页。

九　公使驻京问题

尽管第二次鸦片战争最初阶段的一切失策，都可以归罪于叶名琛，咸丰帝至多不过落下个"用人不当"的罪名，这也是儒家史学为君主辩护的常用套路；但是，从此之后，咸丰帝被迫走向前台，亲自主持其事，一切责任都应由他来负了。

咸丰帝久读孔孟圣贤之书，熟于性理名教之义，唯独对外部世界一片茫然。英吉利、佛兰西、米利坚、俄罗斯当时都不是生词，可"天朝"大皇帝不屑于过问"夷"人之事，对当时的国际社会行为方式、思维方式更是闻所未闻。因此，咸丰帝一接手对外事务，举措之可笑一点都不亚于叶名琛。

广州城失陷后，咸丰帝将叶名琛革职，以前四川总督黄宗汉继任，黄未到任前，由广东巡抚柏贵署理。他发给柏贵的第一道训令竟是：英国等国所恨者为叶名琛，现在叶名琛已经革职，柏贵与英人"尚无宿怨"，正可以出面"以情理开导"。如果英国退还广州，请求通商，"可相机筹办，以示羁縻"；如果英国仍肆猖獗，"惟有调集兵勇与之战斗"。❶

从近代国际观念来看，咸丰帝的对策完全荒谬，但在中国的传统中却并非无来历。本来朝廷对于各地的反叛和边患，不外乎"剿""抚"两手。"剿"即武力镇压，不必多说了，而"抚"的常用手法就是以主

---

❶《第二次鸦片战争》第3册，第136页。

办官员当作替罪羊加以惩办,再作一些让步,以能恢复常态。由此观之,咸丰帝的谕旨是"剿""抚"两手并用。他将前来侵华的英军当作传统的边患,将中国的传统治术运用到对外关系上了。

可是,现实恰恰相反。就"开导"而言,咸丰帝似乎忘记了1854年英方修约要求18项,他的那些"情理"又何能打动"夷"人之心?就"战斗"而言,叶名琛历来对外强硬,又何尝不想武力相抗?然在全国陷于内战的困境中,又何来可战之兵、可筹之饷?叶名琛"以静制动"的方略,不正是苦于无兵无饷吗?

咸丰帝的这道谕旨,今人一看便知无法实行。不过,广州局势又有变化,柏贵即便想遵照,也已无可能。

英法联军占领广州后,急于恢复秩序,以防民众小股骚扰,袭击英法士兵。1858年1月9日,被英法联军羁留于观音山的柏贵,在刺刀的簇拥下回到巡抚衙门"复职",与所谓的"英法总局"共同治理广州。这是中国历史上第一个由西方殖民者建立的傀儡政权。柏贵尽管名为"巡抚",却已无行动自由,旁人前往探视亦不得。广州政治实由"英法总局"的英方委员、英驻广州领事巴夏礼一人操纵。可以肯定,柏贵收到了咸丰帝的谕旨,但除了苦笑之外恐怕不能再有别的表示。1858年2月11日,与咸丰帝设想的英国请求通商的情景相反,英法联军自行宣布解除封锁,恢复了中断一年多的对外贸易。

由于湖南巡抚骆秉璋等人的奏折,咸丰帝得知柏贵已被"胁制"。于是,他命令骆秉璋派专差去广东,将一密诏送交给广东在籍侍郎罗惇衍等人,要求他们"传谕各绅民,纠集团练数万人",将英军(直至此时咸丰帝尚不知法国已对华开战)逐出广州,"然后由地方官出为调停,庶可就我范围"。❶咸丰帝以为,英军只有数千,团练能集数万,以十当一,又何不胜之?

咸丰帝又错了。这里且不论以松散的团练来正面攻击训练有素的

❶《第二次鸦片战争》第3册,第148页。

❷《筹办夷务始末》咸丰朝,第2册,第643页。

❸北京的粮食供应依赖于江浙两湖地区,每年约四百万石漕米经运河北运。太平天国占领南京后,原有的漕运路线中断。两湖等地区的漕米

英军，在军事上又是多么的失策，这种军事行为的结局只能是一败涂地；更荒唐的是，在咸丰帝的心目中，中英两国之间的战争，可以转化为民、"夷"之间的战争，清政府竟然可以充当中立者，出面调停"交战双方"的冲突。这种手法，咸丰帝在此前此后皆有运用。毫无疑问，我们仍旧可以在传统治术的武库中找到它的原型。

在专制社会中，天子的圣旨是绝对正确的真理，谁也不能对此有丝毫的怀疑。到了咸丰朝，圣旨因破绽百出虽已自我动摇了神圣的地位，但抗旨仍是臣子们不敢为之的事情。于是，罗惇衍等团练大臣在颂扬圣明之后又以军费无出而延宕时日，新任两广总督黄宗汉不断隐瞒实情，似乎在安抚咸丰帝那颗受伤的心。时间一天天过去了，广州周围的团练在奏折公文上的数字已经达到数万，但始终没有发起对广州城的进攻。广州一直为英法联军所占领，一直到第二次鸦片战争结束。

广州城陷的消息，随着南来北往的商船，很快就传到上海，引起了一阵小小的恐慌。此时的两江总督何桂清恐战火北延，主动派下属去与英、法等国领事联络，宣布了一项让英、法都感到诧异的消息："粤事应归粤办。上海华夷并无嫌隙，应当照常贸易。" ❷

"粤事应归粤办"，反映出何桂清等一班沿海疆吏的观念。他们将英法两国在广州的军事行动，看作是广东省与英、法之间的战争。既然江苏官员与英、法关系和好，上海就不应当开战而成为第二个广州。

何桂清也将此想法向咸丰帝报告，提出了具体的理由：一是每年约百万余石漕米由上海放洋，上海已成南漕海运的中心；二是上海每年对外贸易的关税达数百万两；三是上海的厘金也有相当大的数额。❸ 前一项牵涉到京城的粮食供应，后两项实是江南大营等处清军的军费所在。除此之外，还有一项何桂清此次没有说，但江苏的官员曾多次上奏过，那就是上海一旦开战，清朝势必陷入两面作战，若

改为折色，苏南及浙江的漕米约一百万石仍旧北运，但不走运河，改为海运。至1858年，上海的对外贸易开始超过广州，上海成为中国最大的对外贸易口岸，每年的关税和厘金均有数百万两之多，成为当时的经济支柱之一。若无此项收入，江浙两省镇压太平天国的军事活动一天也支持不下去。由于这些在当时已成为常识，何桂清在奏折中仅提了"海运、关税、厘捐"六个字。

"夷人"与"长毛"联手,东南局势将不可收拾。何桂清的主张居然得到了咸丰帝的批准,上谕中赫然写道:上海"为海运关税重地,非如广东可以用兵","上海华夷既无嫌隙,自应照旧通商"。❶

与何桂清持同样看法的还有当时的闽浙总督王懿德。他在奏折中称,如果英国军舰前来"窥伺","惟有责其恪守和约,析之以理"。❷也就是说,只打算坚守条约维持和平,而不准备与之交战了。他的这种做法也得到了咸丰帝的批准。

由此而出现了中外战争史上的奇观。中国的一部分与英、法两国处于战争状态,而另一部分却与英、法和平共处。本来按照国际惯例,两国交战,应该撤退平民、中断商贸、向对方封锁港口、并在一切陆地和水域进行全力拼死的战斗;而在上海、宁波、福州、厦门却出现另一番景色,酒杯照举,生意照做,一切与平时并无二致。它们是交战国中的"和平区"。而上海尤其突出,清朝的官员与英、法官员往从甚密,有时还称兄道弟,上海港依旧向英、法军舰张开怀抱,成为第二次鸦片战争中侵略军北上南下的中转站和补给基地。

这些在今人看来不可思议之事,咸丰帝却看不出有什么不妥。

广州是英法联军的占领区,咸丰帝既不派兵也不拨饷,只是让当地官绅"自救",因而大体处于和平状态。上海等四个口岸又是咸丰帝特批的"和平区",英法军舰和部队可以自由地进进出出,没有任何战争的迹象。那么,战区又在哪儿呢?

在北方,就在咸丰帝顶顶恐惧的天津一带。

1858年4月,英、法、美、俄四国使节先后来到天津大沽口外。24日,四国使节照会清政府,限六天内派大员前来谈判,否则采取必要手段。

强盗已经打上门来了,咸丰帝仍不欲还手,谕旨中称:"现在中

❶《筹办夷务始末》咸丰朝,第2册,第665、644页。

❷同上书,第643页

原未靖，又行海运，一经骚动，诸多掣肘，不得不思柔远之方，为羁縻之计。"❸ 而他在天津的"柔远之方""羁縻之计"，仍如其在广州和上海等地的对策，距近代国际观念十分遥远。

咸丰帝派直隶总督谭廷襄出面，与各国交涉，其"锦囊妙计"是行分化瓦解之策：对俄国表示和好（中俄和谊已达百年，俄国不应帮助宿敌英国和法国，若能助顺，可在恰克图、伊犁、塔尔巴哈台三口之外，另开两口，以合五口之数）；对美国设法羁縻（广州之战时美国未助恶，大皇帝嘉尔守信秉义，若提出的要求无伤体制，可以恳大皇帝开恩）；对法国进行劝告（上海小刀会起义时助清军攻剿，曾蒙大皇帝嘉奖，若今后不助英"夷"为害，仍可通商如旧）；对英国严词诘问（广州攻城祸及商民，现在广东百姓齐心忿恨，如仍想在广东通商，必至受亏）。咸丰帝自以为，如此说辞必可拆毁四国同盟，孤立英国，然后再请俄国、美国出面调停说合，即可迫英国、法国以就范围。他还恐谭廷襄辞不达意，让军机大臣代拟了在谈判中答复各国的详尽辞令。❹

从未办理过对外事务的谭廷襄，严格遵旨行事，结果处处碰壁。英、法两国高级专使或以照会格式不合而拒收，或以谭氏无"钦差全权"头衔而拒见，其派头一如当年广州的叶名琛。谭廷襄能够说上话的，只有以伪善面目出现的诡计多端的俄、美公使。六天的期限过去了，英法因兵力尚未齐集，尤其是能在海河中行驶的浅水炮艇不足，英法联军推迟了进攻。

咸丰帝一计未成，未能再生一计，而是固守旧策了：他一方面对四国的要求一概拒绝，只同意可以酌减关税；另一方面又不准谭廷襄决裂开战。这种不死不活的决策难死了承办人员。由于英、法专使始终拒绝会晤，谭廷襄只能去求俄、美从中说合，而俄、美却乘机提出了谭廷襄不敢答应、咸丰帝也不会答应的要求。在此等交涉中，就连

❸《第二次鸦片战争》第
3 册，第 221 页。

❹ 同上书，第 246 至 249 页。

九　公使驻京问题 | 181

谭廷襄也都看出俄、美与英、法沆瀣一气，"外托恭顺之名，内挟要求之术"，决不会为清朝向英、法"说合"。于是，在交涉不成、一筹莫展之际，谭廷襄鼓足勇气向咸丰帝提出自己的"制敌之策"：上海、宁波、福州、厦门等通商口岸全部闭关，停止贸易；两广总督黄宗汉"速图克复"广州，使英、法等国"有所顾惜震慑"；然后由他出面"开导"，使各国渐就范围。在这份奏折中，谭廷襄还流露出不惜一战的情绪。❶

且不论谭廷襄的建策是否能行果效，但咸丰帝就连这种长江以南地区的反击也不敢批准。他认为，若上海等处闭关，海运的漕粮正在途中，恐激之生变；若克复广州，黄宗汉尚在赴任途中，柏贵已被挟持，虚张声势只能徒增桀骜。他看出谭氏有自恃大沽军备完整、不惜一战的念头，则警告说："切不可因兵勇足恃，先启兵端。"他的办法，仍是让谭廷襄对各国的要求予以驳斥，并下发了军机大臣代拟的驳斥理由。❷

如此一来，退兵之策仅剩下谭廷襄的两张嘴皮子了。但英、法高级专使拒不相见，谭廷襄即便浑身是嘴也无处说去。

1858年5月18日，英、法专使及其海陆军司令会商，决计武力攻占大沽，前往天津。5月20日，英、法发出最后通牒，限清军两小时交出大沽，被拒绝后，遂以炮艇12艘、登陆部队约1200人进攻大沽南北炮台。两个多小时的激战，守军不支而溃。5月26日，英法联军未遇任何抵抗，进据天津。5月30日，四国使节要求清政府派出"全权便宜行事"大臣，前往天津谈判，否则将进军北京！

大沽炮台的失陷，极大地震动了清王朝。自1850年咸丰帝上台未久英使文翰派翻译麦华陀北上天津投书后，大沽一直是清朝修防的重点。该地设有炮台四座，平时守军约三千余人。咸丰帝得知广州沦

❶《第二次鸦片战争》第3册，第275至276页。

❷同上书，第281至284页。

英法炮艇进入天津

陷后,立即考虑了大沽的安全,另派援军六千余人。然而,前一次战争因时日久远,清王朝只剩下了一些模糊的记忆。从未领教过西洋兵威的咸丰帝,没想到精心设防号称北方海口最强的大沽,竟会如此轻易地落于敌手。天津可不同于广州,距北京近在咫尺,虽说"长毛"四年前也打到过天津,可这次来的"逆夷"凶过"长毛"。咸丰帝似乎听到了敌军火炮的轰鸣,感到身下皇位的微微颤摇。再也不能固守旧计了,这次得作一点让步了。他于 6 月 1 日授东阁大学士桂良、吏部尚书花沙纳为"便宜行事"大臣,前往天津,与各国谈判。

桂良、花沙纳面聆圣训后,出京赴难去了。惠亲王绵愉的提醒,又使咸丰帝想起一个人,那就是前文渊阁大学士耆英。6 月 2 日,他召见了这位谪臣,秘密部署机宜。当日授这位已革工部员外郎为侍郎衔，命赴天津参与谈判。6月3日，咸丰帝又下旨，命直隶总督谭廷襄主持"剿办"，命侍郎衔耆英主持"议抚"。

咸丰帝在桂良、花沙纳之后又派出了耆英，是想利用耆英当年主持对外事务时与英、法的老交情，在谈判桌上讨一点便宜。为此，他于6月7日密谕桂良、花沙纳，和盘托出了他精心谋划的机宜：

> 耆英谅已驰抵天津，即可往见英、佛（法）、米（美）三国，将所求之事，妥为酌定。如桂良、花沙纳所许，该夷犹未满意，著耆英酌量，再行允准几条。或者该夷因耆英于夷务情形熟悉，可消弭进京之请，则更稳妥。接到此旨，不可先行漏泄。此时桂良作为第一次准驳，留耆英在后，以为完全此事之人。❶

咸丰帝是让桂良等人唱白脸，让耆英来扮红脸。红脸白脸，有恩有威，在这位年轻的皇帝心目中，"驾驭外夷"几与哄弄儿童无异。

咸丰帝的这一计谋又破产了。

桂良、花沙纳到达天津之后，会见了四国使节。英、法、美态度强硬，俄国公使却设下了一个圈套：若同意应允俄国的条件，可以代向英、法说合。而咸丰帝寄予厚望的耆英，英、法专使一点也不照顾昔日的情面，却以其无"便宜行事"头衔，只派出两名翻译接见。英法联军攻陷广州之后，劫掠了两广总督衙署的档案，对耆英当年阳为柔顺、实欲钳制的底牌了解得一清二楚。会见时，这两名年轻的翻译手执档案，对耆英讥讽怒骂，大肆凌辱。耆英此时已年近七旬，在政坛上已被冷落了八年，对此次因咸丰帝看中而复出喜出望外。他本以为凭着他先前多年办理"夷"务的老经验，凭着他当年与英、法等国使节的老交情，此行一定会有收获，自己也可借此东山再起。他万万没有想到竟会遭到此等羞弄，实在不堪忍受。两天后，便从天津返回北京了。

❶《第二次鸦片战争》第3册，第375页。

❷1858年5月28日，奕山与穆拉维约夫在瑷珲城签订，共三款，其中

还剩下桂良和花沙纳。他们手无可战之兵,更无权屈和。面对英、法的凶焰,他们忍气吞声,行"磨难"功夫。他们曾多次请求态度相对温和的俄、美使节出面说合。俄、美乘机伪饰调停而最先获利。1858年6月13日,《中俄天津条约》签订。6月18日,《中美天津条约》签订。

中俄、中美签约后,咸丰帝原以为俄、美"受恩深重",必然会知恩图报。6月14日,咸丰帝又收到黑龙江将军奕山的奏折,得知奕山与俄国东西伯利亚总督穆拉维约夫签订了《瑷珲条约》❷,竟然在对条约内容尚未作出判断前,指示桂良,让他劝说俄国公使普提雅庭:

> 今俄国已准五口通商(指《中俄天津条约》),又在黑龙江定约(指《瑷珲条约》),诸事皆定,理应为中国出力,向英、佛(法)二国讲理,杜其不情之请,速了此事,方能对得住中国。❸

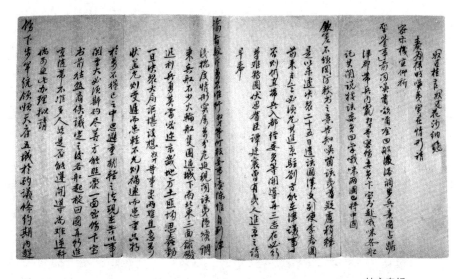

桂良奏折

❶ 第一款危害中国最烈,规定中俄东段边界由外兴安岭改为黑龙江,一下子使中国丧失了六十多万平方公里的土地,还规定将乌苏里江以东四十多万平方公里的土地,改为"两国共管"。

❸ 《第二次鸦片战争》第3册,第408页。

在咸丰帝看来,几千里外的不毛之地,比起近在咫尺的军事威胁,自然算不上什么。哪知这些没有良心的"夷"人,受恩不报,表面上敷衍,背后里却帮助英、法,希望英、法勒索越多越好。墨迹未干的中俄、中美《天津条约》,皆有措辞严密的无限制最惠国条款,英、法抢到的一切利益,俄、美都可"一体均沾"。

1858年6月22日,英国专使额尔金照会桂良,如若继续迟疑不定,即进军北京。6月25日,英方提交和约草案56款,"非特无可商量,即一字也不容改"。咸丰帝闻此消息,准备决裂开战。桂良等人心知,开战必遭失败,至时更不可收拾,便不顾旨意,于6月26日与额尔金签订了《中英天津条约》,又于6月27日与葛罗签订了《中法天津条约》。条约签订之后,桂良才上奏,力言"战之不可者"五端,宣称"天时如此,人事如此,全局如此,只好姑为应允,催其速退兵船,以安人心,以全大局"。❶

《中英天津条约》签字图

❶《第二次鸦片战争》第3册,第437至440页。

事情已经如此，咸丰帝仍欲讨价还价，桂良的奏折又到了，转告英、法要求援照1842年《中英南京条约》之先例，由皇帝在条约上朱批"依议"二字方肯退兵。到了这个时候，咸丰帝感到无力抗争了，只能拿起朱笔，在桂良进呈《中英天津条约》《中法天津条约》上，分别写上了"依议"两个字。

炮口下的谈判，结果只能如此。咸丰帝胸口积郁着一股怒气，只能将气撒在替罪羊身上。他下令耆英自尽，罪名是"擅自回京"。

《中俄天津条约》共有12款；《中美天津条约》共有30款；《中英天津条约》共有56款，另有一专条；《中法天津条约》共有42款，另有补遗6款。从条约的内容来看，《中英天津条约》《中法天津条约》危害中国甚烈。由于各国条约中皆有片面无限制最惠国条款，一国所得，他国可以"均沾"，因而俄、美亦可享有英、法的同等待遇。

咸丰帝批准英、法、俄、美四国天津条约谕旨，称言："……所有该大臣等前奏俄、米二国条约，并本日所奏英、佛二国条约，朕均批'依议'二字……从此长敦和好，永息兵端，共体朕柔怀远人之至意……"

九　公使驻京问题

《中英天津条约》抄呈本

综合四国条约，主要内容有以下几点：

一、公使驻在北京、觐见皇帝时用西方礼节。

二、增开牛庄（后改营口）、登州（即蓬莱，后改烟台）、台湾府（今台南）、淡水、潮州（后改汕头）、琼州（今海口）、镇江、南京为通商口岸；并约定在平定太平天国后，长江中、下游另开三埠为通商口岸。

三、外国人凭"执照"可往中国内地游历、通商、传教，"执照"由各国领事颁布，由清朝地方官盖印。

四、修改海关税则，减少商船船钞。

五、赔偿英国银四百万两、法国银二百万两。

六、对片面最惠国待遇、领事裁判权、协定关税、清政府保护传教等项，各国条约较之旧条约有了更加明细、详备的规定。

从这么一张单子来看，若以当时和今日国际通行的惯例和准则为标准，这些不平等条约损害中国利益最为严重者，仍是第四、五、六项，即片面最惠国待遇、领事裁判权、降低关税和船钞、战争赔款等内容；损害中国利益较小者，是第二、三项，即增开通商口岸、准许

❶毫无疑问，中国的"天下共主"的观念并不正确，但也客观地反映出历史上中国文明在东亚地区的优势地位，反映出外来文明在中国无决定性的影响；并长久地维系了大一统王朝在中国的世系相传，即所谓"国无二君"。从世界历史上看，"天下共主"的观念也绝非中国所仅有，历史上许多大帝国的君主，也有此种观念。它是文明发展到一定阶段的产物。随着中西交通的发展，"天下共主"的观念越来越显露出其破

外国人到内地等内容。至于公使驻京，虽潜含可直接向清廷施加压力的意味，但毕竟符合国际惯例。

可是在咸丰帝心目中，情况却正好颠倒过来。他认为最最可怕的，恰恰是公使驻京，其次是内地游历，再次是增开口岸。所谓天津谈判二十多天，咸丰帝指示桂良一争再争，最后不惜于决裂开战，就是为了废置公使驻京等项。至于那些损害中国最为严重的条款，咸丰帝、桂良等人在大炮的威胁下倒是比较痛快地接受了。

咸丰帝的观念为何与国际惯例格格不入呢？

这须从当时人的世界观念说起。

在中国古代，依据儒家的经典，皇帝为"天子"，代表"天"来统治地上的一切。皇帝直接统治的地区，相对于周边的"蛮荒"之地，为"天朝上国"。"普天之下，莫非王土"，《诗经》中的这两句话，经常性的被人引用说明当时的土地制度，实际上也反映了当时中国人心目中的世界观念，即"天下"的观念。由于交通等因，中国文明的圈子，主要在东亚地区，因此，中国皇帝长久地自以为是"天下共主"。❶

这种情势在清朝，具体表现为"天朝上国"、藩属国、"化外各邦"的三重关系。由于清王朝前期的强盛，使周边各国的君主，出于种种动机纷纷臣属于中国，受清王朝的册封，向清王朝纳贡，成为藩属国。❷对于藩属国以外的各国，包括英国等西方国家，清朝一概视之为"化外蛮夷之邦"，在官方文书中称为"夷"，如英、法、美三国，分别被称为"暎夷""咈夷""咪夷"。根据传统的礼仪，清王朝拒绝与非朝贡国进行正式的官方交往，只与它们有通商关系。由此，清朝在对外关系上，自认为是"天朝"，不承认有平等国家的存

绽，但清朝统治者仅以些微变通而处之，并没有改变或放弃之。

❷ 这种宗藩关系在一定意义上是政治上的同盟关系。藩属国可凭借宗主国的威势，稳固其国内统治，避免邻国的侵扰；宗主国亦可由此保持边疆地区的安定。根据儒家"王德化之""柔远人以服四方"的原则，清王朝并不谋求藩属国的特殊经济利益。朝贡也因为清王朝的丰厚"赏赐"而演化成有利可图的官方贸易。也有一些国家为谋取这种利益而自甘藩属，进行朝贡。清朝为满足"万方来王"的虚骄心理，对此类藩属国也予以笼络。由此可见，清朝的宗藩关系，表现出义理至上的东方色彩，与掠夺性、控制性的西方殖民体系迥然有别。

在，用当时人的语言，即所谓"敌国"。清政府也没有专门办理外交事务的机构。藩属国的朝贡、册封等事宜，由执掌王朝典仪的礼部来主管。而管理蒙古、西藏等事务的理藩院，其事务扩展至俄罗斯、廓尔喀，在清朝皇帝的眼中，这些国家似乎是藩部的延伸。乾隆末年、嘉庆末年的英使马戛尔尼（G.Macartny）、阿美士德（W.P.Amherst）来华，清政府依其惯例，当作"贡使"来接待，结果闹得不欢而散。

这里似乎说得远了一些，但要真正了解咸丰帝的真实思想，却又是不可缺少的背景材料。

鸦片战争失败后，原来的中外格局已经破坏，咸丰帝的父亲道光帝仅仅做了一些修补：他以两广总督兼任管理五口通商事务的钦差大臣，这既避免了中央朝廷直接与不肯朝贡的外国打交道时的难堪，也避免了外国与礼部或理藩院交涉时会引起的不快。而且"五口通商"的字样，也反映出道光帝力图将与西方各国本应多样化的关系，限制为"通商"一项，区域上又限制于"五口"。

时代变了，清朝面对的外部世界不同了，但统治集团的观念依旧不变。咸丰帝比起他的父祖辈，在观念上没有进步。

如果从传统的观念出发，我在前面提到的咸丰帝种种让今人不可思议的举措，都可以得到自圆其说的"合理"的解释。既然中国大皇帝"君临万国"，那么广东的团练与英法军的交战，当然可以由大皇帝所派官员出面调停。既然"天子"为"天下共主"，那么英、法等国的地位不会高于"天朝"的一个省，广东省与英、法交战，江苏省与英、法交好也是顺理成章之事。就是咸丰帝轻易允诺的片面最惠国待遇等不平等条款，也可以用传统的观念解释成为"天朝"大皇帝"怀柔远人"而施予的"恩惠"，咸丰帝也可以不因此而产生过多的痛苦。

公使驻京，则不然。

在中国的文化传统中，没有平等国家的概念，须分清天子与诸侯的关系。在中国的政治传统中，即使出现了群雄并立的政治格局，那也必自称"正统"，视对方为"贼"，表现出"汉贼不两立"的气派。因此，尽管中国历史上也出现过苏秦、张仪、晏婴等使节，但办理的都是诸侯之间的外交，并且是为解决危局而临时派出的差使；中国从来没有过西方模式的"常驻使节"，当时的中国人甚至没有这种概念，因为这从根本上就违反了儒家的政治理念。如果我们再仔细从历史中寻找，又会发现，常驻在对方京城的，只有"监国"之类的太上皇或"质子"之类的抵押。而这些带兵要挟常驻北京的"夷"使，又让咸丰帝归于哪一类呢？

如果仅仅是公使驻京，咸丰帝在如此危局之下或许也会忍了，但更要人性命的是这些驻京的公使要求面见皇帝，亲递国书！这可牵涉到自1793年马戛尔尼使华以来一直争执不休的礼仪问题。

当时的西方人认为，对中国皇帝行三跪九叩之礼，是一种污辱，表示着臣服性的宗藩关系，因而坚持用西方使节见君主的三鞠躬礼。这种礼仪之争在今天很容易被看作一个小问题，但在当时的"天朝"是非常之事，是牵涉到大是大非的政治性原则问题。

中国以儒家学说立国治国。而儒家政治学说的核心就是"礼"。"礼"在当时具有绝对重要的作用，其准确含义在今日已无相同的概念，它表示着上下等级秩序，是统治的标志。由于它的功能特别，以致在政府六部中专门有一个"礼"部，主持王朝的典仪。

三跪九叩的确是藩使见宗主的礼仪，但又不是藩使见宗主的专用礼仪。它是清朝唯一的正式朝礼，不用此礼，不是对中国皇帝轻慢吗？

咸丰帝或许已听说了西方臣子见君主也不过三鞠躬而已，但从心底里认定，那只是没有教化不知尊卑犯上作乱的"夷"俗。让朕面对一个鞠了三个躬便站着说话的"夷"使，这不仅仅是对朕个人的亵渎，而且是对大清朝的污辱。若让此等事情发生，朕又何颜以对列祖列宗；

若让此等事情录于史书,岂不遗臭万年。就是让那些饱读经书的臣子们见到此光景,朕今后还有什么威信?

中国的皇帝决不能面对一个不肯跪拜的人,不管他是中国人还是外国人。那是对"礼"的破坏。"礼崩乐坏"是王朝灭亡的征兆。

根据这种思路想下去,我们还会发现,"天朝上国"的对外体制的重要内容就是对外封闭,只有关起门来才可以大胆地自吹自擂。通商口岸的增加,正是对封闭的破坏,更何况外人到内地游历,华"夷"混杂,不易控制,种种叛逆思想的传播,最容易发生"天朝"专制统治者们最为担心的里通外国、合谋图反的事件。

由此观之,咸丰帝此时并不是被个人情感所左右,他考虑的是另一种"国家利益"。只是他心中的"国家利益"与近代世界的看法,完全不能吻合。

《天津条约》还遗下两案:一是中英条约规定,清政府应派出官员至上海与英方谈判修订关税则例,降低关税;法国、美国援引最惠国待遇条款,也要求与清政府谈判。二是中英、中法条约规定,条约批准后一年内在北京互换,美国援引最惠国条款,也要求在北京换约。前者使咸丰帝萌生一线挽回权益之念;后者埋下了一颗炸弹。

1858年7月15日,咸丰帝授桂良、花沙纳为钦差大臣,会同两江总督何桂清,在上海与英国等国谈判修订关税则例。桂良在英法联军退出津沽地区后,回京向咸丰帝请训。咸丰帝当面布置了上海谈判的机宜。桂良等人到达上海后,首先向英、法使节宣布大皇帝的"新恩"——全免一切海关关税,鸦片开禁合法输入,让"各夷感服",然后再谈判取消公使驻京、长江通商、内地游历等《天津条约》载明的条款。"夷"人最嗜利,唯有以利诱之。有如此获利无穷的浩荡皇恩必起震撼性的惊喜作用,那些视利如命的夷人岂能不感恩戴德。在此气氛下再谈判取消公使驻京，自然是易如反掌之事。退一步说，一切争端的根子还不是为了利，有此恩惠，争端自然消弭，"夷"人也不必一次次北上天津诉说冤屈，公使就没有必要驻在北京。咸丰帝显然对他的这一计谋非常得意，宣称"此为一劳永逸之计"。❶ 为了消除政治上的祸害，经济上受一些损失，咸丰帝是不在乎的。君子讲究的是"义"，只有小人才注重"利"呢。

这真是惊人的误国之举！咸丰帝竟然以现实中最大的国家利益来换取他心目中最大的"国家利益"！

未遵君令擅自签订载明公使驻京条约的桂良等人，很可能在面聆圣训时便对咸丰帝的主张不以为然，但他已是戴罪之身，又何敢公然当面顶撞？两江总督何桂清从先期南下的京官口中，听到了这一消息，觉得兹事体大，便冒着抗旨的风险，立即上奏：轻改条约，必起风澜；关税决不可免。他还指望从上海的关税中筹措镇压太平天国的军费呢。桂良等人到上海后，也与何桂清进行了商议，同样出奏抗旨，宣称免税只不过是让商人得利，若以此来罢《天津条约》，势不可行。尤其是先宣布免税，再谈修改条约，很可能税是免了，而条约则改不成。咸丰帝收到这两份奏折，依旧固执己见，下旨命桂良、何桂清仍按北京面授的机宜办理。桂良等人亦一再上奏陈述理由。至 10 月 18 日，咸丰帝终于同意不谈免税之事，却又发下一道严旨，命桂良等人"激发天良，力图补救"，将《天津条约》内的公使驻京、长江通商、内地游历、赔款付清前由英法联军占领广州四项规定，一概取消，否则"自问当得何罪"！❷ 相对于当今动辄经年累月的关税谈判，在上海进行的关税交涉，进展可谓神速。自 10 月 14 日开始，至 11 月 8 日，桂良与英、美签订了《通商善后章程：海关税则》，11 月 24 日，桂良又与法方签订《通商善后章程：海关税则》。这三项条约明确规定了值百抽五的税率（这可能是当时世界上最低的关税）；并规定只需

---

❶《筹办夷务始末》咸丰朝，第3册，第1128页。

❷《第二次鸦片战争》第3册，第544页。

付 2.5% 的子口税，外国货物即可转运内地而不抽税（中国货物却要受厘金之累）；鸦片每百斤纳税银 30 两，即可合法进口（条约中写作障人眼目的"洋药"）。桂良等人一切按照对方的开价，没有半点斤斤计较，此种谈判又焉得不顺利。但是咸丰帝要求挽回的四项权益，却使桂良费尽心机。他明知此乃虎口夺肉，可能性极小，但不得不勉力为之。

桂良出生于世家，宦历嘉、道、咸三朝，是恭亲王奕䜣的岳父。他早已摸准咸丰帝的心思，认定公使驻京为首害，于是专在此项上下功夫，并不顾及咸丰帝旨命挽回的其他三项。

公使驻京虽是西方各国的惯例，但英国提出这一要求，却起因于徐广缙、叶名琛的强硬态度，尤其是叶名琛拒见西方使节的行为。对于当时注重商业利益的西方各国说来，也并不认为该项要求有着至关重要的意义。四国的《天津条约》中，唯有中英条约写明公使常驻北京，觐见皇帝用西方礼节；中美、中法条约仅规定公使有事可以进京暂住，但清朝允诺他国公使驻京，美、法可援例办理。因此，消弭公使驻京一项，关键在于英国一方。于是，桂良等人一再照会英国专使额尔金，要求重议公使驻京。为此，桂良也提出了一个方案：清朝办理外交事务的钦差大臣一职，由原来的两广总督兼任例驻广州，改为由两江总督兼任例驻上海，以后的中外交涉改在上海进行，英国公使也不必常驻北京。

英国高级专使额尔金经历此等恳求，觉得英国侵华的主要目的已经达到，而让公使常驻在充满敌意的北京不仅没有实际意义，而且会有危险，于是也作了退让，同意公使另驻他地，有事可进京暂住，就如中美、中法条约之规定。但是额尔金坚持一条，即《天津条约》的批准书必须在北京互换。

此时的咸丰帝一直在发脾气，一再申斥桂良办理失宜，令其挽回全部四项权宜,并声称英国等国若至天津,必将开战。见多识广的桂良等人似乎并不为圣怒而惧怕,依旧按照自己的设想办理交涉。专制社会中,臣子的成功与否不在于其办事是否合理有效,而在于是否合于主子的好恶,不必去谈什么客观效果。就这一点讲,揣摸君主的内心活动是臣子们的真功夫,是升官保官的秘诀。尽管桂良的交涉活动今天看来毫无意义,尽管咸丰帝仍旧怒骂不停,但桂良心里明白他已经获得了成功,因为咸丰帝已经在事实上批准了他的方案,旨命以两江总督代两广总督兼任钦差大臣,其头衔也从"管理五口通商事务"改为"办理各国事务"。❶桂良还从咸丰帝大量的谕旨中发现,他此时的首要任务是阻止英、法、美三国公使进京换约,改在上海互换。

互换条约批准书,只是一个程序问题。英、法、美等国之所以坚持要在北京互换,是因为英法联军攻陷广州后,在两广总督衙门发现了《中英南京条约》《中法黄埔条约》《中美望厦条约》等鸦片战争后第一批不平等条约的批准文本,对这些重要的文件不是由中央朝廷保管而是由一名地方官保管感到十分惊奇。如果英、法、美等国知道了事情的真相会更加惊奇,因为这些条约的正式文本从来也没有到过北京,且不说这些英、法、美盖玺的文本互换后一直存放在广州,就是英、法、美收到的由清朝盖玺的文本,也是根据两广总督的请求,由军机处将盖有国玺的黄纸送到广州,再由两广总督贴在条约正式文本上的。"天朝"的大皇帝决不会,也不该去看这些不光彩的东西,他们只看见过按照一定格式抄录的抄件。清朝之所以不愿意在北京互换条约,是因为听说公使们到了北京后要按照西方的惯例,用西方的礼节觐见皇帝、亲递国书!

1859年初,英、法、美三国派出新任驻华公使。英国专使额尔金、法国专使葛罗也照会桂良等人,新任公使即将到来,前往北京换约。桂良等人百般努力未获效果,也只能向咸丰帝报告。咸丰帝至此,态

---

❶《筹办夷务始末》咸丰朝,第4册,第1245页。

度开始软化,同意进京换约,但条件是:一、随行人数不得超过十人;二、不得摆轿排列仪仗;三、换约之后立即离京南下,不得在京久住。咸丰帝的谕旨中,有一句非常关键,"到京后,照外国进京之例",即按中国以往的成例办理。❶在这种"原则"问题上,他是决不让步的。

桂良继续留在上海,准备与英、法、美新任公使商议换约事宜。一直等到1859年6月初,英、法、美三国新任公使抵达上海,但他们根本不愿意在此事上再作纠缠,不理会桂良等人的一再照会,挂帆北上,直趋天津了。

桂良闻讯,知情况不好,立即驰驿回京了。

自1858年5月20日英法联军攻陷大沽后,津京一带的防御已经摆上了咸丰帝的议事日程。在此危难之际,他几乎没有任何犹豫,立即想到了上次帮他克服危机、镇压太平天国北伐军、战功赫赫的科尔沁博尔多勒噶台亲王僧格林沁。

1858年5月21日,即大沽失陷的次日,咸丰帝即命僧格林沁率军前往通州,着手京城防御。

1858年6月2日,咸丰帝授僧格林沁为钦差大臣,节制京津一带的军务。

1858年7月10日,英法联军离津南下,咸丰帝命僧格林沁回京,面授机宜,让他负责大沽、天津一带筹防事宜。

1858年7月14日,僧格林沁聆训后立即出京开始策划津沽防务。

1858年8月,僧格林沁料理完毕通州大营的军务后,前往天津、大沽一带。他在大沽一带修复炮台五座,安设重炮数十位,小炮上百位,并在海河中架设木筏、铁戗等拦河防御设施,手下的部队达到1万人,其中4000人驻在炮台上。可以说,在僧格林沁的统率下,大沽口的防卫力量大大加强。从僧格林沁的奏折中,咸丰帝感受到一种自信。

❶《筹办夷务始末》咸丰朝,第4册,第1333页。

❷《郭嵩焘日记》,湖南人民出版社1981年,第1册,第233页。

到 1859 年 4 月，咸丰帝允英、法、美公使入京换约，于是派了他的亲信怡亲王载垣到大沽，与僧格林沁商量对策。载垣带来了咸丰帝的密谕："如果夷人入口时不依规矩行事，可以悄悄击之，到时候只说是乡勇，不是官兵。"❷ 此种掩耳盗铃之技巧，僧格林沁商酌再三，觉得碍难执行。

但是，僧格林沁也有他的麻烦。几个月来，他在海河中层层设障，已使大沽口成为无法通航的口岸。若允英、法公使从大沽入口，由水路前往天津，须得减撤已设的防卫设施。因此，僧格林沁便奏请咸丰帝，让各国公使转道大沽以北三十里的北塘，由陆路进京。1859 年 6 月 18 日，咸丰帝谕令新任直隶总督恒福，告诉英、法公使勿入大沽，须走北塘。

从后来发生的情况来看，咸丰帝的这一谕令似乎太晚了。就在

英海军侵华舰队司令何伯
（1808—1881）

此道谕旨发出的前一天，6月17日，英侵华海军司令何伯（J.Hope）已率先行舰队来到大沽口外，横妄地要求三天之内撤去口内的木筏铁戗。6月20日、21日，英、法、美三国公使到达大沽口外，英国公使命令何伯用武力清除大沽口内的水中障碍。6月23日，直隶总督恒福照会英国公使，告知在北塘登岸。6月24日，何伯发出最后通牒，要求通过大沽，当夜，英军舰船一部已闯入大沽口。

大沽口的形势空前紧张起来。尽管中英、中法条约规定条约批准书在北京互换，也规定了互换的时间（期限一年，英国于6月26日到期，法国于6月27日到期），但没有规定进京换约的路线。就法理而言，英、法完全应当遵从清政府的要求避开军事禁区，正如它国舰队不能以换约为由硬从泰晤士河闯进伦敦一样。我们不知道英、法公使不愿走北塘，硬要从大沽口进京是否出于时间上的考虑，恐怕清政府会以换约期限已过为由而制造麻烦。若是如此，那么他们肯定过虑了。因为咸丰帝头脑中根本没有国际条约的概念，更不会利用条约条款来自我保护。很可能在他头脑中印象最深的，是上一年桂良在天津议订条约时说的一句话：

> 此时英、佛（法）两国和约，万不可作为真凭实据，不过假此数纸，暂且退却海口兵船。将来倘欲背盟弃好，只须将奴才等治以办理不善之罪，即可作为废纸。❶

正因为如此，尽管中英、中法《天津条约》已经签字，咸丰帝也朱批"依议"二字，但他仍不甘罢休地让桂良在上海挽回公使驻京等项权益。他似乎不知道已经签字的国际条约是不能轻易改变的，似乎真的以为只要将桂良等人治罪，便可将条约当作"废纸"。

1859年6月25日，天气晴朗，英、法炮艇从清晨起就在大沽口

❶《筹办夷务始末》咸丰朝，第3册，第966页。

内清除水中障碍,开辟通道。僧格林沁在炮台上命令偃旗息鼓,不得作任何声响,严密注视敌方的行动。这种安静的场面加上和煦的阳光,使英、法士兵们以为闯入了无人之境,昔日一再胜利的荣光更使他们从心底里看不起清军的防御能力。他们高兴地唱起歌来。到了下午两点,情况突变。据僧格林沁奏折,是英、法首先向其炮台开炮;又据英、法的报告,是清军首先向其炮艇开炮。辨清事情的真相在今天似乎没有什么意义,因为是英、法非法闯入军事禁区。而没有争议的事实是,大沽清军在僧格林沁的统率下,战意高昂,第一次齐射便击中英军旗舰,英海军司令何伯当即受伤。英、法军见炮战不能取胜,便调整兵力,登陆攻击,仍被清军挫败。美国军舰在一旁见英、法败势,在"血浓于水"的口号下投入战斗,仍未奏效。战至日暮,英、法军败退海上。此战,清军共击沉英、法炮艇3艘,重创3艘,毙伤侵略军484人。

这是鸦片战争以来清王朝在对外战争中获得的第一个胜利。

守卫大沽炮台的清军士兵

红旗捷报飞奔北京。咸丰帝打开黄匣，捧读僧格林沁的奏折，心中却是一片混乱。终于杀了杀这群可恨的"逆夷"威风，似乎帮他出了胸中的一股恶气，使他感到痛快了许多。可是转念一想，若是英、法不肯罢休，岂不是又要在家门口打仗。从来驾驭西"夷"的方法，终究要归于羁縻，大清朝武威再扬，也不能天天打仗。更何况多事之秋应以和夷为上策。想到此，他似乎看到了某种不祥。仗虽然胜了，但条约仍应互换，此不正是恩威并举一张一弛之道？于是，他多次下旨，让直隶总督恒福劝说英、法、美公使进京换约，甚至让美国公使代为向英方说合。英、法公使对此毫不理睬，率领舰队南下上海，准备调兵再战。

这一次战争看来让美国人得利了。本来《中美天津条约》根本就没有进京换约的规定，美国公使跟着英、法一起行动，是打算援引最惠国条款。当恒福询问美方是否愿意从北塘进京换约时，美国公使华若翰（J.E.Ward）几乎没有任何犹豫立即同意了。咸丰帝丝毫没有觉察到若英、法公使不进京美国公使根本无权要求进京；他需要一个榜样、一个范例，说明"天朝"对于外"夷"顺昌逆亡的道理。他希望美国公使的举动，会使英、法公使回心转意，早早换约，了结一年前就已结束的战衅。

英、法公使走了。美国公使进京了。既然进京，一切都按照"天朝"的规格从优宽待。不准坐轿，但代为安排了骡车；不愿行跪拜礼，便由大学士桂良接受了国书。从7月20日至8月18日，华若翰受到了严密监视下的热情款待，其中在北京待了十七天。但换约仪式并没有在北京举行，而是在华若翰即将南下前在北塘举行。咸丰帝也有自己的打算，美夷的目的在于换约，若早早地将换约仪式举行了，到时候赖在北京不肯南下又怎么办？

大沽口的胜利，使咸丰帝对清朝的军事实力产生了不切实际的估计；英、法公使不作任何抗辩便南下，更使他误以为对手的心虚。1859年8月1日，他谕令两江总督、钦差大臣何桂清，宣布中英、中法《天津条约》"作为罢论"，英、法若"自悔求和"，只能按照《中美天津条约》另订新约，而且只能在上海互换！❶

很可能咸丰帝此时对以往草草阅过的条约仔细地进行了研究，他发现《中美天津条约》只不过多开放了两个口岸（台南、潮州），没有长江开放，没有内地游历，没有赔款，更没有公使驻京。

咸丰帝感到自豪起来了。

---

❶《第二次鸦片战争》第4册，第203至204页。

十　圆明园的硝烟

1860年（即咸丰十年）是清朝立国以来内外交困危机空前的一年，也是咸丰帝备感痛楚的一年。

而这一年又本应是一个吉祥年，咸丰帝继位十年，他本人又三十大寿（虚岁）。因而在大年初一（1月23日），宫内外一片喜气洋洋。

开春新正，咸丰帝端装正色到各处行礼后，御太和殿受贺，至乾清宫赐宴，并颁"万寿覃恩诏"于天下，共有圣恩十六项。受惠的除王公大臣、儒生士子、孝子节妇外，还有几项与老百姓也有着关联：

军民年七十以上者，许一丁侍养，免其杂派差役；八十以上者，给与绢一匹，绵一斤，米一石，肉十斤；九十以上者，倍之；至百岁者，题明旌表。

直省有坍没田地其虚粮仍相沿追纳者，该地方官查明咨部，奏请豁免。

从前各省偏灾地方，所有借给贫民籽种、口粮、牛具等项，查明实系力不能完者，著予豁免。

各处养济院，所有鳏、寡、孤、独及残疾无告之人，有司留心，以时养赡，毋致失所……

就连囚犯也沾了光，充军流放者"减等发落"，就是犯了死罪的，若案情较轻，亦可由刑部查明，"请旨定夺"。❶

大年初一日，咸丰帝共颁下六道谕旨，全与他的三十寿辰有关。

在清朝，皇帝逢十的大寿，特别隆重。咸丰帝二十岁的生日，因为要守制，没有任何庆典，这一次还不应该好好地乐一乐！宫内外都知道，咸丰帝特别喜欢热闹，这几年天下不靖，把咱们的皇上害苦了，这一次无论如何也得让寿星开开心了。

然而，这一吉祥年，又成了灾祸年。也许从这一年开始，清朝最高统治者的逢十大寿，凶多吉少。继咸丰帝之后统治中国近半个世纪的那拉氏，四十大寿遇日军侵台，五十大寿遇中法战争，六十大寿遇中日甲午战争，而七十大寿虽没有中外开战，但日本人与俄国人却在中国的土地上打起来了。这些都是后话。在刚刚过年的时候，咸丰帝是打算好好庆贺一下自己的生日的。

这一年刚开始的时候，咸丰帝的日子还是比较好过的。在镇压捻军的皖豫鲁苏战场上，他以漕运总督袁甲三（袁世凯的叔祖父）继胜保为钦差大臣，主持安徽"剿匪"事务；改派都统胜保去河南，主持河南"剿匪"事务；又派提督傅振邦督办苏北徐州、宿迁一带"剿匪"事务；又派都统德楞额督办山东"剿匪"事务。如此部署，多有成效，捻军的势力被压制了。江南大营的统帅、钦差大臣和春也报来了好消息：清军攻克了江浦、九洑洲，太平天国的首都天京已被团团包围。更让他心动的是钦差大臣、两江总督何桂清的奏折，称：英法失和、英美相争，法国准备攻打澳门与葡萄牙为难……❷这些消息虽不那么可靠，但犬羊反复之夷性，难以理测。

可没过多久，坏消息接踵纷至。

1860 年 3 月 19 日，太平军攻下浙江省城杭州，清巡抚、布政使

---

❶《清实录》第 44 册，第 453 至 455 页。

❷《筹办夷务始末》咸丰朝，第 5 册，第 1762 页。

等官死之。江南大营清军立即前往救援，咸丰帝命和春兼办浙江军务。

1860年4月11日起，太平军在调动了江南大营的兵力后分路回援天京，先后占领高淳、溧阳、句容、秣陵关、淳化镇。5月2日起，10万兵马分五路扑攻江南大营，5月6日，再破江南大营，天京解围。

1860年5月15日起，获胜的太平军向东进击，5月19日克丹阳，26日占常州，30日占无锡，6月2日占苏州，15日占昆山，17日占太仓，准备进军上海。江南富庶之地，尽为太平军所有。太平天国第二次达到全盛期。咸丰帝见此，只能不计前嫌，6月8日授曾国藩为尚书衔，署理两江总督。

自太平天国占领南京后，两江总督的衙署临时迁至常州。此时常州、苏州皆失，咸丰帝的意图是，让曾国藩率领所部湘军，取道江西、安徽，绕至苏州一带，以保东南大局。曾国藩是一个优秀的战略家，并不像咸丰帝那样只顾得头痛医头，脚痛医脚。他已经看出若要扑灭太平天国须得攻克南京；而要攻克南京，又必须首先攻克安庆，从上游逐次而下方可成功。以前江南大营数度围困南京而不免最终失败，就是没有占据上游。于是，他以种种理由解释自己不能马上去江南。咸丰帝对此甚有误解，以为曾国藩按兵不动，仍是嫌"尚书衔"、"署理"非为真授，为自己多年得不到地方实缺而闹意气。这位以"忠臣"、"干臣"自我标榜的家伙，到了这个时候反跟朕摆起架子来了。他极想发作，狠狠怒骂曾国藩一顿，然转念一想，既然江南尽失，浙江也可危，与其让予"长毛"，不若给了曾国藩算了。他要是真想当两江总督，地盘要靠他自己一点点打下来，朕不就是给了个头衔吗？8月10日，他正式授曾国藩为两江总督，并授钦差大臣，督办江南军务。咸丰帝心想，这下子曾国藩该满意了吧。

哪知曾国藩依旧不去江南，而是加紧了对安庆的攻击。咸丰帝对此恼怒万分。江南是清朝的财赋之区，京城吃的也全靠苏南、浙江每年一百万石海运米支持，这一区域有着至关重要的意义。曾国藩拥兵自重，显有异心。可是，咸丰帝此时已经管不了江南了，更强大的敌人站在他面前。

自 1859 年 6 月英、法兵败大沽后，两国出兵报复的风声不时飘至上海。苏松太道吴煦私下与英国商人拟订停战条件：清政府完全承认《天津条约》、大沽口撤防，另增赔款银一百万两。这种几乎完全是民间性的调停是否有效，今天也很难确定。一贯反对对外开战的何桂清对此很有兴趣（很可能他就是吴煦的后台老板），于 1860 年 2 月上奏探询口风，咸丰帝严词拒绝。❶ 同时，在僧格林沁的要求下，

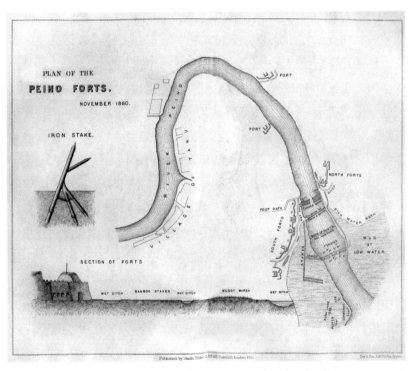

此为英军军官回忆录中所附大沽炮台防御图。左下方是炮台平面，左上方是僧格林沁在水道中设置的铁戗，右上角的炮台即石头缝炮台，在此发生了激战

❶《筹办夷务始末》咸丰朝，第 5 册，第 1810 至 1814 页。

咸丰帝先后调兵1.3万人，合之原防兵使天津、大沽、山海关一带的清军兵勇达到2.9万，其中大沽驻军1万人。北方的海防再度加强。

1860年4月，在太平军解围天京，进扑江南大营的同时，英法联军陆续开抵中国沿海。其中英军有军舰79艘，地面部队约2万人，雇用运输船126艘；法军有军舰40艘，陆军7600人。如此庞大的兵力兵器，在西方殖民扩张史上亦属罕见。4月14日，英、法公使与海、陆军司令在上海商订了作战计划。4月21日，英军占领定海（今舟山）。5月27日，英军占领大连。6月4日，法军占领芝罘（今属烟台）。到了6月下旬，英法联军大体完成了军事准备：以上海、舟山为转运兵站，以大连、芝罘为前进基地；英舰70艘已驶入渤海湾，大连驻扎英陆军1.1万人；法舰大部也驶入渤海湾，芝罘驻扎法陆军6700人。6月26日，英、法政府通告欧美各国，对中国正式宣战。

面对如此的军事局势，受到太平军沉重打击的江苏官员态度再变。两江总督何桂清数次上奏婉言主和。太平军攻击常州时，他又跑到上海，与英、法联络，欲借英、法军队"助剿"太平军。6月5日，何桂清明言上奏："现在东南要塞均为贼据，苏省无一兵一卒，全境空虚"，要求咸丰帝全盘接受英、法开出的条件，"速定和议，借兵助顺"。❶尽管何桂清因兵败被革职，何桂清的请求更是被咸丰帝否决，但继任者薛焕（以江苏布政使署理管理各国事务钦差大臣、署理江苏巡抚）不顾严旨，仍在私下里奉行何桂清的政策，苏松太道吴煦更是多方联络。在这批官员的请求下，英、法公使不顾与清朝开战的事实，宣布武装保卫上海，维护商业活动，并抽调英军1030人，法军600余人，在上海布防。由此而产生了世界战争史上的奇特现象：在中国北方与清中央政府作战的英、法两国，在上海地区却与清地方政府进行军事合作。本是对手，却成战友。

到了这个时候，咸丰帝的态度也变了。他已陷于两面作战的困境：

❶《第二次鸦片战争》第4册，第376至378页。

英法联军大兵压逼北方,太平军乘胜扫荡东南。从各处的奏报来看,此次前来报复的夷兵夷船甚夥,不知僧格林沁能否抵挡得住?而上海官员的言论更让他担心,英法若与"长毛"合作(在江苏,双方的控制区已经连接),大清的江山岌岌可危。他先是频频下旨,让何桂清、薛焕等人"开导",以求能够出现"转机"。可是这种咸丰帝惯用的不予任何实际承诺只靠下级官员嘴皮子的外交,自然不会有任何成效。于是,他又下令驻守大沽的僧格林沁不得首先开炮,并谕令直隶总督恒福,若英、法使节前来换约,"大皇帝宽其既往","由北塘进京换约"。❷

咸丰帝让步了。他已经不再要求废除《天津条约》,甚至对《天津条约》中公使驻京等条款,也没有提出修改。很可能美国公使"乖顺"的进京举动使他感到了某种心安,只要能不面见这些桀骜不驯的"夷"人,就让臣子们去折冲樽俎保全"天朝"吧。尽管咸丰帝自以为让步很多,但他的价码与英、法此时的要求相比,差距甚远,根本谈不到一起去。且英国专使额尔金、法国专使葛罗认为,若不先给予清朝以极大的军事打击,任何谈判都不会成功。

大炮的轰鸣是最为有力量的外交辞令。在一个强权的世界,谁也不能否认这一点。

1860年8月1日,英法联军以舰船200余艘、陆军1.7万人,分别由大连、芝罘开拔,避开防守严密的大沽,在清军未设防的北塘登陆。直隶总督恒福依照咸丰帝的旨意,频频照会英、法使节,希望他们按照美国的先例,进京换约。来势汹汹的英、法两方对此根本不予理睬。

驻守大沽的钦差大臣僧格林沁,奉旨不得首先开战,对登陆之敌也未能乘其立足未稳而施加打击。英法联军在未遇任何抵抗的情况

---

❷同上书,第444页。

观望北塘的法军

下,登陆行动进行了整整十天。一直到8月10日,即咸丰帝将江南全权交予曾国藩的当日,英法联军才全部登陆完毕。从8月12日起,英法联军开始行动,当日攻占大沽西北的新河。8月14日又攻克大沽西侧的塘沽。僧格林沁此时才真正明了英法的意图:绕开防守严密的正面,而从防卫薄弱的侧后来攻打大沽。但此时已晚,大沽柔软的腹部完全裸露在对手的面前。僧格林沁见军情不利,决心在大沽拼死一战,不求成功只求成仁,也算对得起君主的隆恩了。咸丰帝闻此大惊。

　　清朝的精锐部队主要有两支,一支是兵勇将近十万的江南大营,主要围攻南京,此时为太平军扑灭,咸丰帝不得已才重用曾国藩和他的湘军。另一支就是由僧格林沁统率的总兵力约三万的部队;而三万部众中精华万余名是僧格林沁直接指挥的大沽守军。若是僧格林沁在大沽死拼，那又靠谁来保驾呢。咸丰帝知道僧格林沁的脾气，立即派人带了一道亲笔朱谕给他，词句语重心长：

> 握手言别，倏逾半载。现在大沽两岸正在危急，谅汝在军中，忧心如焚，倍切朕怀。惟天下根本，不在海口，实在京师。若稍有挫失，总须带兵退守津郡，设法迎头自北而南截剿，万不可寄身命于炮台。切要！切要！以国家倚赖之身，与丑夷拼命，太不值矣……❶

咸丰帝的意思是让僧格林沁若见形势不利，立即带兵从大沽脱逃，以能最后保住北京。与此同时，他还不顾英、法一意开战的态度，于8月16日由内阁明发了一道自欺欺人的上谕（让今人看了完全莫名其妙）全文为：

> 著派文俊、恒祺前往北塘海口，伴送英、佛（法）两国使臣，进京换约。钦此。❷

这时候的咸丰帝，对先前极度不满的《天津条约》，不再敢有任何意见了。

1860年8月18日，英法联军攻占了大沽西侧仅数里远的大、小梁子，完成了从大沽侧后实施进攻的一切准备。8月21日，联军再攻大沽北岸主炮台西北侧五百米的小炮台——石头缝炮台，守军奋力坚持两小时而不支，大多战死，指挥作战的直隶提督乐善亦阵亡。僧格林沁见败局已定，急忙统兵撤离大沽，绕开天津，直往通州。经营三载，耗帑数十万，安炮数百位的大沽炮台，在此次战斗中没有发挥任何作用。8月23日，英法联军进据无人防守的天津。

---

❶《第二次鸦片战争》第4册，第469页。同时，咸丰帝怕僧格林沁不肯遵旨仍在大沽死拼，还让御前大臣、军机大臣等另外致函劝僧。

❷同上书，第478页。文俊当时的职务为西宁办事大臣，但未赴任。恒祺当时的职务是武备院卿。

大沽北岸石头缝炮台，清军在此坚强抵抗，伤亡甚大

我在这里还应提提上海的战况。1860年8月18日，太平军在李秀成的统率下进至徐家汇，逼上海西、南两城门，署江苏巡抚薛焕借英法联军之兵固守。8月19日，太平军三面包围上海，进逼租界，为英法联军所挫。8月20日，太平军再攻上海，仍被英法联军所败，李秀成中弹受伤。8月21日，太平军因连败而撤出上海。在同一个时间，英法联军在南、北战场扮演了迥然不同的角色。不过，这一切，咸丰帝当时并不十分清楚。

战败了，结果都是相同的。咸丰帝只得派出大学士桂良为钦差大臣，至天津与英、法进行谈判。英、法开出的价码是：增加赔款；承认《天津条约》；公使驻京与否由英方自行决定；开天津为通商口岸。桂良等人根据咸丰帝谕旨正欲唇枪舌剑进行一番辩驳，傲慢的英、法

❶ 郭士立，鸦片战争中英军的主要翻译之一，曾在英军占领的定海、宁波、镇江充当"民事长官"。

❷ 这种将英方"翻译"视

专使直截了当地告诉桂良，只许签字，不容商议。桂良等人要求宽限以备上奏请旨，英、法又以桂良无"全权"为由，宣布谈判破裂。9月8日，英法联军由天津向北京开进。

桂良的交涉失败了，咸丰帝又派出最为信赖的怡亲王载垣为钦差大臣。英法联军的行动，又使谈判地点从天津移至通州。至9月17日，载垣等人奉旨屈从英、法的各项要求，战事眼看就要结束。哪知第二天，9月18日，时任英国使团中文秘书的巴夏礼，却提出了换约时须亲见皇帝面递国书，皇帝盖玺的条约批准书亦须当场交给英国使节。这下子可刺中了咸丰帝的痛处。这是他最不能容忍之事。

巴夏礼，英国一铁厂工人之子，家境贫穷。其表姐嫁给了普鲁士传教士郭士立（K.F.A.Gutzlaf）❶，13岁时（1841年）来中国寻出路，学会了中文。靠着郭士立的关系，1842年找到了一份工作，充任英国公使代表濮鼎查的秘书，参加了鸦片战争。此后在厦门、上海、福州英国领事馆里当翻译。1856年代理广州领事。"亚罗号"事件时他极力扩大事态，英法联军占领广州后成为广州的实际主宰（见第八章）。1858年底改任代理上海领事。此次英法联军再度北犯，专使额尔金任命他为中文秘书。由于额尔金不愿与清朝官员打交道，常常派巴夏礼出面。在清朝的文献中，巴夏礼是一个频频出现的人物（因为他与清方官员交涉最多），对他的议论和猜测也最多。然从各地大臣的奏报中，咸丰帝也竟然认定巴夏礼是英方的"谋主"❷，因而在通州谈判开始前（9月14日），就下旨怡亲王载垣设法将巴夏礼及其随从"羁留在通（州），勿令折回以杜奸计"。❸擒贼先擒王。

此时谈判破裂，怡亲王载垣立即通知驻守通州东南张家湾的僧格林沁。而僧格林沁立即率部出动截拿巴夏礼等39人。怡亲王载垣得知拿获巴夏礼，上奏中称：

为"谋主"的现象在两次鸦片战争中非常常见。鸦片战争的郭士立、马儒翰就被视为"谋主"，第二次鸦片战争中，除巴夏礼外，还有威妥玛、李泰国。

❸《筹办夷务始末》咸丰朝，第7册，第2290页。

巴夏礼（1828—1885），英国外交官，后任英国驻日本公使、驻华公使，死于北京

> 该夷巴夏礼善能用兵，各夷均听其指使，现已就擒，该夷兵心必乱，乘此剿办，谅可必操胜算。❶

以为捉住了巴夏礼即可在军事上获胜。谁知此后的战事一败如水。这时，他们又想起了关在北京刑部北监的巴夏礼，让他写"退兵书"，而巴夏礼提出的反条件又让他们瞠目，"该书只写英文，不写汉文"。

偌大个北京城，清朝找不出一个懂英文的人。这事情的本身，能透视许多。

早在钦差大臣僧格林沁兵败大沽退守通州一带之后，曾上有一密折，请咸丰帝"巡幸木兰"。

❶《筹办夷务始末》咸丰朝，第7册，第2319页。

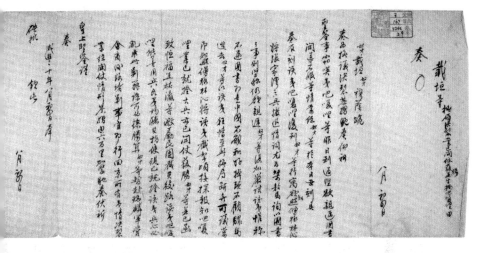

载垣奏折

"木兰"是指热河行宫（今承德避暑山庄）西北的打猎场所（位于今围场县境内）。此地原为蒙古王公献给康熙帝的。避暑山庄建成后，每年夏秋之际，清朝皇帝便来此处行围打猎，召见蒙古王公，显示"满蒙亲睦"，颇有今日统战工作之意义。此称"秋狝"，又称"巡幸木兰"。僧格林沁此次上奏的目的，当然不是让咸丰帝在此时跑到热河行宫去打猎散心，或者做做蒙古王公的"民族调解"工作，而是婉转地表达了对战局的判断，让咸丰帝离开北京，"避避风头"。

在当时的环境中，作为一名统兵大员只能表达对"逆夷"决战决胜的信心，绝不能说"无胜利把握"，更不可说"不能获胜"，此乃长敌人威风灭自己志气之举。但僧格林沁深知，在通州一带将要进行的是一场决战，他手中并无制胜之术，一旦失败，北京将陷入敌手，皇帝将成为俘虏。兹事体大，不能不言。

此种我武不扬的密折，咸丰帝当然是留中不发。但僧格林沁的表白，却使他在一片高调声中看到自己的位置。1860年9月9日，他得知桂良在天津谈判失败，英法联军开始向北京进攻，便决定开战了，但又怕战之不胜而身陷囹圄，便颁下了一道亲笔朱谕：

> 桂良等奏，夷务决裂情形。览奏何胜愤怒！朕为近畿百姓免受荼毒，不得已勉就抚局，乃该夷屡肆要挟，势不决战不能。况我满、汉臣仆，世受国恩，断无不敌忾同仇，共伸积忿。朕今亲统六师，直抵通州，以伸灭讨而张挞伐。著内廷王、御前大臣、军机大臣、内务府大臣迅速定议。并有僧格林沁密折一封，一并阅看。本日奏事之外廷大臣，并著与议。特谕。❶

咸丰帝在这里明显耍了个滑头，明明是想逃离北京到热河躲避，却说是"御驾亲征"至前线。总不能让朕自己说出来要逃难吧，发下僧格林沁的密折，就是想让你们仿效僧格林沁，联名上奏劝朕移驾，朕再表示勉从其难。一场做给老百姓看的戏也就算完成了。

参加朱谕讨论的大臣们，完全了解咸丰帝的心思，但他们首先需要考虑的是，天子一旦离开京师，会对全国形势和朝廷形象发生什么样的影响。反复商议后，由体仁阁大学士贾桢领衔上奏，称"时无寇准"，澶渊之功难恃；木兰无险，"土木之变堪虞"。❷

这一篇奏折中引用了两个典故。一是1004年辽兵犯北宋，宋真宗畏敌，准备迁都南下，宰相寇准力议御驾亲征，结果宋真宗统兵到澶州（今河南濮阳）督战，宋军受到激励而大获胜利，迫使辽方议和，史称"澶渊之盟"。二是1449年瓦剌进攻明朝，大太监王振挟明英宗率军亲征，结果在土木堡（今河北怀来境内）被瓦剌军俘虏。明英宗之弟被推为帝，即明代宗。朝廷大臣的意见是，咸丰帝既不亲征通州，也不北上热河，而是坚守北京。

咸丰帝阅此奏折十分生气，难道让朕坐以待毙？因为看到此折上

❶《筹办夷务始末》咸丰朝，第6册，第2254页。

❷同上书，第2255页。

诸亲王并未列衔，乃问何人定稿、何人秉笔？答以由总管内务府大臣、户部左侍郎宝鋆主稿。咸丰帝再下朱谕：

> 巡幸之志，朕志已决，此时尚可从缓。惠亲王天潢近派，行辈又尊，自必以国事为重，著与惇亲王、恭亲王、端华等速行定议具奏。❸

这一次，咸丰帝已经顾不上什么面子了，让手下拟一道明白请求移驾的奏折来。

9月10日，阴云惨淡。惠亲王绵愉、惇亲王奕誴、恭亲王奕䜣、郑亲王端华等人奉旨会议，毫无主见。问及京城能否守御，众皆莫对，闻者徒有嗟叹而已。咸丰帝派怡亲王载垣出城谈判的消息，使他们感到了一线生机；而前门外的烧饼却被抢购一空，当作不测时干粮之用。另一道命令使京城处于一片恐慌之中：限大兴、宛平两县在当夜子刻（11时至次日1时）前，准备大车五百辆。❹ 还有一条谣言在京城迅速蔓延："夷人已到通州，定于二十七日（9月12日）攻城！"❺

自1853年太平天国北伐军攻及天津引起京城大乱之后，1858年5月、1859年6月大沽口的炮声也在不同程度上制造了京城的恐慌。此次也不例外，大沽口一开炮，京城里的富绅大户们纷纷作逃难计。可偌大个京城，上百万人口，能走的只能是少数，大多数人从来就把目光集中在他们的皇上身上，就连金枝玉叶的皇上都稳稳地住在圆明园内，咱小老百姓还跑什么呢？这次不一样了。皇上要跑了，这条消息使人们感觉如同头顶上响了一颗炸弹。

9月11日，各位大吏、谏台言官、内廷词臣纷纷上奏，请求咸丰帝留下来，同守京师，甚至要求他从城外的圆明园，搬到城内的皇宫，以激发民气，安定人心。咸丰帝对此，统统留中不发。用当时官

---

❸《翁同龢日记》第1册，中华书局，第66页。

❹同上书，第66页。

❺《罔极编》，《第二次鸦片战争》第2册，第66页。

十　圆明园的硝烟

场用语来说，这些奏折被"淹了"。消息灵通人士又得知，咸丰帝当日颁下一道朱谕：

> 朕察时审势，夷氛虽近，尤应鼓励人心，以拯时艰。即将巡幸之豫备，作为亲征之举，镇定人心，以期巩固。著惠亲王等传谕京城巡守、接应各营队，若马头、通州一带见仗，朕仍带劲旅，在京北坐镇，共思奋兴鼓舞。不满□〔万〕之夷兵，何虑不能歼除耶？此旨著王、大臣等同看。❶

在专制社会中，统治者说的话字面上的意思与实际要表达的意思经常有不小的差距。我在这里接连引用几段朱谕，正是想让读者获得一种"语境"，能够直接了解当时的政治语言。明明是逃跑，却找个借口"巡幸木兰"，这也就罢了，但将"巡幸"作为"亲征"，那是另一种"语言技巧"了。即将开战的通州一带在北京的东南，咸丰帝"带劲旅在京北坐镇"，不就是见势不妙即可滑脚而逃吗？

一传十，十传百，咸丰帝要逃跑的消息在北京引起了一阵雪崩。9月13日，在京的军机大臣匡源、文祥、杜翰❷联名上奏，直言不讳，要求咸丰帝收回成命。此外，大学士彭蕴章出奏，六部会奏，都察院、九卿、科道各递封奏，皆要求"止驾"。面对如此强大的压力，咸丰帝只能由内阁明发上谕：

> 近日军务紧要，需用车马，纷纷征调，不免啧有烦言。朕闻外间浮议，竟有谓朕将巡幸木兰举行秋狝者，以致人心疑惑，互相播扬。朕为天下人民主，当此时势艰难，岂暇乘时观省。且果有此举，亦必明降谕旨，豫行宣示，断未有銮仪所莅，不令天下闻知者。尔中外臣民，当可共谅。所有备用车马，著

---

❶《筹办夷务始末》咸丰朝，第7册，第2269页。

❷ 当时军机大臣仅四人，穆荫已随怡亲王载垣去通州谈判，匡、文、杜三人实际上就是全体军机大臣了。

❸《筹办夷务始末》咸丰朝，第7册，第2285至2286页。

钦派王、大臣等传谕各处，即行分别发还，勿得尽行扣留守候，以息浮议而定人心。❸

这一篇谕旨，将执意逃跑的咸丰帝洗刷得干干净净，公然宣布从无"巡幸木兰"之议，只是民间的谣言。但当时的细心人也能看出破绽：既然上谕一开头就宣称征调车马不是为了"巡幸木兰"，而是因为"军务紧要"，又为何"分别发还"呢？难道军务不再"紧要"了吗？这么多的车马不是为了逃跑又是为了什么？

《翁同龢日记》透露了更多的内幕：这一天咸丰帝的七弟醇郡王奕譞入圆明园痛哭流涕，要求身先士卒，决一死战，请咸丰帝不要北逃，五弟惇亲王奕誴亦大力支持此议。军机大臣文祥见势更是力争。咸丰帝不得已而让步。这一天由内阁明发的上谕很可能就是军机大臣文祥起草的。他要乘此时机用咸丰帝的嘴来绑住咸丰帝的腿。在当时的环境中，起草人只需将冠冕堂皇的词句递上去，任何一位上级也无法修改，只能点头称善，这又是专制社会里下级操纵上级的特殊手法之一。

北京的民情随着发还的车马而渐渐平静下来。庄严的上谕使咸丰帝再也无法提逃跑之事，前方主帅僧格林沁奏折中的一段话，又及时地给他送来了宽心丸：

若奴才等万一先挫，彼时即行亲征，亦可不致落后。❹

这句官场用语翻译成现代白话，那就是，"就是等到我部战败之后，皇上再开始逃跑，也还是来得及的"。

9月18日，僧格林沁所部两万人与英法联军先头部队四千人大战于张家湾，结果僧部大败。消息传到北京，咸丰帝频频召见亲王、大臣，但仍未逃跑。

❹ 同上书，第2292页。

1860年9月21日八里桥之战,清军与英法联军的最后决战

9月21日,阴云惨淡。僧格林沁等部清军三万人与英法联军五千余人决战于通州以西的八里桥。僧格林沁再次战败。咸丰帝得知消息,再也坐不住了。当天晚上,圆明园内的灯光终夜不息,咸丰帝召见亲信重臣商议。御前会议上决定了两项对策:一、咸丰帝避居热河,这时候再也没有人敢出面反对了。在公私文献中,此次逃跑名曰"北狩"。二、恭亲王奕䜣留在北京,全权处理英法事务。当日由内阁明发的上谕称:

> 恭亲王奕䜣著授为钦差便宜行事全权大臣,督办和局。

此外,咸丰帝还给奕䜣一道朱谕:

> 现在抚局难成,人所共晓,派汝出名与该夷照会,不过暂

缓一步。将来往返面商,自有恒祺、蓝蔚雯等。汝不值与该首见面。若抚仍不成,即在军营后路督剿;若实在不支,即全身而退,速赴行在。❶

"行在"是指皇帝临时驻跸之地。看来咸丰帝对形势已作了最坏的估计,如果讲和不成,拒战又败,那也逃到热河来吧。

9月22日,是咸丰帝至死都不能忘记的日子,尽管上天给他的日子已经不多了。这一天,他离开了北京,离开了圆明园。野史中称,但凡皇帝在圆明园乘舟时,岸上宫人必曼声呼曰"安乐渡",递相呼唤,其声不绝,直至御舟到达岸边。咸丰帝出逃时,他的儿子也效法呼喊"安乐渡"。咸丰帝听后感慨万千,抱着他儿子说:"从今以后再也没有什么安乐了",言毕潸然泪下。❷ 又据时任詹事府詹事、上书房行走的殷兆镛的记录,这一天的卯初(约早晨五点),咸丰帝召见惠亲王绵愉、恭亲王奕䜣、惇亲王奕誴、怡亲王载垣、郑亲王端华和军机大臣等人,作了最后的安排。巳正(大约上午十点),咸丰帝一行从圆明园的后门出逃。临行前十分匆忙,就连御膳及铺盖帐篷都未带。❸ 而临行前的匆忙,又使咸丰帝没有机会再看看京城,甚至连圆明园的秋色均未注意。这一切,他以后再也看不见了。

在清代,皇帝出巡是大事,一般需在一个半月前就得准备,沿途安排行宫膳食。可这一次,全无供张,甚至地方官闻警已逃,禁军饥不得食几欲溃散。清人笔记中描写了狼狈的情景:

> 圣驾遂于初八日(9月22日)巳刻偷走……銮舆不备,扈从无多……车马寥寥,宫眷后至,洵迫不及待也。是日,上仅咽鸡子二枚。次日上与诸宫眷食小米粥数碗,泣数行下。❹

❶《筹办夷务始末》咸丰朝,第7册,第2334至2335页。

❷《清朝野史大观》卷一,第68页。

❸《殷谱经侍郎自订年谱》,《第二次鸦片战争》第2册,第328至329页。

❹《庚申英夷入寇大变记略》,《第二次鸦片战争》第2册,第49页。

十 圆明园的硝烟

英法联军兵临城下

没有前驱之卤簿，没有锦扬之銮仪，没有跪迎之官员，没有酒宴之铺张，甚至没有合用的被褥，咸丰帝一路上只能吃到两个鸡蛋，喝碗小米粥，流着眼泪走。

这是清朝历史上第一次皇帝出逃京城。四十年后，他的妻子（慈禧太后那拉氏）带着他的侄子（光绪帝）再次出逃。

八里桥之战后，英法联军稍事休整，继续开进。9月24日占领通州。9月26日，其一部进至朝阳门外。尽管咸丰帝在出逃的路上于9月25日命令钦差大臣两江总督曾国藩、钦差大臣漕运总督袁甲三、河南巡抚庆廉、安徽巡抚翁同书、提督傅振邦从镇压太平军、捻军的战场上

❶《筹办夷务始末》咸丰朝，第7册，第2360页。

❷同上书，第2384至2385页。

抽调"精勇"援京❶；到达热河行宫后于10月2日命盛京将军玉明、绥远城将军成凯、山东巡抚文煜、陕甘总督乐斌、山西巡抚英桂、河南巡抚庆廉亲自率领精兵进京"勤王"，并命钦差大臣湖广总督官文、湖北巡抚胡林翼派兵勇救京❷；又于10月10日再次催促各地"勤王"之师星夜前进，并命吉林、黑龙江将军"派兵内援"❸，但是，从当时的运兵条件来看，这些兵勇赶到北京至少在一个月之后。

留在北京身负重任的钦差大臣恭亲王奕䜣，一再致书英国专使额尔金、法国专使葛罗，要求停战议和，但英、法方面要求首先释放巴夏礼。手无可战之兵的奕䜣，却欲以巴夏礼作为人质，迫英法退兵。双方的交涉一时以巴夏礼为中心。奕䜣等人至此尚不明巴夏礼的真实地位，敌人催逼越紧，他越以为此人重要。10月6日，英法联军在北京安定门、德胜门外再次击败僧格林沁等部清军，法军一部冲进了圆明园，开始抢劫。奕䜣等人避走万寿山。10月8日，在京城的清朝官员，在英、法的胁令下，释放巴夏礼。10月10日，英法联军司令官照会奕䜣，限三天内交出安定门，否则便将城门攻开，清朝官员只得乖乖照办了。

1860年10月13日中午十二时，北京的安定门向英法联军开放，侵略军之一部列阵进入北京。这座始建于明代的城门，本是王师出征之道（明清惯例，禁军出京攻守，出安定门，入德胜门），此时正式交给英法联军"代为看守"。北京已完全落入英法联军的军事控制之中。

自10月6日法军闯入圆明园进行抢劫后，眼热的英军第二天也入园参加抢劫。灿烂的东方名园顿时成了一个强盗世界。

从咸丰帝的五世祖康熙帝修建圆明园起，经历了雍正、乾隆、嘉庆、道光诸朝的全力经营，耗帑二亿两以上的白银；终于在京西北的

---

❸ 同上书，第2414至2417页。

山山水水之间❶，建起了这座占地五千余亩、中西景观一百多处的皇家园林。1793年，乾隆帝在此接待了第一位到达中国的英国使节马戛尔尼，并让他游览全园。由此，圆明园更以清朝"夏宫"的名称流传于欧洲。从未到过中国，更未见过圆明园的法国大文豪雨果，以文人特有的灵敏感受，描绘了这一地方：

> 在地球上的一个角落，有一个奇特的世界，它叫做夏宫。艺术的基础在于两种因素，一是产生欧洲艺术的理性，二是东方艺术的想象。在想象的艺术中，夏宫相当于理性艺术的帕提侬神庙。❷凡是人们，近乎神奇的人们的想象所能创造出来的一切，都在夏宫身上得到体现。帕提侬神庙是世上极为罕见的、独一无二的创造物，而夏宫却是根据想象，而且只有根据想象方可拓制的巨大模型。您只管去想那是一座令人心驰神往的、如同月宫城堡一样的建筑。夏宫就是这样。您尽可以用云石、玉石、青铜和陶瓷来创造您的想象；您尽可以用云松来做它的建筑材料；您尽可以在想象中拿最珍贵的宝物，用最华丽的绸缎来装饰它……

北京城安定门，交由英法联军看守。图为英军军官回忆录中的插图

今日海晏堂遗址

总管内务府大臣宝鋆奏报，英法联军相继入清漪园（今颐和园）、静明园（今玉泉山）抢劫，咸丰帝朱批中只是大骂宝鋆"不知具何肺肠，实我满洲中之弃物也"

恭王府是京城邸院之精华，图为其中一角

"烟波致爽殿"为热河行宫避暑山庄的皇帝寝宫,咸丰帝最后病死于此没有见过圆明园的雨果，把它想象成梦幻般的仙境；而见过圆明园的人，却称它是梦幻仙境的真实再现。

此时，这座"想象艺术"中的帕提侬神庙，正在侵略军手下呻吟。一名"冷静"的法国贵族客观地描绘了当时的场面：

> 我只是一个旁观者，一个不抱任何偏见、却也充满好奇心的旁观者，贪婪地欣赏着这一幕奇怪且令人难忘的情景：这一大群各种肤色、各种式样的人，这一大帮地球上各式人种的代表，他们全都闹哄哄地蜂拥而上，扑向这一堆无价之宝。他们用各种语言呼喊着，争先恐后，相互扭打，跌跌撞撞，摔倒又爬起，赌咒着，辱骂着，叫喊着，各自都带走了自己的战利品。初看起来真像是一个被人踏翻了的蚂蚁窝，那些受惊了的勤快的黑色小动物带着谷粒、蛹虫、卵或口衔麦秆向四面八方跑去。一些士兵头顶着皇后的红漆箱；一些士兵半身缠满织锦、丝绸；还有一些士兵把红宝石、蓝宝石、珍珠和一块块水晶放在自己的口袋里、衬衣里、帽子里，甚至胸口还挂着珍珠项链。再有一群人，他们手里拿着各式各样的座钟和挂钟，匆忙地离去。工兵们带来了他们的大斧，把家具统统砸碎，然后取下镶在上面的宝石……这一幅情景只有吞食大麻酚的人才能胡思乱想出来。
>
> …………
>
> 在园里，到处都有人群，他们奔向楼阁，奔向宫殿，奔向宝塔，奔向书室，唉，我的天呀！

---

❶ 当时的北京不若今日这般干旱，京北、京西多湖泊，至今还留有"海淀"这一地名。在这一区域中建起皇家园林群，称为三山五园，即香山、玉泉山、万寿山、圆明园、静明园（在今玉泉山）、畅春园（今北京大学西门外）、清漪园（今颐和园）、静宜园（今香山）。其中圆明园最为华美。

❷ 帕提侬神庙（Parthenon），古希腊雅典城邦奉祀其女守护神雅典娜·帕提侬（Athene Parthenos）的神庙，公元前5世纪建成，全部用白色大理石造，是古希腊艺术之杰作。其遗址留存至今。

这位法国伯爵还写道，他的一名传令兵为了讨好他，"双手满满地给我捧来一大把珍珠"。❶相比法军抢劫中的混乱，英军操行此事时显然"有序"得多。英军统帅格兰特（J.H.Grant）得知法军的获利，"非常仁慈地发出一道命令，让每个军团的一半军官在第二天上午可以去圆明园抢劫，但这批人必须在中午回来，以便其余的一半军官可以在下午去抢。"❷在"军官优先"的原则执行之后，很快又准许士兵"沾利"。

为了使没有机会参与这场大抢劫活动的官兵们不至于失望，"公平"地分配这些"战利品"，英法联军还成立了专门委员会，进行拍卖、分配等活动，并将最好的一份献给英国女王和法国皇帝。等到后来英法联军撤退时，载运赃物的大车队有几里长。

圆明园的罹难并没有到此为止。

当时僧格林沁截拿巴夏礼一行共39人，到10月8日、12日、14日三次释放被俘人员时仅19人，另外20人死在狱中。为了报复清朝的"残暴"，英国专使额尔金决定给咸丰帝一个永久的"教训"。最初意欲烧毁城里的皇宫，后因恐皇宫化成灰烬，清朝颜面尽失而有可能垮台，从清朝手中攫取的利益随之再失。最后额尔金选择了圆明园。

这三件生肖铜像本是海晏堂前水力钟的构件，由郎世宁等欧洲艺术家设计，中国宫廷工艺匠师制作。造型生动写实，做工极为精细，融东西方造型艺术特色于一身

《圆明园铜版画·海晏堂西面》，清宫廷画师绘。海晏堂是圆明园最大的洋楼，建成于1760年（乾隆二十五年）。此组建筑还包括十二生肖喷水池、蓄水池、水车房等。池两侧各排六只铜铸水动物，组成地支"十二属"，其中左侧从内而外为鼠、虎、龙、马、猴、狗，右侧为牛、兔、蛇、羊、鸡、猪，用以表示十二时辰。这些铜像皆兽首人身，身着袍服，每到一时辰，代表这一时辰的铜像口中向外喷水；如此周而复始，构成别致的时钟。正午时分，十二铸体同时从口中喷泉，蔚为奇观

❶ 德里松伯爵：《翻译官手记》，《第二次鸦片战争》第6册，第359至360页。

❷《圆明沧桑》，文化艺术出版社，1991年，第117页。

而抢劫圆明园时最为努力的法方,却认为此举"不文明"而拒绝参加。

1860年10月18日,英军第1师数百名士兵根据额尔金的命令在园中放火。顷刻间,几十股浓烟升起,圆明园成为一片火海。熊熊的大火,三日不息,远在京城里的人们都可以看见西北方向那冲天的黑烟。天空黯淡,日月无光,尘埃与火星,随风飘到城里,在我们民族的历史上,蒙上了一层埃尘。

我们不知道咸丰帝得知他的出生地在举行了他三十岁生日大庆后毁于一炬作何感想,但可以肯定,不管他怎么想,他什么也不能做了。他已经没有任何反抗的力量。

能抢的,都抢光了;能烧的,也都烧光了。只剩下那些打不烂、烧不掉的石柱,留存至今。昔日金碧辉煌的圆明园,今日已成了一片废墟。

我不止一次地去过圆明园,却很少去游人众多的西洋楼遗址,偏爱独自一人在今日已无痕迹、据说在航空照片上依然清晰的最能反映圆明园特色的中式园林区徜徉。风轻轻吹着,乱石衰草在夏日中也透出一种凄冷。历史在这里凝固了。我总是觉得这里是与130多年前那场灾难时空距离最近的地方。

根据"眼见为实"的史学格律,我很难想象出当年的景象。根据史料,我知道这边曾是湖泊,那边曾有楼阁,但始终不能在脑海中拼成一个完整形象。乾隆年间的宫廷画师精心绘制的圆明园四十美景的画册,现在仍存在法国巴黎国家图书馆中。

也就在这个地方,我突然感悟到,对于盗贼的横行,批判固然有理,固然义正辞严,但又是无用的。既然盗贼不可能被消灭,重要的是研究防御措施。因此,我在这本小书中,对咸丰帝和清朝的批判甚于当年上门抢掠的英国、法国、美国和俄国。

近些年来,修复圆明园的呼声日益响亮,这又使我感到另一种凄

圆明园远瀛观遗址

冷。荒芜的圆明园是我们民族脸上的伤疤,提示着当年的耻辱。在我们这个民族尚未强大到能够拒绝一切耻辱之前,千万不要用人为的整容术,来抹掉这一伤疤。

一个民族的历史,有过荣光,也会有耻辱。荣光使人兴奋,耻辱却让人深思。我以为,一个沉思中的民族较其兴奋状态更具有力量。

十一　真正的宰相

在中国传统政治中，辅佐皇帝的大臣被称为"宰相"。尽管历朝历代的宰相有着不同的称谓，权力也有大有小，但再精明强干的君主也离不了大臣的帮助，因而"相业"伴随着"帝业"长存。

正因为如此，尽管明太祖朱元璋废除了宰相的职位，并命其子孙永远不得设丞相一职，但职位的废除并不意味着职能的消除。辅佐皇帝的秘书班子——内阁大学士，又成了"宰相"的变种。清承明制，内阁大学士被当时人呼为"相国"，多少说明了这一职位的真实意义。可到了雍正帝设立军机处后，权力再次转移，军机大臣，尤其是首席军机大臣才是真正的"相国"，内阁大学士成为一种位尊的荣衔。

在中国的传统政治中，皇帝之政，首在用人，而用人之政，首在择"相"。君权神授，天子是不能选择的，但"相"可以选择。"明君贤相"自然是传统政治的佳境。但若君不甚明，有一名"贤相"，也不无裨益。这种结构上的调剂作用，最为儒家政治学所重，周公被尊为贤相的代表，成为天下千万臣子的楷模。

我在第三章中提到过，军机大臣的工作犹如秘书，根据皇帝的旨意拟旨。可是皇帝并不能了解万情、知晓万理，总不免对军机大臣有所咨询，皇帝的思想也难免为军机大臣所左右。如若皇帝倦政，直接将奏折下发军机处，让他们"写旨来看"，军机大臣的权力就大了。

如若皇帝此时对军机大臣所拟圣旨仍不加思索，草草下发，军机大臣实际上就是行使皇帝的权力了。

军机大臣权重，不仅因他们手中的笔可以拟旨，还因为他们距皇帝很近，每天都被召见讨论政事，经常可以在不经意中影响皇帝的思想。在专制社会中，距专制者最近的人，可能是最有权势的人。这是一条定理。人们经常谈起"天子近臣"，也就是在说这一条定理。

以上空泛地谈这许多，那是说明正常现象。在非常时期的咸丰朝，情况又有特殊。真正的"相权"常常不在军机处。可不说说正常又怎么能说明特殊呢？

咸丰帝登基之后，一开始仍沿用道光帝留下的军机班底，但真正执柄相权的，却是他的老师杜受田。每遇朝廷大政，咸丰帝必先询之而后行。穆彰阿、耆英的罢斥，林则徐、周天爵的复出，向荣兵败后获保全，以及黄河决堤发漕米六十万石赈灾等事，皆可见到杜受田活跃的身影。面对危难时局，杜氏虽无解悬妙策，但以老成持重在朝野中颇受崇信。与此相反，留任的首席军机大臣穆彰阿，在每日召对中数次向咸丰帝进言，也想影响咸丰帝的思想与决心，但穆氏没有想到的是，咸丰帝不仅不听，反将之作为后来罢斥他的罪名。

穆彰阿被罢斥后，军机处以祁寯藻、赛尚阿班次在前，但他们的影响力仍不能与未入军机的杜受田相比。杜受田仍是真正的"相国"。但到了1852年杜受田去世，赛尚阿赴广西督师，首席军机大臣祁寯藻在政坛上开始扮演重要角色。

祁寯藻，山西寿阳人，1793年生，大咸丰帝38岁。他于21岁中进士，入翰林院，散馆后在京官的位置上循例上升，到了1841年，升为户部尚书、入值军机处。在此期间，他还放过湖南、江苏两省的学政。

祁寯藻升至如此高位，与他南书房的经历是分不开的。自1820

年道光帝上台不久，便命祁氏在南书房行走，以后丁忧、外放回京复职，道光帝总让他回南书房。南书房本是皇帝闲暇时读读诗书、舞文弄墨之处，在南书房行走各官员也只是帮着皇帝炮制些御制诗文，但毕竟适应于"天子近臣"的定理。祁氏在道光一朝的亨达，正是因为他在南书房的出色表现。

祁寯藻之所以被道光帝看中，又与他的学识功力分不开。祁氏为朴学之士，兼通义理和训诂，一时被士大夫推为儒宗。在儒家政治、科举时代，他这种学问上的优势即刻可以换化为官场上的强势。儒家政治的特点就是引经据典，谁又讲得过这位儒学大师呢？科举时代的副产品之一是门生的听命，祁氏做过学政、国子监祭酒，更当过多任考官，门生满天下。

就如绝大多数情况下的书生学政一样，祁寯藻为事不免迂腐。儒学经典与现实政治之间还有着一套"活学活用"的功夫，祁氏的手法却不免生硬。有一条祁氏的传记史料称：咸丰帝召见时总是问他"用人行政之道"，祁寯藻"引经据典，动逾晷刻，同列多苦之"，"犹说不已"，而咸丰帝"亦未尝倦听焉"。❶祁氏滔滔不绝的言谈使共同召见的军机大臣们深以为苦，咸丰帝居然对此尚有兴趣，这或许是传记作者的溢美之词。然而，他对湘军及曾国藩多有微词，可见他的言论误国害君。咸丰帝此一时期政务不能显达，与祁氏不无关系。1855年1月，祁寯藻称病求退，咸丰帝允之。按照惯例，大学士（祁为体仁阁大学士）病退、丁忧，其位暂空一个月，表示君主对老臣的慰抚。而祁退的当天，咸丰帝即授贾桢为大学士。此种特例，也说明了咸丰帝对祁氏的态度。

当然，祁寯藻求退的真正原因看来并不是病，因为他退了之后不仅活了十一年，而且在同治朝复官。促使祁氏告退的或许是恭亲王奕䜣在政坛的崛起。1853年11月，奕䜣入值军机处，由于他的特殊身份，很快便取代祁氏为首席军机大臣。与奕䜣同期入值军机处的还有一班

❶《续碑传集》卷四，《祁文端公神道碑铭》。

天坛

新进人士。青年人与老年人之间不可避免的矛盾,使祁寯藻感到孤掌难鸣。他已经入值军机处十五年了,当年的同事都已离去。他即便再恋栈,可皇上的意思已经很明显了,圣意是用恭邸而非老臣,此时若再不退,必然受辱。实际上,祁氏还是求退太晚,因为新任军机大臣贾桢,正是恭亲王奕䜣的老师,这对他来说可是一个明显的警告。

奕䜣入值军机处不到两年,便于1855年9月2日被罢值了(原因后述)。这位年轻的王爷在短短的时间内初显才干。幸好咸丰帝选择接替他的是一个合适的人选——文庆。

文庆,费莫氏,满洲镶红旗人,官宦人家出身,曾祖父做过大学士、祖父做过两广总督,文庆也是一位老臣。他于1822年中进士,这在满人中是不多见的。道光一朝,文庆屡升屡降,两度入值军机处,均因细故而被罢官,而他在道光朝所受的处分,更是不可计数。咸丰帝初登位时，文庆任吏部尚书、步军统领、内务府大臣、翰林院掌院学士等职，但因道士薛执中招摇撞骗案再度革职。不久后，由五品顶戴擢至户部尚书。文庆在此时被咸丰帝选为首席军机，很可能因为他是道光帝临终前受顾命的大臣之一。

文庆办事方式，一反祁寯藻，不重虚名，推崇实在。他虽为满人，但主张重用汉人，曾说道：

> 欲办天下事，当重用汉人。彼皆从田间来，知民疾苦，熟谙情伪，岂若吾辈未出国门一步，懵然于大计乎？

名门世家出身的满族官员能有此种认识，确实具有非凡的深识伟量。因此，他也曾密奏咸丰帝"破除满汉藩篱，不拘资地以用人"。❶此期曾国藩在江西屡败，对曾氏疑忌者多欲抑之，文庆却极力保全，认为曾氏负时望，能杀敌，终当建非常之功。胡林翼早年因江南科场案失察，丢官降级，文庆却知其才能，屡次密荐，由湖北按察使而湖北布政使而湖北巡抚。凡胡林翼奏请诸事，上谕无不从者，皆是文庆暗中相助。此时在安徽镇压捻军的袁甲三、在湖南看守湘军老家的骆秉璋，皆为文庆看中，密荐其才，请求咸丰帝不要他调，以观厥成。在他管理户部时，特别看中主事阎敬铭（后官至大学士、军机大臣）。主事为正六品，为司官最低一级，文庆却有事不耻下问。他的门第、资历、见识和经验，使他很快得到京内王公贵族的敬信，得到京外各战场主帅的佩服，咸丰帝更是倚重。自他入军机处后，咸丰帝先后授协办大学士、文渊阁大学士、武英殿大学士，并加太子太保衔。文庆为相期间，正遇咸丰帝倦怠政务，他为咸丰帝排忧解难，颇费心力。然而，这么一位相才却于1856年底老病去世。据称他在遗疏中称："各省督抚如庆端、福济、崇恩、瑛棨等，皆难胜任，不

❶《续碑传集》卷四，《书长白文文端公相业》。

❷《继碑传集》卷四，《书长白文文端公相业》。

按，庆端当时任福建布政使、护理福建巡抚，福济任安徽巡抚，崇恩任山东巡抚，瑛棨任河南布政使。

早罢之,恐误封疆事。"❷而他要求尽早罢免的,全是满人。这些人后来果然坏事。

继文庆任首席军机大臣的,是另一名资深官僚彭蕴章。

彭蕴章,江苏长洲(今苏州)人,1792年生,大咸丰帝39岁。他先是由举人捐内阁中书,1832年,充任军机章京。军机章京是为军机大臣誊录抄写代笔的官员,因参与机要而地位重要,时称"小军机"。但彭蕴章不满自己的举人出身,于1835年考中进士,以主事分发工部,道光帝仍命他在军机章京上行走。此后,他在京官上迁转,曾放福建学政。1851年,彭蕴章任工部右侍郎,咸丰帝授其为军机大臣,由此到1856年底文庆去世,彭氏从最后一名"挑帘子"军机,以资深而列首位❸,官职也从一名侍郎升到文渊阁大学士、工部尚书。彭氏能爬上如此高位,与他廉谨小心的为人有关,处处注意不树敌。这种无大志向亦无大建树的平庸政治家,在矛盾激烈险象环生的政坛上经常有机会发达。

彭蕴章在儒学的研究上,不如祁寯藻那般有心得。若从他死后留下二十六卷诗集、十六卷文集、四卷读书笔记来看,又可知他平日的兴趣和用力,彭氏的诗文当时也小有名气。而他在政务上又与祁寯藻一样迂腐。最突出的一点,即为在咸丰帝面前手握兵权的曾国藩多有谤言,此又与祁寯藻完全一致。若按照彭氏的意见办理,湘军早被裁撤,清朝的命运也随之断送。后来的名士薛福成谈到咸丰朝祁、彭两位相国,说了一句极中肯的评语:"有学无识。"即有学问,无才识。学问与才识从来不是等同的,而当时的学问与才识往往背道而驰。

以上提到穆彰阿、祁寯藻、奕䜣、文庆、彭蕴章五位首席军机大臣,除穆氏为道光帝留下来的以外,其余四人都与咸丰帝的选择有关。从这些人选上,我们能看出咸丰帝的用人标准吗?他似乎心中无数,没有定规。

---

❸ 按照清代官场惯例,最后入值军机处的大臣,要为首席军机大臣挑门帘,俗称"挑帘子军机",而军机大臣的排列又以入军机之先后、官秩之高下而定。因而奕䜣、文庆入军机虽晚,因品级高而位列首辅。奕䜣去职、文庆去世后,无论入军机早晚或官秩高下,彭蕴章都为第一,按照官场旧例,彭氏理所当然为首席军机大臣。

尽管咸丰帝知道，天子之政，首要之首在于择相，可他分不出相才来。

然而，就在彭蕴章执掌军机处时，肃顺已经崛起。

肃顺，皇族，生于1816年，大咸丰帝15岁。在今天观念日新月异的时代，这一年龄差距已有难越的代沟，但在当时年轻皇帝身边一片鬓白老臣的情况下，肃顺是理所当然的"青年干部"。年龄的接近，使得他与咸丰帝易于沟通。

肃顺是清初八个"铁帽子王"郑亲王济尔哈朗的八世孙，济尔哈朗是清太祖努尔哈赤的侄子。在清朝，努尔哈赤父亲塔克世的直系子孙，都称为"宗室"，又称"黄带子"，享有众多特权。若从塔克世起论辈分，肃顺是十世孙，而咸丰帝是九世孙，尽管肃顺比咸丰帝年长，但他却是咸丰帝的侄子。

按照清代制度，"铁帽子王"世袭罔替，但只有一人能承袭王爵。1846年，肃顺的父亲郑亲王乌尔恭阿去世，他的三哥端华承袭为和硕郑亲王，从此他与王爵无缘。但肃顺却以其精明强干走出另一条新路来。

肃顺的履历，一开始并无特殊之处。1836年按制封三等辅国将军，委散秩大臣。1839年充前引大臣。1844年任乾清门侍卫。1848年署銮仪卫銮仪使。1849年授内务府奉辰苑卿，这些都是宫廷内的差使（其性质后将介绍），仍然是皇族子弟及名王之后入仕的常见套路。

随着道光帝去世，咸丰帝登极，肃顺的政治行情看好。1850年，肃顺任内阁学士，此后出任副都统（1853），侍郎（1854），都察院左都御史、都统，理藩院尚书（1857），礼部尚书，户部尚书（1858），协办大学士（1861）。然而真正能使肃顺发挥作用的，却不是这一类职务，而是另一类：御前侍卫（1854）、内大臣（1858）、署正白旗领侍卫内大臣（1859）、御前大臣（1860）。

按照清代制度，负责皇帝随侍警卫的宫廷侍卫，由上三旗（皇帝自将的镶黄旗、正黄旗、正白旗）子弟中武艺高强者，分班入值。而率领这支不到一千人的亲军的领侍卫内大臣（正一品）、内大臣（从一品）、散秩大臣（正二品），多从皇亲贵族中选授。

当然，即便是亲军侍卫，也不能时常跟随在皇帝的身边，另有御前大臣、御前侍卫、乾清门侍卫等，在内廷轮值。亲军侍卫平时的任务只是带领被召见的官员入觐，充当皇帝的扈从。这些职位自然只能由被朝廷视为最忠诚的皇亲国戚充任。

从理论上说，所有内廷侍卫官员都不负有任何政治责任，也不准干预政务，但他们作为皇帝的随员，与皇帝见面的机会比军机大臣还要多。可以说，除了贴身的太监外，他们是距天子最近的人，因而有可能在政治上做微妙动作。

肃顺是名王之后，很早就获得了内廷的职位，从而避免去饱尝科举的苦头，尽管此类晋身之阶当时不认为是正途。这虽然不利于书本知识的积累和深入，但给他提供了一个从近处观察高层政治运作的极佳角度。作为闲散宗室，他青年时除了内廷值差外，并无他事，喜爱外出游逛，接触了各类各色的人和事，对社会有着较深的了解。又据稗史，他少年时经常诈人酒食，甚至是"盘辫，反披羊皮褂，牵狗走街头"的一副无赖模样对三教九流无一生疏。所有这些使他对政治的理解具有直接性的深入。再加之他本人聪明强记，"接人一面，终生能道其形貌。治一案牍，经年能举其词"❶，这更是他的有利条件。

据野史称，肃顺被咸丰帝发现，是因为他充侍卫叫起时声音特别洪亮；而"状貌魁梧、眉目耸拔"的外形，或许也帮了点忙。不清楚咸丰帝最初与肃顺的交谈起于何时，涉及何内容，但肃顺那种知无不言、直抒己见的风格，与那些察言观色、见风使舵的滑头老臣形成鲜明的对照，颇得咸丰帝的赏识。这位侍卫官对于军国大事竟然有着不少真见解。

---

❶ 沃丘仲子：《近代名人小传》，崇文书局，1918年，第74至75页。

西人眼中的西苑（今中南海与北海）

与其父道光帝相比，咸丰帝似乎对官风民情多了一层明了。生性节俭的道光帝受内务府官员的蒙蔽，居然相信吃一个鸡蛋要一钱银子、打一个补丁要五两银子，在野史中留下不少笑话。而在野史中这一侧面的咸丰帝又多少流露出精明和亲切。一次他去南书房，看到一名官员貂褂破旧，第二天便送了一件。后来这名官员外放云南学政期满归京，咸丰帝特意让他兼署顺天府丞，召见时还特意关照：

> 朕闻顺天府丞，每逢考试，卖卷可得千金，聊偿汝在滇之清苦。❶

此类卖卷的情节、任职云南的清苦，在正式召见时谁又会告诉九重之上的天子？这里面似有肃顺的投影。

❶《清稗类钞》第 1 册，第 328 页。

一个身居宫森御园、失去自由天地的人，最爱了解外面精彩、无奈的世界，也只有肃顺之类卑微且可靠的侍卫交流，方可如此不拘一格。

肃顺与咸丰帝的关系越来越近。

仅仅凭借这些，肃顺还不至于揽权，他毕竟只是一个侍卫。咸丰帝的经历、性格、心理也起到了极大的作用。

我在前面说过，咸丰帝御政之初，相权并不在军机处。恩师杜受田的暗中点拨指教，使这位年轻的皇帝一开始就在军机大臣面前充满着自信，摆上一副老成相。他自然不会去咨询穆彰阿，也无必要咨询祁寯藻，他不停地下达圣旨，一切从自圣裁，根本不去听军机大臣的意见。

杜受田的去世，使他没了主见。但天子的尊严，祖宗的才华，使他不可能承认自己并无才能。而这种无能缺才引起的内心自卑，反过来使他更有强烈的自尊心，更爱装腔作势。他害怕在朝臣面前出丑，也不愿在军机面前露怯，因而不愿意询政于外臣。皇帝是天之子，本来就是至圣至明，没有解决不了的难题。年轻的皇帝最容易相信这一套理论，自己欺骗自己。但到了实在没有对策时，他也不像前朝皇帝那般依赖军机处，而是将目光向内，寻找最亲切、最可靠的人。就如儿童遇到难事偏爱寻找母亲一样，尽管儿童的身边就站着一个解决难题的行家里手。

在最亲近的人中，咸丰帝认为五叔惠亲王绵愉关系最好，六弟恭亲王奕訢天分最高。因而在太平天国北伐军逼近北京时，咸丰帝将这两位最亲近的亲王都搬了出来，一个掌军，一个主政。然而惠亲王绵愉生性怔怯，恭亲王奕訢又遭猜嫌，咸丰帝开始依靠怡亲王载垣、郑亲王端华。

除了清初八个"铁帽子王"外，乾隆帝唯一特批"世袭罔替"的便是怡亲王一支。载垣是第一代怡亲王胤祥的五世孙，就辈分而言，他是咸丰帝的侄子。可这位侄子年龄很不小了。我们今天虽不知道载垣的确切生年，但从1825年即咸丰帝出生前六年便承袭王爵来看，至少长咸丰帝20岁。郑亲王端华是肃顺的哥哥，年龄与载垣差不多。他的家世背景前面谈到肃顺时已经介绍，1846年承袭王爵。

怡亲王载垣、郑亲王端华在道光朝就已充任御前大臣。道光帝临终前他们同受顾命，遵旨扶立新君，地位自然与其他亲王不一般。咸丰帝信赖他们也是很自然的事。

面对咸丰帝的宠信和依靠，载垣、端华的心境喜忧参半。在专制时代，没有比受到独裁者的宠爱更幸福的事了。这使他们备感荣光。可载垣、端华既无才华又无胆识。他们的肩膀根本承受不了如此重托，平时充任带领引见等御前大臣的本职还有点贵胄的气度，若言及政务不免懵懂茫然。于是，他们便引肃顺为助，三人结成死党，一切以肃顺为主谋，内廷中相为附和。咸丰帝于政务询及载垣、端华，实际听到的仍是肃顺的主张。更何况三人意见一致，也很容易造成"英雄所见略同"的错觉。

杜受田、祁寯藻时期，肃顺羽翼未满。奕䜣、文庆时期，肃顺才望不敌。至平庸的彭蕴章执柄军机处，相权已从军机处转至内廷，实际上落到肃顺的手中。彭蕴章名列首辅，实际不过伴食而已。对于"老五王爷"惠亲王绵愉，肃顺等人时有谗言。1858年绵愉又因为保全耆英而获咎，在内廷地位下降。绵愉自忖不是肃顺的对手，自己退出了纷争的政坛。事情到了这种份上，其他军机大臣还敢不识相吗？

肃顺，成了真正的宰相。

如果说1856年底文庆刚刚去世，彭蕴章初执军机时，肃顺就把持相权，那么谁也不会承认，肃顺本人也不敢相信。他的权力是逐步膨胀的，戊午科场案使他立于人臣之巅。

戊午，即1858年。此年顺天府乡试，协办大学士、军机大臣、户部尚书柏葰被派为主考官。柏葰的家人靳祥在此中舞弊，传递条子。事发后舆论哗然。咸丰帝命肃顺参与办理此案。

肃顺此时的正式职位只是礼部尚书、内大臣，参加此案审理的还有其他地位比他高的官僚。而柏葰案发时已升任文渊阁大学士管理兵部事务，在军机处的地位仅次于彭蕴章，名列第二。在政治级别上，柏葰显然比肃顺高出许多。

更重要的是，在当时人的心目中，肃顺只是新起的政治"暴发户"，柏葰却是宿望老臣，被认为"有风骨"。柏葰，巴鲁特氏，蒙古正蓝旗人，1826年中进士，入翰林院，在道光朝就已升至总管内务府大臣、都察院左都御史。咸丰帝登基未久，又任他为内大臣、吏部尚书等要缺。就在文庆去世的第二天，柏葰奉旨入值军机处。入值仅一个月，又授予协办大学士。这是一个明显的信号，咸丰帝要重用此人。权欲旺盛的肃顺自然将之视为眼中钉。

按照清制，科举戒律甚严，但因其为晋身之阶，仍有不少人铤而走险。久而久之，科举场上邪恶丛生，作弊已成风气，人们也不以为大罪。何况此中的关键人物柏葰家人靳祥，此时已不明不白地死于狱中，由此追查到柏葰，至多是"失察"的罪名，按例只能给予革职的处分；而柏葰1843年出使朝鲜，朝鲜国王赠银五千两，柏葰坚拒未成，归国后上交朝廷，廉名著称一时，人们一般也不会认为他从案中得了"好处费"。肃顺接手此案后，穷追严讯，逮问地位比他高许多的柏葰，牵连官员十余人。他提出的结案意见，是对柏葰用极刑。

咸丰帝因柏葰老成宿望，不愿杀之，打算从宽处理。肃顺见此竭力进言，取士重典，关系重大，须以严刑治积习。此时又际英、法等国迫清朝订立《天津条约》，太平军摧毁江北大营后又在安徽三河大败湘军，咸丰帝有意振作精图，整饬腐败的吏治，遂听从肃顺的意见。1859年3月谕旨中的语言充满了"挥泪斩马谡"的味道：

……情虽可悯，法难宽宥，言念及此，不禁垂泪。柏葰著照王、大臣所拟，即行处斩。❶

咸丰帝的这一决定，远远超出了当时人的预料。当审案奏折上送后，柏葰以为凭借自己的地位，必不会死，咸丰帝准有恩旨，最多不过是发遣军台或遣戍新疆。他得此谕旨后，心知必定是肃顺所为，临刑前破口大骂，宣称肃顺他日必同我一样。此语两年后果然言中。

柏葰是清朝历史上涉及"腐败"案被斩首的最高级官员。

戊午科场案尚未了结，户部宝钞案又起。肃顺继柏葰出任户部尚书后，派员清理旧账，发现宝钞处一笔欠款，与存档数不符，遂立案严究，查出司官与商人勾结侵吞，立即籍没查抄官员、商人数十家。体仁阁大学士翁心存曾于1856至1858年任户部尚书，升大学士后旨命管理户部，肃顺将翁心存也牵连进此案，请求咸丰帝批准将翁氏褫职逮问，效法柏葰，再次下手。翁心存一面上奏辩白，一面以病请求开缺。案子从1859年初一直审理到1860年6月。英法联军再度北犯，咸丰帝不愿此时再兴大狱，遂批准翁心存休致，并下令以"失察"罪论处，免翁心存传讯，降官五级，待以后补官时革职留任。翁心存自知肃顺还不会放过自己，从此至肃顺败亡，这一位曾在上书房当过绵愉、奕䜣师傅的老臣，一直生活在恐惧之中。

"科场""宝钞"两案，反映出肃顺力图求治、不惜严刑峻法之用意。"治乱世，用重典"是当时的政治教科书反复提示的历史经验。在吏治久坏的颓势下，不杀几个高官，决不能示儆。肃顺深明此理，因而毫不手软。两案的客观效果也如肃顺之愿。户部的贪污有所收敛，科举场上一时弊清。

"科举""宝钞"两案，也反映出肃顺铲除异己、张扬权势之用意。

❶《清史列传》第10册，第3184页。

❷薛福成：《庸盦笔记》，江苏人民出版社，1983

这一点当时人嘴不敢言而心知肚明。"户部宝钞案"后，协办大学士周祖培从吏部尚书调任户部尚书，与肃顺是同官（当时六部实行满、汉双缺制），地位声望又高于肃顺（肃顺授协办大学士时，周祖培又升为体仁阁大学士）。但周祖培批过的文件，经常被肃顺否决，并在公堂中大骂："若辈愦愦者流，但能多食长安米耳，乌知公事？"周祖培闻此，只能默然忍受。❷

就连一向乖顺的彭蕴章，后来也不为肃顺所容。1860年太平军东征苏、常，两江总督何桂清弃城而逃，肃顺以彭蕴章是何桂清的荐主为由，多加攻击。咸丰帝于是年7月27日罢彭氏军机大臣，仍留武英殿大学士一职，彭蕴章见势不妙，连忙以病求退了。

随着肃顺权力的膨胀，许多官员纷纷趋炎附势，再加上肃顺等人举荐、扶持、支助，至1860年大致形成了以肃顺为核心，包括载垣、端华、穆荫、匡源、杜翰、焦佑瀛、陈孚恩、黄宗汉等人的官僚政治集团。他们大多为"天子近臣"，在宫内外京内外有极大的权势，完全控制了军机处。❸

这一官僚政治集团，在当时被目为"肃党"。

肃顺的政治发迹，与咸丰帝倦怠政务有关，也与肃顺的权术妙用有关，然更不能忽视的，又是他的政见才识。政治家欲爬上高位，必不择手段，但若没有高尚的政治企划心，则属流品低下的阴谋家。肃顺才气横溢，勤于治事，有法家综核之风，有起弊振衰之心。这才是他在政坛上能站住脚的真正原因。

肃顺出生于满族世家，亲身的经历使他最清楚满人的毛病，因而尊敬汉人，优礼贤士。清人笔记中曾录下他毫不掩饰的话：

满人胡涂不通，不能为国家出力，惟知要钱耳。国家遇有

年，第17页。

❸ 至1860年，军机处的组成人员为彭蕴章、穆荫、匡源、杜翰、文祥、焦佑瀛，而彭氏罢位之后，除文祥外，尽是"肃党"。文祥根本起不了多少作用。

大疑难事，非重用汉人不可。

咱们旗人浑蛋多，懂得什么？汉人是得罪不起的，他那枝笔厉害得很！❶

因此，他对手下的旗籍属官眦眶暴戾，驱使有如奴隶；但对汉员却谦恭有礼。更有甚者，他收受贿赂，也只受旗人不受汉人。他若见到汉人中有真才学者，必竭力罗致。邸中名士满座，高谈阔论，意气干云。而肃顺最具远识者，就是他对湘军将帅的倾心推崇。平日与座客谈论，常心折曾国藩之识量、胡林翼之才略，主张由他们执掌兵符。

我们由此可见一有趣的现象：祁寯藻、彭蕴章虽为汉人，但对汉人统率的湘军多加诋毁，文庆、肃顺虽为满人，但对曾国藩等人却极力维护。这是一种反常的现象。若究其原因，不能不说是清朝长久的文化专制引起了汉人的心理和思维的异化，不能不说是清中叶后满洲贵族的迅速腐败而引起满人中有识之士的自我觉察。

肃顺重用湘军的主张，与咸丰帝的旨意有着明显的差别。自1853年后，咸丰帝是越来越不放心汉人，越来越信赖亲贵。军机处的落势，肃顺等人的权重，也正是这一趋势的明显表征。但肃顺却利用各种机会，不失时机地施展微妙手腕。在这一方面，他是一个高手。

后来的名士薛福成在其笔记中记下了两则事例。❷

一是1859年湖广总督官文指使下属参劾湘系重要人物左宗棠。咸丰帝密谕官文："如左宗棠果有不法情事，可即就地正法。"肃顺得知此讯，感到事关重大。左宗棠此时以在籍举人、四品卿衔在湖南巡抚骆秉璋幕府，策划主持一切。左氏一去，湖南必动摇，湘军的后方将会不稳。肃顺决心保左，故意外泄密谕内容。当湘籍京官前来求助时，又暗授机宜："必俟内外臣工有疏保荐"，他方能启齿。于是，在他的策划下，大理寺少卿潘祖荫三次上奏保左，疏言："国家不可

❶《清朝野史大观》卷七，第47至48页。

❸ 薛福成：《庸盦笔记》，第14至15页。

❷ 罗正均：《左宗棠年谱》，岳麓书社，1983年，第70至71页。

一日无湖南，湖南不可一日无宗棠。"❸湖北巡抚胡林翼上奏称左宗棠才可大用，疏云："名满天下，谤亦随之。"咸丰帝此时尚不知左宗棠其人，得奏果然向肃顺询问，并表示了"方今天下多事，左宗棠果长军旅，自当弃瑕录用"的态度。肃顺直到此时见火候恰当才进言：

>   闻左宗棠在湖南巡抚骆秉璋幕中，赞画军谋，迭著成效，骆秉璋之功，皆其功也。人才难得，自当爱惜。

他还建议将保荐左宗棠的各奏折抄录一份，密寄官文，让官文"察酌情况办理"。咸丰帝从之。当官文再次收到谕旨和保荐左氏的抄件，马上意识到中枢欲重用此人，又何敢再加害之？只得草草结案。咸丰帝自此知晓左宗棠大名，不久派为"四品京堂候补，随同曾国藩襄办军务"。左氏亦从此领兵出湘，成为湘军的统帅之一。

左宗棠（1812—1885），湘军的统帅之一

另一则是1860年两江总督何桂清因苏、常失守而革职，咸丰帝准备调湖北巡抚胡林翼为两江总督。肃顺于此及时进言：

> 胡林翼在湖北措注尽善，未可挪动，不如用曾国藩督两江，则上下游俱得人也。

咸丰帝听从了这一意见。曾国藩从此有了督吏筹饷之权，不再空名督师了。

一是救了左宗棠的命，一是成就了曾国藩的事业，肃顺在此中施展了老到圆滑的政治手段，不动声色之间改变了帝意。左、曾两人后来的表现也证明肃顺挽救了清朝。仅仅凭着这一点，不论肃顺如何擅权弄势，仍可以说是清朝最好的"宰相"之一。

在专制社会中，政治的成败往往在君主的一念之间。高明的肃顺正是在一念之间拨正走向。

俄国东西伯利亚总督穆拉维约夫（1809—1881），因侵占中国东北边疆大片领土，被封为"阿穆尔（黑龙江）伯爵"

用严刑以图精治，用湘军以平反叛，肃顺在内政上显示了才识不凡。而在外交上，他亦有可称道之处。

我在第九章中提到，1858年5月，俄国东西伯利亚总督穆拉维约夫以兵威逼清朝黑龙江将军奕山签订了《中俄瑷珲条约》。当此消息传京时，正际清朝与英、法在天津交涉的紧要关头，为让俄国说合，咸丰帝轻率地下旨钦差大臣桂良将此事通知俄使普提雅廷："今俄国已准五口通商（指《中俄天津条约》），又在黑龙江定约（指《瑷珲条约》），诸事皆定，理应为中国出力……"❶ 其中"诸事皆定"一语，潜含着对《瑷珲条约》的承认，这是咸丰帝重大失策之一。

1858年12月，俄国驻北京东正教会监护官彼罗夫斯基（П. Н. Перовкий）奉俄国政府之命，交涉互换《天津条约》事宜。咸丰帝派肃顺为代表，进行谈判，经过一番纠缠，至1859年4月完成换约手续。彼罗夫斯基此时又行文军机处，提出订立《补续和约》八条，要求中俄东部以乌苏里江为界，西部"自沙斌岭卡伦至额尔齐斯河、斋桑湖、又自塔尔巴哈台、伊犁所属地方，至阿拉塔乌山考康（浩罕）为界"。❷ 也就是说，俄国要求将《瑷珲条约》中规定中俄共管的乌苏里江以东地区划归俄国，并在西部提出大片领土要求。

肃顺从俄国的新要求中，看出了《瑷珲条约》的严重性（这也是清政府第一次发现《瑷珲条约》丧权失地）。在他的谋划下，军机处复文对俄方的八项要求逐一批驳，其中关于中俄东部边界，强调"自康熙年间鸣炮誓天，以兴安岭为界"，表明了清政府坚持《尼布楚条约》的立场。在这篇文件里，肃顺有意回避《瑷珲条约》，正企图用曲折的方法来否定它。对于俄国对中国西部的领土要求，则答复称"向有定界，应毋庸议"。❸ 彼罗夫斯基见此，几度嚣嚷，肃顺在谈判中坚持己见，毫不让步。

1859年6月，俄国又派伊格纳切夫（Н. П. Игнатъев）来北京。

❶《清代中俄关系档案史料选编》第3编，中册，中华书局，1979年，第520页。

❷同上书，第666至669页。

❸《清代中俄关系档案史料选编》第3编，下册，第683至684页。

咸丰帝看来对肃顺的表现十分欣赏，再次派他与俄方谈判。伊格纳切夫的主要使命是提出领土要求，尤其是乌苏里江以东地区。肃顺面对的障碍是《瑷珲条约》及"诸事皆定"的谕旨。为此，肃顺定下了两项对策：一是宣布奕山违旨越权，《瑷珲条约》无效；与此相对应的是黑龙江将军奕山革职，黑龙江副都统吉拉明阿戴枷示众。二是宣称清朝皇帝仅同意将黑龙江北岸土地"借"给俄国，但乌苏里江以东的土地绝无争议地属于中国。谈判桌上充满着火药味。肃顺针锋相对地驳斥了俄方的一切要求，并将《瑷珲条约》文本掷在桌上，称其一纸空文，毫无意义。伊格纳切夫行文军机处，指控肃顺，要求更换谈判大臣。军机处对此立即复文，称肃顺"皆系据理直言"。❶

从1859年6月至1860年5月，肃顺与伊格纳切夫的谈判，断断续续，持续了近一年。在整个中国近代历史上，没有一个中国外交代表敢于在谈判桌上表现出如此强硬的态度。伊格纳切夫见势只得离京，登上俄国太平洋舰队的战舰，前往上海，会合英法联军去了。

肃顺自以为胜利了，但后来的结果完全相反。由于黑龙江、吉林的清军已调入关内与太平军作战，俄国此时已经完成了对黑龙江以北、乌苏里江以东地区的军事占领。肃顺在谈判桌上的强硬态度，改变不了前方的敌我态势。外交是讲实力的，并不在于辞令有多么庄严。肃顺的强硬态度，很大程度上还是在用"天朝"的眼光来看待世界。他根本看不起俄国，但不知中国亟须改革而改变自己的落后状态。他的门客、后来的名士王闿运曾向他要求担当出访俄罗斯的正使，他不同意，告诉王闿运，"那可甘粗使！"❷

伊格纳切夫这一次虽没有得手，但不久后随英法联军来到了北京，狐假虎威，胆小的奕䜣同意了俄国的全部要求。而肃顺此时正随咸丰帝躲在热河。

❶《清代中俄关系档案史料选编》第3编，下册，第792页。

❷黄濬：《花随人圣盫摭忆》，上海书店印行，1983年，第430页。

十二　京师与热河之间

咸丰帝在逃离北京的那一天，1860年9月22日，已经陷于他一生中最大的绝望。宗庙社稷在心中远去，最最起作用的似乎只是一种逃生的本能。然而在此一片混乱之际，他还是作出了一个后人看来颇有眼光的决定：选择他的六弟恭亲王奕䜣来处理危局。

一个人在混乱中作出正确的决定，是因为这个决定在他心中已经潜藏了很久，只不过在平常中他有意不肯用罢了。

咸丰帝此时起用奕䜣，是知道六弟的才能。咸丰帝此前不用奕䜣，是对六弟的猜嫌。

同生于一个父亲，同养于一个母亲，自九岁时生母孝全皇后钮祜禄氏去世后，至十九岁登上皇位，

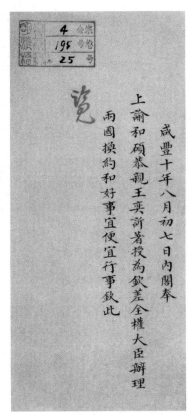

咸丰帝上谕底稿

咸丰帝与奕䜣共同生活了十年，朝夕相处。咸丰帝虽然没有识辨人才的本领，但他知道，这位仅年少一岁多的弟弟，本事比朕要大。尽管今天的许多人认为，应当由奕䜣来继承皇位，奕䯄是抢了他弟弟的位子，而在咸丰帝的心中，情况正好相反，这一位六弟差一点抢了朕的皇位。

但是，局势败坏到如此田地，已容不得咸丰帝计较前嫌，委托给自己的六弟总比外人更可靠吧。

咸丰帝逃往了热河，恭亲王留在了京师。

临危受命，对奕䜣说来已不是第一次了。

自父亲道光帝去世后，奕䜣似乎是一夜成熟。父亲封他亲王的遗诏，既使他感到失意，也使他感觉到父亲绵绵的爱意。政坛败将是危险的。昔日的四哥，已成了当今的天子。一切再也不能像过去那样了，曹子建的教训悄悄潜入了他早熟的心田。

在咸丰帝初政的阶段，兄弟关系至少在表面还找不出多少毛病。咸丰帝平时住在圆明园，便将附属的一处园林"春和园"赏赐给他，并亲赐御名"朗润园"。到了1852年，奕䜣虚岁二十了，按皇家制度不应再住在皇宫内而当分府，咸丰帝又将乾隆时权臣和珅的宅第给了他。"朗润园"，恭王府，均是当时的邸院精华，至今在北京仍甚有名气。这种过分的优惠待遇充分显示了兄长今非昔比的身份和仁爱包容的大度，或许里面也有一点点歉意？

恭亲王奕䜣此时尽量地调整关系，不光是兄弟了，更重要的是君臣！他自知若要保全，须得自贬，须得颂"圣"。于是便利用各种机会赞扬四哥的"明德"，装出一副自叹不如的模样。他与咸丰帝的唱和诗章，后来编成《赓献集》，共有五十首之多，全是这一类的恭维之作，读起来并没有多少真情，但绝无一丝一毫的不敬。

❶ 怡亲王胤祥可以认为是军机处的前身军机房的第一位入值者，但毕竟不是正式的军机大臣。军机处正式建立时，他已经去世。雍正帝死后，新继位的乾隆帝任命皇叔庄亲王胤禄、果亲王胤礼为总理事务王大臣，实际上行使军机大臣的

1853年秋，太平天国北伐军逼近北京，咸丰帝开始启用奕䜣，先是命他署理领侍卫内大臣，办理京城巡防事宜，不久后又命他为军机大臣，直接参与政务了。

在清朝的历史上，皇弟协理朝政多是入关前旗主制度时期之事，当然不利于皇权的巩固。但定制以后仍有一个明显的例外，即我在前面提到的第一代怡亲王、雍正帝的十三弟胤祥。可自从雍正帝1730年正式建立军机处之后，没有一位亲王能入值为军机大臣。❶其用意自然是防止宗藩势盛危及皇权。嘉庆年间成亲王永瑆一度受命入值军机处，但以与定制不符当年便退出。❷

咸丰帝命奕䜣入值军机处，明显违反了祖制。而这种违制的做法正说明了局势有多么危急。

从1853年11月至1855年9月，奕䜣在军机处值事一年零十个月，以名分之尊，位居领班。他虽然没有什么政治经验，但凭着他的几分才华，加上兢兢业业兼小心翼翼，也竟然帮着咸丰帝渡过难关。少年老成，为政中和，恭亲王在军机处的作为颇有古风。知道内情的人自然会想到他的岳父、在咸丰朝升至文华殿大学士的精明老臣桂良。1854年，咸丰帝颁给奕䜣一幅御笔亲书的堂额——"屏翰宣勤"❸，并授其为宗人府宗令、正黄旗满洲都统。然而，就在兄弟关系日见融洽之时，又来了场暴风雨。

1855年夏，奕䜣的生母博尔济锦氏病重。对于这位有十年养育之恩的养母，咸丰帝充满感激之情，登位后尊为皇考康慈皇贵太妃，宫居寿康宫，园居绮春园，都按皇太后的规制。若无重要政务不得离身，他每天都去康慈皇贵太妃处请安。此时养母病重，更牵动他的心，天天前往探病。

作为亲生子的恭亲王奕䜣，此时更是悲痛万分。眼看着皇额娘病势无可逆转，他更想用非常的办法让生母的最后几天能高兴，能荣光，

权力，但军机处此时已取消名义，等到乾隆帝服满后，胤禄、胤礼又自请解职。军机处的名义恢复。

❷梁章钜、朱智：《枢垣记略》，第130页。

❸同上书，第289页。

奕䜣的生母、咸丰帝的养母静妃像。清宫廷画家绘。盖有"道光御览之宝"印,属道光帝钦赏之作。图中文字为:"道光十三年八月十五日晋封静贵妃"

能心满意足地离开人间。

康慈皇贵太妃在道光末年以静皇贵妃的身份,摄六宫事,距皇后仅一步之遥,但皇后这一当时女子最尊贵的凤冠始终没有戴到头上。这是她一生最大的憾事。虽说到了此时她的一切生活待遇比照皇太后之例,但毕竟有礼制上的差别。特别是死后,皇太后可以升附太庙,合葬于皇陵,与死去的夫君共同升入天堂。如果说天下男人最重功利的话,那么,天下女子最念名分。恭亲王奕䜣深知生母的这块心病,决心向咸丰帝请下这一名分来。

一日,咸丰帝去探视康慈皇贵太妃,在门口恰遇奕䜣从太妃寝宫出来,询及病况,奕䜣跪在地上流着眼泪回道:"已经不行了,想要等一个封号方可瞑目。"咸丰帝不在意地答道："哦，哦。"奕䜣听到此语，喜出望外，立即跑到军机处，传"旨"令礼部查制具奏。礼部据此上奏，请尊康慈皇贵太妃为康慈皇太后。

咸丰帝看到礼部这一奏折，怒不可遏。他没有想到自己随口"哦，哦"两声，会引出这么一个后果。清代并无嗣皇帝尊先皇帝妃嫔为皇太后之先例，只有尊嗣皇帝生母为皇太后的定制。自顺治帝起，康熙帝、雍正帝、乾隆帝、嘉庆帝接连五个皇帝皆为庶出，生母都尊为太后。此时，咸丰帝尚未生子，六弟奕䜣的生母却要尊为太后，怎能不引起咸丰帝的疑忌？

如果我们再联系野史中称康慈皇贵太妃病重时误将奕詝当奕䜣，提到道光帝曾有意立奕䜣为储的故事，就更能理解咸丰帝此时的心情。六弟奕䜣平日毫无差错，此次分明是矫旨，显然别有用意。当年兄弟俩争夺皇位的种种情节，瞬间全部涌进咸丰帝的脑海。他真想把礼部的奏折撕个粉碎。

一旦冷静下来，咸丰帝才真正知道自己的麻烦所在。康慈皇贵太妃养朕十年，平日已尊为母，种种孝子情状已为宫内外尽知。若无礼部奏折，还倒好办，若礼部奏折上达后被驳回，岂不是朕的不孝？再说礼部只知是奉旨具奏，驳回等于出尔反尔，朕的威信何在？若说明朕无此意，即为宣告六弟矫旨，那是杀头的罪名，岂不是养母未亡先绝兄弟，朕将仁义天良丧尽！不得已，咸丰帝只能批准此奏，尽管心中绝不愿意。

1855年8月22日，受封号仅九天的康慈皇太后不留遗憾地升天了。

1855年9月1日，咸丰帝扶柩送康慈皇太后的梓宫由紫禁城康宁宫至圆明园之绮春园后，颁下一道朱谕，称"恭亲王奕䜣于一切礼仪多有疏略之处"，革去军机大臣、宗人府宗令、正黄旗满洲都统等职，并不准他再办理丧仪，发回上书房"读书"。在这道朱谕的最后，有一句意味深长的话：

> 俾自知敬慎，勿再蹈愆尤，以副朕成全之至意。❶

很可能当时只有他们兄弟两人知道这句话的真意。不明真相的旁观者闻之感到诧异，奕䜣怎么会对其生母的丧仪"多有疏略之处"呢？

过不了多久，旁观者也能看出点名堂来了。两个月后，咸丰帝上养母博尔济锦氏尊号为"孝静康慈弼天辅圣皇后"，尊号只有八字，而不是例行的十二字；更要紧的是，尊号里少了一个"成"字。道光帝死后的尊号为"成皇帝"，皇后、皇太后死后的尊号当然称为"成皇后"。少了这么一个"成"字，自然不能升附太庙。两年后，大行皇太后的梓宫葬于道光帝慕陵之东的妃园寝，升格为"慕东陵"。这又开了清代皇太后丧仪的特例。❷

奕䜣好不容易为生母争来了皇太后的名分，仍使她孤零零地独葬于慕东陵，自己也被赶出权力中心。但他仍不甘心。咸丰帝死后，奕䜣掌权，再次尊生母为"成皇后"，行附庙礼，终了心愿。此是后话。❸

而咸丰帝此时能够毫无顾惜地罢斥奕䜣，还有一个客观原因，就是当年5月太平天国北伐军覆没。北方的军情已经缓解。到了这个时候，用不用奕䜣，没有多大关系了。

飞鸟尽，良弓藏。

赋闲五年期间，恭亲王奕䜣经常想到重返政坛，但此次复出，并没有让他感到丝毫的兴奋，军国社稷命运要靠自己一手来挽回，责任重大如天。当他手捧咸丰帝朱谕出圆明园大门时，心乱如麻，不知如何是好，尽管身边站着已与"逆夷"交手多次的岳父桂良。

自第二次鸦片战争爆发以来，奕䜣曾单衔或领衔上呈多道奏折。

❶《清实录》第42册，第920页。

❷咸丰帝的生母孝全皇太后和其他两位皇太后与道光帝合葬于慕陵。慕东陵原为妃园寝，入葬奕䜣生母后，升格为陵。咸丰帝一不护送梓宫，二不参加葬礼，以表示其不满的态度。

上为奕䜣生母孝静成皇后谥宝,下为咸丰帝生母孝全成皇后谥宝。孝静皇后谥号祺祥政变后改为"孝静康慈懿昭端惠弼天抚圣成皇后",光绪元年加"庄仁",宣统元年加"和慎"。其谥宝印文为"孝静康慈懿昭端惠庄仁和慎弼天抚圣成皇后之宝",与孝全成皇后印文"孝全慈敬宽仁端悫安惠诚敏符天笃圣成皇后之宝",规制完全相等

观其主旨,仍是武力抵抗。然这种具有正义性的见解明显地不具有可行性,是建立在对敌情的无知之上的——清朝当时并无武力抵抗的实力。奕䜣此时受命为钦差大臣后,京城里还有一些官员高唱"剿夷",但他已明白,此时只能与对手讲和了。

既然手中没有决战制胜的武力,又要迫凶狠的英、法退兵,奕䜣发现手中还有一张王牌,即被关押的巴夏礼一行。他的第一招,就是9月24日向英法发出了先退兵、后释俘的照会。

❸ 咸丰帝去世后十天,孝静皇后谥号增加"端淑"两字;祺祥政变后,改为增加"懿昭端惠"四字,与皇后谥号字数相同,并系宣宗庙谥,称"成皇后"。1862年,在慕东陵举行加谥礼,其神碑升附太庙、奉先殿。

尚在途中的咸丰帝，对奕䜣的这一对策没有表示直接的态度，在奕䜣的奏折上朱批道：

> 览奏均悉。此后情形，实难预料，亦不便遥为指示，只有相机而行。❶

咸丰帝的这一谕旨表面上是放权，但恭亲王奕䜣深知权力有限。"不便遥为指示"实际上是没有对策可"指示"机宜的代名词。

奕䜣的以释俘换退兵的方案，立即遭到了英、法的拒绝。英使额尔金、法使葛罗的照会态度十分强硬，宣布若在三天内不释放全部俘虏，将立刻攻打北京！

到了这个时候，9月27日，奕䜣亮出了自己真正的底牌：

> 所有在天津议定和约，自必一一皆准，本爵必不失信……至亲递国书一节，俟贵大臣到京日，选择严肃处所，设立香案，由本爵代接贵国国书，置之案上，以昭礼敬。

这就是说，清朝可以同意英法以往提出的各项要求，但只有一条决不让步，那就是"面见皇帝亲递国书"。为此奕䜣提出了折中办法，由他出面代表大皇帝，并用香案等仪，表示与皇帝亲接无异。至于巴夏礼等人，奕䜣强调"将来换定和议，必定送还"。❷

咸丰帝到达热河的当天（9月30日）收到奕䜣的奏折。他对奕䜣的处理办法十分满意，谕旨中称"恭亲王等给予照会，措词均尚得体"。他在再次强调了"不为遥制"的空言后，提出了一个总体要求：

❶《筹办夷务始末》咸丰朝，第7册，第2356至2358页。

❷《第二次鸦片战争》第5册，第133至134页。

总期抚局速成，和约已换，国书已递，朕即可及早回銮，镇定人心，并保全亿万生灵之命，回銮后不至再生枝节，方为妥善。❸

从此谕来看，咸丰帝的主旨是迅速致成和局。他对和约内容并无任何意见，却专门指出不准出现"亲递国书"的场面。

旨意十分明确。

由于观念的不同，英、法方面似乎没有理解奕䜣的本意。他们的复照主要是坚持立即释放巴夏礼等人，法使葛罗对亲递国书未置一词，英使额尔金的照会却说了一段让奕䜣不得要领的话：

至于我大君主亲笔国书一节，赍呈大皇帝御览之礼，除亲递外，别无他仪。不尽此礼，则国书不便呈上。惟查前文所论赍递国书，原为敦好交接之典，本大臣向未列入准此动兵之议。可见贵亲王似怀更有别节之疑，实系无端之揣测。❹

这一段照会的翻译太成问题了。额尔金强调了国书必须亲递的西方礼节，又强调了这种礼节是"敦好"之典。但是"未列入准此动兵之议"的意思很不明确，据后来的英方文件，这句话的意思是，"没有将亲递国书一事列为此次起兵的要求"，也就是说，没有要求将此事明确列入和约内容。这层意思奕䜣没有看出来。

奕䜣收到英法的照会，立即复照，再次说明大皇帝已经"秋狝"，国书只能由他"恭代接收"。他要求英、法迅速退兵，议定和约后才将巴夏礼送回，否则巴夏礼一行"恐终难于保全"。当日奕䜣给咸丰帝的奏折中称，已劝巴夏礼致书退兵，若英法进攻北京城，将巴夏礼"立即正法"。

❸ 同上书，第 144 页。

❹ 同上书，第 140 页。

奕䜣的态度接近于开战，但又知战守皆不足恃。他如此行事，是因为自知虽有"全权"之名，并无"全权"之实。他怎么敢在"亲递"一事上有所差池呢？他在奏折上反复强调兵将怯战，自称将殚尽血诚，力图挽救，一副毫无把握的样子。❶很显然，他是将难题上交，把皮球踢到热河去了。

奕䜣的奏折于9月30日发出，咸丰帝在热河10月2日收到。奕䜣那种不惜决裂的姿态使他立即软了下来，指示将巴夏礼等人全行释放，以示大方，"尚可冀从此罢兵之议"。至于"亲递国书"一节，咸丰帝似乎看懂了"未列入准此动兵之议"，提醒奕䜣英、法不至于因"亲递"一事达不成协议而"再致决裂"。咸丰帝的谕旨虽未下最后的结论，仍让奕䜣"参酌办理"，但很明显地露出不愿开战的意思。❷

皮球又踢了回来。这一道谕旨于10月4日递到奕䜣手中。

奕䜣已没有时间等待谕旨了，他派人去狱中与巴夏礼谈判。巴夏礼关于"亲递国书"的一番说明，使他看到了光明：

此节（指亲递国书）原非条约可比，彼此无庸勉强。

事情既可如此处置，还有什么可犹豫的呢？于是，奕䜣于10月5日照会额尔金：

既然如此，则诸事无庸再相疑惑，自可盖印画押，坚定和议，永敦和好。

他甚至还提议，他可以在北京城内与巴夏礼将一切谈妥，"写入续增

❶《第二次鸦片战争》第5册，第139至140、142页。

❷同上书，第151页。

条约",免得将来再有辩论。❸

而释放巴夏礼的谕旨,奕䜣却不以为然。这是他手中唯一的王牌,他还指望这一人质将使英法联军有所顾忌。他认为巴夏礼因被捕而衔恨甚深,一旦释放,英法必定肆其毒螫。他的这一想法,后来也为热河的咸丰帝认可。

英法联军并没有因巴夏礼在押而停止军事行动,而是听说咸丰帝尚在圆明园而向圆明园进攻。到了此时,奕䜣发现自己的各种设计全是一厢情愿,统统无效,只能下令释放巴夏礼。

以人质来阻挡英法的进攻,是奕䜣不识侵略者的本性。以阻止"亲递国书"作为其外交的第一要义,是奕䜣不懂得国际惯例。所有一切表明,这位年轻聪明的亲王柄政之初全盘皆错,并无高明之处。他是"天朝"中的人,浑身都是旧时代的痕迹。

此后的情节发展,完全由英法自编自导自演,奕䜣成了历史舞台上的配角,完全听人摆布。他虽然也有一些小的抗争,但都不足以影响剧情的发展。只要不提"亲递国书",没有什么不好商量的,而英、法也真的没有提出这一点来。

1860年10月24日,根据英、法的安排,奕䜣来到了北京城内的清朝礼部大堂,与英使额尔金签订了《中英续增条约》(又称《中英北京条约》),并互换了《中英天津条约》的批准书。次日,10月25日,礼部大堂上再次上演了相同的一幕,奕䜣与法使葛罗签订了《中法续增条约》(又称《中法北京条约》),并互换了《中法天津条约》的批准书。

《中英北京条约》共九款、《中法北京条约》共十款,主要内容为:

一、割让九龙予英国。❹

❸ 同上书,第158页。

❹ 在《中英北京条约》签订以前,两广总督劳崇光于1860年3月20日竟然稀里糊涂地将九龙半岛以每年五百两银子的代价永远租给了英国政府。

二、对英赔款由四百万两增至八百万两，对法赔款由二百万两增至八百万两。

三、开天津为通商口岸。

四、准许华工出国。

五、归还以前没收的天主教教产。

毫无疑问，这两项条约对中国利益损害甚大。条约签字前，奕䜣也没有将此内容上奏请旨（英法不容讨论，请旨亦无用）。他唯恐此事为人攻讦，呈送条约抄本时有所顾忌，奏称：

……种种错误，虽由顾全大局，而扪心自问，目前之所失既多，日后之贻害无已，实属办理未臻妥协，相应请旨分别议处，

西人笔下的中英《北京条约》签字仪式。签字仪式在冷淡对立的气氛中进行，额尔金故意迟到两个多小时，且对前去迎接的恭亲王佯装未见，径直走向签字大厅。奕䜣自奉命议和后，第一次见到自己的对手，受到此羞辱，又不得不忍气吞声，深受刺激

法国使团

以示惩儆。❶

这一段言不由衷的话,像是说给咸丰帝身边的肃顺听的。

如果奕䜣知道国际惯例,早早宣布无条件投降,早早顺从英、法的要求(就像后来那样),就不会有从9月22日至10月25日这一个多月心力交瘁的磨难。但若如此,在热河的咸丰帝肯定会因此事办得太容易而责怪奕䜣没有尽心竭力,肯定对条约内容提出种种责难,就像他以前经常做的那样。与奕䜣一样,咸丰帝出京后的一个多月吃尽了苦头,一直在焦心等待抚议成功的消息,唯恐战火蔓延,因而看到奕䜣送来的条约,反而有一种如释重负的感觉。他立即批准了条约,并在谕旨中体恤地称:"恭亲王办理抚局,本属不宜,朕亦深谅苦衷。"

❶《筹办夷务始末》咸丰朝,第7册,第2499页。该折是奕䜣、桂良、文祥三人联衔上奏的,因而称"分别议处"。

十二 京师与热河之间 | 259

对自请处分一事，表示"毋庸议"。

尽管咸丰帝对条约本身并无任何意见，但还是发现了奕䜣在交涉中未尽如人意的地方。他仔细查看了奕䜣与英、法使节的来往照会后，严肃地提醒道：

> 其亲递国书一节，虽经巴酋与恒祺言及，作为罢论，照会中究未提及，亦须得有确信。❶

咸丰帝的这一担心不是没有必要的。11月3日，额尔金谒见奕䜣，谈了两个小时。其中的一个重点，就是亲觐皇帝递交国书一事。奕䜣引用额尔金照会中"未列入准此动兵之议"一句，婉言予以拒绝。额尔金亦没有继续坚持下去。奕䜣在奏折中用了一个不肯定的答复，"或能即作罢论"。

虽说奕䜣的这份奏折报告了英法联军已约定期限撤离北京的喜讯，然关于亲递国书这么一个重大问题，仅作了一个模棱两可的答复，咸丰帝大为光火。此事不作彻底解决，让朕如何回銮？他在该奏折尾上写下一段言词极重的朱批：

> 二夷虽已换约，难保其明春必不反复。若不能将亲递国书一层消弭，祸将未艾。即或暂时允许作为罢论，回銮后复自津至京，要挟无已，朕惟尔等是问！此次夷务步步不得手，致令夷酋面见朕弟，已属不成事体。若复任其肆行无忌，我大清尚有人耶！❷

不要说亲递国书，原来在咸丰帝的心目中，他的弟弟与"夷酋"会面，也是"不成事体"的莫大羞辱。这也是咸丰帝派奕䜣主办和局以来最

---

❶《筹办夷务始末》咸丰朝，第7册，第2503页。引文中"巴酋"指巴夏礼，"恒祺"是奕䜣派往与巴夏礼在狱中谈判的清朝官员。

严厉的训斥!

中英、中法《北京条约》属城下之盟,其条件再屈辱、再苛刻也是无奈。就个人责任而言,恭亲王奕䜣签订此条约并无大罪。当英法联军如约从北京撤往天津时,京城的官员百姓简直将奕䜣视为救主。

然而,此时奕䜣与俄使伊格纳切夫的谈判,情况就完全不同了。

自1860年5月伊格纳切夫与肃顺谈判处处失败后,取道天津,由海路南下上海。他一面向英、法提供了京、津地区的军事政治情报,怂恿扩大侵略,一面在英法兵胜之际频频向清政府示意,愿意"善为说合"。清朝官员对俄方的"说合"已有领教,虽有初步的接触,但未上钩。

当1860年10月13日英法联军占据安定门,控制北京后,奕䜣立即乱了手脚。他派人与伊格纳切夫接洽,请他出面调停。伊格纳切夫乘机提出了三项条件:一、由奕䜣书面提出请求;二、清政府的谈判内容须事先征求他的意见;三、领土问题上须同意他先前提出的要求。处于危急之中急欲求和的奕䜣,已不敢放弃任何一根救命稻草,眼前即使是毒药也敢喝下去,在照会中称:"如能一切妥协,其贵国未定之件,自易速议办理,应请贵大臣无庸多虑也。"❸

以后俄方的"调停",不过是以"调停者"的身份,引导奕䜣步步顺从英、法的要求。中英、中法《北京条约》签订后,英使额尔金、法使葛罗对伊格纳切夫的出色"调停"工作感激不尽。而伊格纳切夫反过来又以"调停"有功,向奕䜣索要报酬了。

奕䜣并不知道伊格纳切夫在清朝与英、法谈判中的真面目,也准备对俄国有所酬谢。当他看到伊格纳切夫多达十五条的条约草案时,也不免大吃一惊。俄方竟然提出开北京为通商口岸!但此时的奕䜣惊魂未定,经受不住任何威胁,俄使照会中"兵端不难屡兴"一语敲打着他的神经。他更怀疑伊格纳切夫与英、法已串通一气,可能会唆使英、法"变生意外"。甚至到了英法联军已经从北京退兵后,也居然相信俄使所宣

❷《第二次鸦片战争》第
　5册,第238至239页。

❸ 同上书,第213页。

称的若不允条件将"召回"英法联军的大话。至于北疆的俄国陆师,海洋上的俄国舰队,此时虽尚无准备,但也屡屡从伊格纳切夫的口中吐出,成为即刻可以刺中清朝要害的利箭。奕䜣胆怯了,退让了。

同与英、法的谈判不同,奕䜣将中俄谈判的详细情节频频上奏于咸丰帝。然而奕䜣的那种夹带分析地转述俄方要挟的奏折,使咸丰帝比奕䜣更为恐惧。第二次鸦片战争已经彻底将他打怕了。只要不再开战,什么样的条件都已经无所谓了。签约只是丢掉些据说是荒无人烟的土地,开战将会使朕皇冠落地。因而他得知俄方不再要求辟北京为通商口岸后,下旨曰:"事势至此,不得不委曲将就",让奕䜣与俄方签约了。❶

恭亲王奕䜣(1833—1898),咸丰帝去世后与慈禧太后主持朝政数十年

❶《筹办夷务始末》咸丰朝,第7册,第2560页。

1860年11月4日，根据咸丰帝的谕旨，奕䜣赴北京城宣武门一带的俄罗斯南馆同伊格纳切夫签订了《中俄北京条约》。该条约共有十五款，其核心内容为：

一、中俄东部以黑龙江、乌苏里江为界。这不仅承认了《瑷珲条约》，而且将《瑷珲条约》规定"中俄共管"的乌苏里江以东的领土也划归俄国了。中国为此丢失了100多万平方公里的土地。

二、中俄西部边界将顺山岭走向、大河流向及清军卡伦路线而划定。据此派生出来的《中俄勘分西北界约记》，又使中国损失了44万平方公里的领土。

据此，今天的人们完全有理由称，《中俄北京条约》是中国近代史上祸害中国最为深重的条约，是中国近代史上最大的不平等条约。

然而，更让今天的人们吃惊的是，咸丰帝不仅没有看出西部划界会给中国带来多大的损害，就连本属龙兴之地的东部领土的丢失，也没有引起他的痛心。在上奏中俄条约草本的同时，奕䜣还上了一道奏折，说明"亲递国书"一事已派员在天津交涉，但尚未有结果。咸丰帝为此破口大骂，指责奕䜣办理不当，而对中俄条约却没有挑任何毛病。

丧地事小，丧礼事大，这是咸丰帝心中称出来的分量。

一年后，恭亲王奕䜣与某一外国外交官公事之余闲谈，当他听到英法联军在条约签订后"丝毫没有意思在中国留下一兵一卒"，一下子惊呆了，马上联想起伊格纳切夫的讹诈。他佯装镇静地问道："你是不是说我们被欺骗了？"对方答道："完完全全被欺骗了。"一直以为英法退兵有伊格纳切夫调停之功的奕䜣，一下子显露出灰心丧气的神态。❷他可能已经后悔了。而咸丰帝此时连后悔药都吃不上了。他已经去世了。

我在本章的开头，提到咸丰帝起用奕䜣是一项明智的选择，并非是指奕䜣在议和中的表现。咸丰帝若选择其他人，也可能达到这一结

---

❷《第二次鸦片战争》第6册，第545页。

局,或者说,奕䜣在议和过程并没有显示出足以令人称道的高明之处。然在议和之后,情况大不相同。这一位年仅27岁的青年,表现出极高的悟性、好学精神和接受新事物的勇气。

与英、法的谈判过程中,奕䜣发现这些志在通商的西"夷",完全不同于历史上那些问鼎犯边、争城夺地的"蛮狄"。英、法两国在签订条约后,竟能如约撤军南返,更使他看到素来被称为"性同犬羊"的"夷"人也有信义。这种新认识,使他从"天朝"的思维模式中走了出来,用新的眼光打量这些已与清朝打了二十年官方交道而又完全陌生的"夷"人。

根据清朝已经在第二次鸦片战争中失败的事实,根据俄国扩大侵略的势头,根据南中国太平天国等反清起义声势正炽的状况,奕䜣于1861年1月11日上了一道长达四千余字的《通筹夷务全局酌拟章程六条折》❶,提出了"灭发、捻为先,治俄次之,治英又次之"的战略决策。特别有意思的是,他将清朝与英、法等国的关系,比拟为三国时期蜀国与吴国的关系,"蜀与吴仇敌也,而诸葛亮秉政,仍遣使通好,约共讨魏",这种将"天朝"与"蛮夷"平起平坐的比拟方法,已经体现出平等国家的思想,这种"天朝"与"蛮夷"之间"遣使通好",以便尽快击败"发"(太平天国)、"捻"(捻军)的思想,更是惊世之论。

根据这一思想,奕䜣提出了六条建策,其中获准并在后来历史中起到极大作用的有三条:

一、在北京建立"总理各国事务衙门",专理外交事务,以亲王、大臣领之。这是中国历史上第一个具有近代意义的外交机构。

二、南北通商口岸分设大臣。最初在天津设立"办理三口通商大臣",后改为由直隶总督例兼,称"北洋大臣";在上海的钦差大臣管理南方各口通商事务,后由两江总督例兼,称"南洋大臣"。❷

三、在北京设立"同文馆",选青年人入内学习外国语。

❶《第二次鸦片战争》第5册,第340至346页。

❷ 曾国藩接任两江总督后,原由两江总督例兼的管理五口通商事务的钦差大臣,由当时退缩在上海的江苏巡抚薛焕兼任。李鸿章率湘军至上海接任江苏巡抚,薛焕成了专职的"头品顶戴管理通商事务钦差大臣"。不

中国第一个近代外交机构——总理衙门，后于1901年改为外务部

奕䜣的这一奏折在今天许多历史学家看来，吹响了后来"同（治）光（绪）新政"的号角。而1861年2月成立的以奕䜣为首的总理衙门，立即显示出不同于传统的六部九卿的"新潮"气派。不久后举凡一切与外国有关又不属六部事务的政要，如关税、学堂、铁路、电报、海防、矿务、传教等，都归由总理衙门管辖。❸由此，总理衙门成为同、光两朝洋务运动的领率机构。

传统的国度里由此注入了新的因素。而这些新因素又随着时代的要求急速膨胀。新生事物常常具备着不可抗拒的力量。由此为起点，中国的近代化开始了缓慢且艰难的启动了。

鸦片战争失败后，道光帝囿于传统，未能总结出真正的经验教训，"天朝"之中没有任何新气象。今天的历史学家无不为之扼腕叹息：中国白白损失了二十年的光阴。

久后，薛焕调京，钦差大臣一职由江苏巡抚李鸿章兼任。李鸿章升任两江总督后，钦差大臣一职改称南洋大臣，仍由他兼任。此后，两江总督兼任南洋大臣成为定制。

❸这些被后人称为"洋务"的新生事物，很大程度上是奕䜣等人创办或创造出来的。在当时未设立新机构的情况下，这些与外交事务有别的新政，归于"洋务派"把持的总理衙门管理，也是顺理成章之事。

十二 京师与热河之间

同文馆

第二次鸦片战争失败后，奕䜣敢于作新思维，并利用手中的权力有一些新振作，今人作对照比较后更能体会到此中的可贵，尽管奕䜣的新振作以今天的标准来衡量，又是多么的差强人意。

在奕䜣的奏请下，借用法国、俄国军队协助镇压太平天国（时称"借师助剿"）在清政府高层中进行了认真讨论。❶根据当时的现实情况，奕䜣先后任命了英国人李泰国（H.N.Lay）、赫德（R.Hart）为总税务司。❷由于当时俄国主动表示赠送洋枪洋炮的意愿，奕䜣还计划用新式武器来装备、训练清军。❸这些都是传统国度中闻所未闻的新鲜事情。

❶ "借师助剿"发端于1853年，当时的署理两江总督杨文定等人令苏松太道吴煦"雇备夷船"，以"合力剿贼"。咸丰帝基于"尊王攘夷"之戒律，明令禁止。但上海的官绅不管这一套，明的不行，便行暗策，以私人雇买的方式，配置大小"洋船"31艘，雇用一些外籍水手，在镇江一带配合清军作战。1855年，在上海官绅的操办下，法军又配合清军进攻上海的小刀会。此时的"借师助剿"，表面上有"私对私"的味道，中外官府名义上未介入，但在此背后，又可以明显地看见地方官不顾圣旨与外国领事联手，暗中操作。1860年，太平军东征苏、常，两江总督何桂清出面请英法联军保全上海，上海官绅雇用的以美国人华尔（F.T.Ward）为首的"洋枪队"，亦在上海成立。咸丰帝对此极为不满，斥之"纰缪已极"，并多次下令解散"洋枪队"。战后议和时，法国、俄国多次向奕䜣表示愿意出兵帮助清王朝镇压太平天国。奕䜣对此很有兴趣，急忙上奏请旨。虽然此次讨论并没有同意法军和俄国加入内战，但奕䜣从此建立起一个思想，即对外国军队、外籍军人既利用又限制。

赫德（1835—1911），英国人。1863年任总税务司，控制中国海关长达45年，制定并推行西式管理中国海关的制度，并注重近代海事、邮政诸建设。1908年离开中国

这一思想在同治朝得以贯彻。

❷ 1853年上海小刀会起义，占领县城，英法领事以中立为由，不准许清朝官员在租界内的江海关原址办公。上海海关的征税陷于停顿。两江总督怡良因军费短绌，于1854年派苏松太道兼江海关监督吴健彰与英、美、法领事谈判，最后同意三国领事各推荐一人，"帮办"上海海关事务。由此，中国当时最大的进出口岸上海的海关管理权，落于外人之手。1858年，中英、中美、中法《通商章程善后条约：海关税则》规定："任凭"清政府"邀请"英、美、法人士"帮办税务"。1859年，两江总督兼钦差大臣何桂清"札谕"英国驻上海副领事李泰国为"总税务司"，凡各通商口岸选募的外国人由李泰国负责。奕訢在总理衙门成立后，重新"札委"李泰国为总税务司，总税务司一职也由管理通商事务的钦差大臣转隶属于总理衙门。1861年李泰国回国治病，根据李泰国的推荐，奕訢札委赫德署理总税务司，后又改实任。由外人操纵中国海关，是对中国主权的破坏；但这些"洋员"把持的新海关，改变了中古式的税收办法（即每年上交一笔固定的税款给户部，其余由海关监督自行使用，大多用于中饱或行贿），引进了西方的会计制度，使得污秽不堪的海关部门消除了贪污贿赂，使清政府税收大增，成为清政府的主要财政收入之一。海关也因此变成清政府中最有行政效率的部门。

❸ 1858年《中俄天津条约》签订后，俄方提出愿意赠送清朝一万支步枪，五十尊大炮，另派军事教官教习使用。经桂良请旨后，咸丰帝同意接受。俄使伊格纳切夫的最初身份，就是"军事援助团"的团长。后因故这批武器并未运达。《中俄北京条约》签订后，俄方再提此事，奕訢请旨同意接收。于是，他还奏请派清兵去恰克图学习使用方法。俄国武器最终到达的数量为步枪两千支，大炮六尊，炸炮五百件。其余因奕訢看出俄方的险恶用心而予以拒绝。奕訢虽不是第一个倡导使用西方先进武器的，但他的这种开明态度，对后来西方武器的引进和生产起到了很大的推进作用。

毫无疑问，奕䜣热衷于西方事务的姿态，背离了传统的祖制。在西方外交官拍手叫好的同时，也使许多守旧的官员感到不适，暗地里送他一个外号——"鬼子六"。

除此之外，奕䜣的另一项工作是恢复首都的秩序。

英法联军的攻势，咸丰皇帝的"秋狝"，使京城陷于混乱，与富绅大户的逃难相"辉映"的是官员们纷纷作鸟兽散。各官署衙门中已无人办公，国家机器陷于瘫痪。土匪盗贼也乘机生事。百姓们紧闭家门，不敢出外。

英法联军退出后，奕䜣也从城外迁至城内。这一种姿态本身就成了一种政治行为，一下子起到了镇定人心的作用。逃难的人们返回了，关闭的店铺开张营业了。散逸的官员们编造了各种堂皇的理由后，又重新坐在官椅上，发号施令起来。一度消失的清兵们又在城内外各堆拨栅栏前值勤，刺耳的叱喝声如从前一样响亮。作为全国政治中心的北京逐渐井然有序，国家行政的中枢开始运作了。

也就在这项工作中，奕䜣完成了身份的转换，由办理和局的"钦差便宜行事全权大臣"，变为督率京内百官的"在京办事王大臣"了。

肃顺为政苛烈严治，为人飞扬跋扈，弄得积怨甚重。京城的官员大多对肃顺恨惧交加，就像大学士周祖培、翁心存那样的高官，都提心吊胆地过日子。"倒肃"的私议在京官中浮动。而奕䜣为政宽和中庸，且能推陈出新。他带来了一股清新的空气。尤其在当时那么危险的绝境中，这位手无寸铁的青年王爷，竟然能转危为安，退敌万里。在许多不知底蕴不解外情的官员心中，其功绩有如"再造乾坤"。奕䜣很快得到了绝大多数京官的认同和赞扬。由此，不管奕䜣个人主观愿望如何，在实际上他已经成了有别于肃顺的另一派政治势力的代表。而紧紧站在他的身边的，一位是他的岳父文华殿大学士桂良，另一位是此时仍留在北京的军机大臣、户部左侍郎文祥。

奕䜣、桂良、文祥，又是第一批总理衙门大臣。

北京与热河，有着两大政治集团。

此时正在督部围攻安庆的两江总督曾国藩，素以知人料事著称，他于 1860 年 10 月 23 日的一封家书中称：

> 恭亲王之贤，吾亦屡见之而熟闻之，然其举止轻浮，聪明太露，多谋多改。若驻京太久，圣驾远离，恐日久亦难尽惬人心。❶

且不论"多谋多改"的评价是否得当贴切，仅就奕䜣与咸丰帝分开时间太长恐有不利而言，曾国藩的政治判断极具前瞻性。

咸丰帝出逃热河后，清中央政府由此分成两半。在热河，随驾的有御前大臣载垣、端华、肃顺，军机大臣穆荫、匡源、杜翰、焦佑瀛，吏部尚书陈孚恩——清一色的"肃党"；在京师，是以奕䜣、桂良、文祥等"在京办事王大臣"为首的整个政府机构。由此可见，清政府的头在热河，身体却在京师。身首异处，毕竟是不正常现象，给整个中央政府的运作带来了许多麻烦。当时并无先进的通讯手段，从北京到热河，公文以"六百里加急"的速度，来回需要四天，更何况许多事又需要当面请旨，不能全凭公文往来。

然而，此事的解决方法又别无选择。既然北京六部九卿几十个衙门不可能搬至热河（热河当时也绝无此接纳能力），那么只能请咸丰帝尽早回銮，早早结束这一非常时期。

为此，奕䜣及京城里文武百官不知上了多少道奏折，恳请咸丰帝回京。尽管这些奏折写得极其动人，但咸丰帝仍然没有回来。

回銮一事，是当时清朝高层政治中的一场决战性的斗争。

咸丰帝在英、法议和退兵之际，曾一度有尽早回京之念，但很快

---

❶《曾国藩全集》家书一，第 581 页。

便打消了这一念头。这里面最主要的因素，是"亲递国书"一事没有着落。这位决心恪守儒家礼教的皇帝，死心拒见不肯叩头的"夷"人。若一旦回京，"夷"人要求无厌又如何是好？即使英法联军从北京退至天津，他仍害怕"夷"兵闻讯从津北返。到了那时，难道让朕再次去北狩？于是，他反复下旨，让奕䜣将"亲递国书"一事办出个不漏罅隙的扎实结果。得不到这方面的保证，他是不想也不敢回京的。

奕䜣知道咸丰帝的心思，也为此事伤透了脑筋。英、法专使在北京时，他不理解"亲递国书"在西方外交中的意义，以为是英、法方面的实质性要求，仅是好言相劝，唯恐影响英、法撤军计划。额尔金、葛罗退至天津时，他又派专人去游说。1860年11月26日，奕䜣为此专门发一照会给英、法使节：

> 至大皇帝愿见各国钦差（指使节）与否，均可自主，断无勉强之理。❶

而额尔金、葛罗在复照中却大讲"亲递国书"在西方外交中的意义。他们当然也不会为此将事情弄大。他们在表示遗憾之后，仍同意了奕䜣的意见。英使在复照中称：

> 诚如来文所云，断无勉强之理，贵亲王亦可释然矣。❷

法使在复照中称：

> 但大清国大皇帝愿见本国全权大臣与否，自然可以作主，本大臣等钦奉我大皇帝谕旨，断无以此勉强贵国之意。❸

---

❶《第二次鸦片战争》第5册，第324页。

❷同上书，第325页。

❸《第二次鸦片战争》第5册，第328页。

奕䜣得到这些承诺，如获至宝，立即上奏附呈。他是可以交差了，但咸丰帝心中仍不能释然。天晓得这些性如犬羊的夷人又会变什么花样呢。现在天气已冷，回銮之事过了年再说吧。❹

1861年的春节（2月10日），咸丰帝是在热河度过的。冷清的场面让他回想起京城的铺张。正月初二日（2月11日），咸丰帝终于下旨，3月23日回銮。哪知才过了一天，咸丰帝变卦了，宣布回京后将于4月11日再次启程谒东陵，礼成后又回热河。如此算来，在京只是小住几天罢了。

3月20日，已临启驾没几天了，咸丰帝再改日程：4月4日由热河启程，11日到达北京，21日再启程谒东陵，礼成后回热河。

即便是这个日程，咸丰帝也没有执行。不久又变卦了。

咸丰帝的态度多变，实与"公使驻京"有关。英法联军撤离之前，公使驻京的原则已定。北京东交民巷的梁公府、纯公府已经出租给英、法使节，修葺一新，准备迎接新主人。而与修葺工作并起的是京城中的谣言："英、法公使将各带兵三千进驻北京！"

根据奕䜣的事先调查，各公使馆至多带兵十名，仅作警卫用。而3月25日法国公使入京时，并未带兵，仅带了仆从三十人；3月26日英国公使进京时，也只带了仆从三十人。带兵进京的谣言被事实粉碎，但奕䜣是3月27日上奏此情，而咸丰帝收到此报告时已经是3月29日了。将此日期两相对照，咸丰帝回銮日期一变再变，正与公使驻京相吻合。

咸丰帝最怕这批可恶的"夷"人。

咸丰帝不愿意回銮，还有一个重要原因是喜欢上了行宫的生活。

热河行宫，又称"避暑山庄"，初建于康熙年间，规模宏大，建筑精美。康熙帝每年约有半年住在此地。雍正帝执政时未来过。乾隆

---

❹《筹办夷务始末》咸丰朝，第7册，第2584页。

帝和嘉庆帝几乎每年来此避暑，一般5月来，9月走。自1820年嘉庆帝死于热河行宫后，连续四十年，没有皇帝来此。美丽的山庄未免尘封垢积，冷落萧疏了。

咸丰帝的到来，匆乱慌张，来不及事先通知打扫修缮；更不是时候，9月30日到达，正是祖辈们离去之时。与炎夏的清凉相对应，这里的秋冬一片冰天雪地，只有被赐名"热河"的一眼泉水，寒冬不冻，仍旧喷发，稍显生意。

到达行宫之时，咸丰帝的心情已败坏到了极点，龙体也大为欠安。国难沉重，政务维艰。他对政务不仅仅是倦怠，几乎是厌恶了。远离了政务中心——北京，来到了清寒之地——热河，这一地理位置的变化，使得他自我感觉身上的担子轻了许多：难以对付的"夷人"已交给了聪明的六弟奕䜣办理；江南聚反的"长毛"也委之能干的汉臣曾国藩；豫皖势盛的捻军，此时又派了钦差大臣僧格林沁带兵弹压。这一位蒙古族的表兄，虽然此次败于"夷"人，但对付这些土匪自当稳操胜券。从各地纷至热河的奏折，他也发下军机写旨来看，而不愿意多费心思。好在身边还有一个精明强干的肃顺，关键时刻，朕可以听听他的主意。塞外的寒冷，行宫的冷清，使他一时感到不适，以至在过年时突发回京之念；但由此摆脱那些烦人心境、搅人不眠的政务，又使他从荒凉冷静中得到了某种超脱，感到前所未有的轻松。朕做了十年的皇帝，挑了十年的重担，这一次就彻底放松放松，尝尝潇洒的滋味吧。

由于咸丰帝的紧急到来，行宫未及准备，差役人手，物品供奉，以及殿堂房舍都显得十分紧张。所有的一切都不能像皇宫和圆明园那样合符皇帝的规制，各种程序性的仪礼也只能一减再减，在常人的眼中，咸丰帝吃苦了。但咸丰帝反而从中体会到一种常人的生活，在"苦"中体味到了乐，就像日日山珍海味反觉青菜豆腐的美味一样。

不再需要装出那副伟然天子的模样了，不再需要表演那种宵衣旰食的神情了。人的天性突破了束缚皇帝的教条。一时兴起，他竟然写了"且乐道人"的条幅，命太监在寝宫内张挂，愿像远离尘嚣的道人那样得乐且乐。贤惠的皇后钮祜禄氏见此不妥，反复劝阻，这一幅真正反映出其心境的条幅终未悬露。❶

这一时期的咸丰帝，尤其醉心于戏剧。内务府升平署（宫廷戏班）分批召到热河。1860年11月起，避暑山庄的"烟波致爽"一阵吹打后正式开戏。此后，每两三天就要演一出。有时上午已经花唱，又传旨中午还要清唱。每次的戏目、角色都由咸丰帝朱笔钦定。听说热河行宫中还有当年侍候过祖父嘉庆帝的老伶人，他立即召见抚慰，并亲自观看这些老伶人向年轻的一代传授戏文。一次，一位老伶人将唱句中的"凭"字念作上声。内行的咸丰帝立即指出，应当念作去声。老伶人引经据典地找出了旧曲谱，咸丰帝却告诉他旧曲谱已经错了。除观戏外，行宫距围场不远，身体已经十分虚弱的咸丰帝也曾去游猎打围。马上驰骋的痛快，追捕截杀的紧张，一时间让他感到消融于天地之间。至于他一直偏爱的女色，行宫中也免去了宫中的种种规矩，咸丰帝的兴趣也就更大了。善解人意的肃顺，又经常给他找来一些缠足的民女，要比宫内那些大脚的旗女更为婀娜多姿。

京师中的文武百官引颈翘望回銮，热河中的咸丰帝已乐不思蜀……

惧怕"夷"人也罢，乐于休闲也罢，都不足于真正阻止咸丰帝回京。他毕竟是一个皇帝而且愿意做一个好皇帝。只要他身边有人经常倡以大义，咸丰帝还是会启跸回銮。他不是一个很坚定、很固执的人。

真正阻挠咸丰帝回京的，是他身边的宠臣肃顺。

"巡幸木兰"之议，虽为统兵大员僧格林沁之首倡，然竭力促成

---

❶《清朝野史大观》卷一，
　第67页。

的当属肃顺。就动机而言，肃顺是为了保证咸丰帝的安全。从后来的结局来看，若以传统礼制为标准，肃顺的意见也是正确的：不去"北狩"，咸丰帝虽不至于沦为阶下囚，但受到的种种挟制，也必使他不堪忍受。至于临行前旨命恭亲王奕䜣办理和局，限于史料，我们还不清楚肃顺在此中起了什么作用。但危急至此，肃顺似来不及细想，更没有预料奕䜣会由此崛起。

奕䜣留京办事，权重一时。而他所办的结果既符在京官员之心，也合咸丰帝之意。他在京中形成一股强大势力之同时，也越来越见重于咸丰帝。此事不妙！肃顺立即产生了一种恐惧，自己的地位有可能被奕䜣所取代。

虽说权力倾轧是不讲是非的，但奕䜣的事业也确实挑不出什么毛病来（以当时肃顺的观念而言，并非以今天的标准来衡量）。肃顺的当务之急就是阻断咸丰帝与奕䜣的私人联系，不能让这种手足之情继续发展。奏折之类的公文，毕竟只能打官腔，说官话，亲昵的私语毕竟不能见诸文字。肃顺一手控制的军机处，在谕旨上仍有许多手脚可做。但若兄弟俩一见面，无话不谈，情况就会失去控制，谁知道旨意又会转向哪边。即使奕䜣一派对自己全无微言，就是接触太多，听话太多，也会使自己失宠。在专制时代，受宠等于权力，争宠就是权力斗争之核心。肃顺深明此义。更何况"天朝"新败，按惯例亦需总结教训，杀几只替罪羊以向天下人做个交代。而政坛若有反复，最受宠的往往是最危险的，自己很可能被牵连进去。想到此，肃顺打了个寒战，下定决心：无论如何也不能让咸丰帝回京！只要咸丰帝还在热河，圣驾周围全是自己的人，舆论一律，必然听不到不同的声音，自己尽可以在暗中左右咸丰帝的思想。

肃顺如此决策，还有一个重要原因，就是他已经看出咸丰帝的身体已经不行了。

咸丰帝本来就身体羸弱，即位初年的劳心劳力，身体吃亏很大，而倦怠政务娱情声色，简直是纵欲自戕的劲头。他开始咯血了。据说鹿血能治此病，便养了一群鹿，日饮鹿血而疗之。咸丰帝的医案，用今天的医学知识判断，很可能是肺结核，当时称为痨病。在青霉素等抗生素发明之前，这种病只能靠静养，说白了，也就是等死。

自咸丰帝到热河后，肃顺与他的距离更拉近了，随侍左右。他看到咸丰帝上午精神尚可，一至午后便支撑不住，知道圣上的时日已经不多了。历史已经反复证明，君主的去世很可能伴随着一场大的政治变动，咸丰帝的儿子载淳此时年龄尚小，仅五岁，显然不足以当大任。而咸丰帝临终前的遗命，将关系到今后的政治格局。到了此关键时刻，咸丰帝若回到北京，托孤于奕䜣，自己面对的将不仅仅是政治上的失势，而是有生命危险。

于是，肃顺反复进言"夷"人会有反复，正是利用咸丰帝不愿亲见"夷"人的心理。

于是，肃顺等人引诱咸丰帝娱情声色，正是为了留住咸丰帝。

肃顺和奕䜣，兄弟排行皆为老六，两位"老六"在暗地里开始较量。

肃顺的这一套计谋，骗不过奕䜣，骗不过京城的文武百官。他们为了使咸丰帝能够摆脱肃顺的控制，也为了使王朝的统治秩序能恢复正常，便不顾咸丰帝"不准再行渎请"回銮的谕旨，频频发动奏折攻势。兵部尚书沈兆霖上疏，请咸丰帝在回京一事上"宸衷独断，弗为众论所游移"，此中的"众论"当指肃顺等人。钦差大臣胜保的言辞更为激烈："欲皇上之留塞外者，不过左右数人，而望皇上之归京师者，不啻亿万计。我皇上仁武英明，奈何曲循数人自便之私，而不慰亿万来苏之望乎？"这一篇一千多字的奏折，被当时人誉为"近年有

数文字",几乎是直截了当地攻击肃党。但咸丰帝看后,仅朱批一字:"览。"❶

咸丰帝最后决定回銮,前已叙及,定为4月4日,然到了4月1日那一天,由奕譞(咸丰帝七弟)等人上奏,以圣躬欠和为由请求暂缓启銮,咸丰帝朱批:

>……不意旬日以来,气体稍觉可支,惟咳嗽不止,红痰屡见,非静摄断难奏效。除明降谕旨停止回銮外,特将朕之不得已之苦衷宣示在京王大臣及九卿等知悉……❷

同日颁下的谕旨称:

>本日王大臣等,以朕躬尚未大安,奏请暂缓回銮,情词恳切,不得已勉从所请,暂缓回銮,俟秋间再降谕旨。❸

这一推,便推到秋天去了,足足有半年之久。京城内的官员们知道,这一次肃顺又赢了。

恭亲王奕䜣见咸丰帝迟迟不回北京,热河那边又不时传来咸丰帝病重的消息,十分紧张。他上奏请求到热河去请安,企图能与咸丰帝直接对话,打破肃顺的封锁。与他同时请求去热河的还有唯一在京的军机大臣文祥。奏折递上后,奕䜣焦虑不安地等待结果,哪知于4月16日发下的谕旨是:

>朕与恭亲王奕䜣,自去秋别后,倏经半载有余,时思握手而谈,稍慰廑念。惟朕近日身体违和,咳嗽未止,红痰尚有时而见。总宜静摄,庶期火不上炎。朕与汝棣萼情联,见面时回思往事,

---

❶ 转引自萧一山:《清代通史》第3册,中华书局,1986年,第422至424页。

❷《清代档案史料丛编》第1辑,图三。

❸《清实录》第44册,第1091页。

岂能无感于怀,实于病体未宜。况诸事妥协,尚无面谕之处。统俟今岁回銮后,再行详细面陈。著不必赴行在。文祥亦不必前来。❹

这一篇谕旨写得情意亲切,但却断然拒绝奕䜣前往探视,其理由又是任何一位臣子都不敢再置一词的:请不要打扰皇上的养病!

奕䜣收到这一份无可挑剔的谕旨后,知道肃顺又在背后捣鬼。果然不久后热河又传来消息,肃顺在咸丰帝面前谗言,竟然称奕䜣欲与"夷"人联手谋篡。惇亲王奕誴不久前获准赴热河随驾,言辞也极为不利。这位没有政治头脑的五哥,竟然说自己有反意。肃顺的这一招太狠毒了,完全掌握了四哥的心理,从继位异言到生母封号,四哥对自己戒心未消。自己是完全可以洗白的,但四哥为何不给我机会让我当面说说清楚呢?干脆少干一点事吧,干得越多,麻烦也越多。这年头多干不如少干,少干不如不干。

过了没多久,因潮州反入城事件,咸丰帝谕旨中对奕䜣为首的总理衙门微露不满,似有诿卸之嫌。奕䜣奉旨后立即借题作文章,奏折中大发一通议论,宣称自己从去秋办理和局以来,一切从权办理,"好言者"当时没有任何反对意见,而大局甫定后,谣诼纷来。由此,他干脆直接点破:

虽委曲之隐,固不必求谅于人言,而专擅之讥,则不敢不预防于众口。❺

这里的"专擅"和"众口",当然是有所指。但奕䜣至多也只能作此软弱的抗辩。

清代的一切权力均出于皇帝,专制制度由此而达顶峰。热河那一

---

❹ 同上书,第1107页。引文中"行在"是指皇帝临时驻跸之地,即热河。

❺《第二次鸦片战争》第5册,第486页;《筹办夷务始末》咸丰朝,第8册,第2888页。

头,拥天子自重,权力明显具有优势。据敬事房档案,1861年的春节,咸丰帝净面冠服在前宫升座,"章京希拉绷阿用枫木樱奶茶碗呈送奶茶,肃中堂揭碗盖"。❶亲揭碗盖这一举止,可见肃顺与咸丰帝关系之密切,也可见肃顺一党权势之熏灼。

京师与热河之间,京师处于下风。两位"老六"的权争,"肃老六"看来压"鬼子六"一头。主宰一切的咸丰帝,在肃顺揭开碗盖后,正慢慢地品尝奶茶。

❶ 转引自萧一山:《清代通史》第3册,第426页。

十三　笑到最后的人

站在咸丰帝身边的肃顺，在与奕䜣的较量中显得那么自信和自如。如此大事，办起来有如手缚小鸡，一点儿都不觉得费劲。权重一时之际，他也曾环视朝野，谦恭的面容底下是踌躇满志的心绪：我已是当朝天子心目中的头号人物了，就连皇上的亲弟弟奕䜣都不是对手，谁堪与我匹敌？他虽然知道这场关系重大的权争尚未结束，仍须与奕䜣再战几个回合，但自觉胜券在握，无可畏惧。想到此，他得意地笑了，一副笑傲天下的派头。此时此际，他似乎忘记了一个关键人物，那就是后宫中的懿贵妃，唯一皇子载淳的生母——那拉氏。

在政治斗争中，笑在前面是要付出代价的。肃顺因为他的大意而丢掉了自己的性命。

那拉氏，祖先居叶赫（位于今吉林省梨树县一带），又称叶赫那拉氏。满洲镶蓝旗人，后因位尊太后而抬入上三旗中的镶黄旗。她生于1835年11月，小咸丰帝四岁。官私记载中都称是模样俊丽的美人。

在中国历朝历代的皇太后中，那拉氏可谓是各种传说最多且最为戏剧化的。经过近些年来历史学家的详细考证，她又成了历朝历代皇太后中身世来历最为清晰者。笔记小说中流传甚广的叶赫部为努尔哈赤所灭时，叶赫祖先誓言"只要还剩下一位女子也必能覆灭满洲"的故事，已被证明是笔记小说家笔下生花的创造；当时官场上议论颇多的她与吴棠（后官至四川总督）的义父女关系，在今日史家的解剖刀下显得无根无据；野史中最为津津乐道的她因来自南方擅唱各种南曲在"洞阴深处"打动咸丰帝心弦，而从宫女中拔出，更被订正为无稽之谈……在一切最让人眼花缭乱的传说统统被粉碎之后，那拉氏让人看起来像一位标准型的良家女子——祖辈皆为北京城里的中层官吏：曾祖父吉郎阿当过军机章京（要差），后任户部银库员外郎（肥缺），最后在刑部员外郎（从五品）任上死去。祖父景瑞由笔帖式升至刑部郎中（正五品），京察一等，准备外放江苏知府，谁知在道光帝召见时印象不佳，又发回刑部去了。父亲惠征从吏部笔帖式升至员外郎，外放山西归绥道、安徽宁池太道（正四品）。她的母亲也出身于官宦人家，外祖父惠显当过安徽按察使、驻藏大臣、工部左侍郎、归化城副都统，品秩达到正二品。

从这一家庭背景来看，那拉氏生在北京，长在北京，从未去过南方，入宫前的家庭住址为北京西四牌楼劈柴胡同（今改为辟才胡同）。如此家境，虽谈不上名门闺秀，似也超过小家碧玉。但到了1847年，那拉氏家中出现了恐慌，祖父景瑞因赔银未完而入狱。❶父亲惠征告贷变卖，在一年多的时间里交了九千多两银子，到了1849年，又交两千八百多两银子，总算将祖父从牢里保了出来。此时正际那拉氏12至14岁，已经懂事了，可以肯定她在此会有一些人生的体会。另一件值得一提的大事，是父亲惠征在宁池太道任上遭太平军打击，携带官印饷银从安徽芜湖逃到江苏镇江，于1853年4月被革职，不久后在镇江病故了。不过后一件事似乎对那拉氏影响不大，因为她已经入宫了。

按照清朝的制度，旗籍官员的女儿都要参加选秀女。1851年正值选秀女之年，那拉氏恰好16岁，镶蓝旗的官员们也在此年秋天将

❶1843年户部银库库丁贪污库银案发，道光帝派大臣至户部银库盘查，查出现银与账面应存数亏空达925万余两之多。道光帝命从1760年起，历任库官各按在职年限，每月罚银1200两，已故者由其子孙照半数代赔。那拉氏曾祖父吉郎阿任银库员外郎达三年之久，应赔银43200两，因已故去，减半赔银21600两，限定两年赔完。这笔账落到那拉氏的祖父景瑞的身上。但景瑞在两年中仅赔了1600两，只是一个零

其登录在案呈送。此是咸丰帝上台后第一次选秀女。

虽说1851年是选秀女之年，但真正选看的日子推迟到1852年3月28日、29日两天。那拉氏细心打扮后乘着骡车来到了紫禁城，随即改变了一生的命运，她被选上了。

咸丰帝奕詝尚为皇子时于1848年成婚，嫡福晋萨克达氏却在两年后去世。1850年，他承继皇位后，追封萨克达氏为皇后，身边的侍妾武佳氏也同时封为云贵人。年轻的皇帝后宫空虚，此次选秀女的目的非常明显，就是为了填充后宫。

非常明显，咸丰帝此次最为倾心的是广西右江道穆杨阿的女儿，年仅15岁的钮祜禄氏。两天后，3月31日，敬事房太监传下了谕旨，钮祜禄氏封为贞嫔，命于6月14日入宫。而贞嫔入宫仅几天，便晋为贞贵妃（跳过了"妃"一级），一个月后，便拟为皇后（又跳过"皇贵妃"一级）。1853年11月，未经"嫔""贵妃"册封典礼的钮

《慈安太后便服像》，清宫廷画家绘。"慈竹延清"四字为同治帝所书。慈安太后（1837—1881），钮祜禄氏，1852年立为皇后，咸丰帝死后尊为皇太后，徽号慈安，又称东太后

头。户部见期限已过，再三催促，让他至少先赔六成，然景瑞只是再赔200两。由此于1847年6月入狱。后惠征在两年内赔了1.2万两，总算达到应赔数的六成，才保出景瑞。

祜禄氏，直接举行了立皇后的典礼。史书上称赞这位新皇后十分贤惠。

除了贞嫔钮祜禄氏外，3月31日敬事房太监还传下圣旨：惠征之女那拉氏封为兰贵人，主事庆海之女他他拉氏封为丽贵人，命于6月26日进宫。这道谕旨送至劈柴胡同那拉氏家中时，全家皆沐浴在浩荡的皇恩之中。惠征此时刚刚卸任山西归绥道一职回京，送女儿入宫更是铺张一番。等到完成一切礼仪后，趾高气扬地携眷南下，到芜湖接任宁池太道去了。兰贵人那拉氏与丽贵人他他拉氏同日受封同日进宫，按理说是平起平坐，但让那拉氏感到高兴的是，在内务府的文件中，兰贵人在前，丽贵人在后。

1852年初的选秀女，咸丰帝究竟选了多少人，至今尚无人认真考证。但从1853年内务府奏销档来看，是年后宫中有皇后、云嫔、兰贵人、丽贵人、婉贵人、伊贵人、容常在、鑫常在、明常在、玫常在，共计十人。兰贵人那拉氏排在第三位。云嫔即是皇子侍妾武佳氏，在贞嫔钮祜禄氏入宫时她由云贵人晋为云嫔。如此算来，那拉氏实为咸丰帝选秀女时看中的第二人。1852年3月的那天，咸丰帝第一次看见那拉氏时作何思想、那拉氏第一次见咸丰帝又作何媚态，今皆无从查考，但从众多女子中能以第二名入选，至少可以证明在咸丰帝眼中她的姿色出众。

咸丰帝与那拉氏的关系，可由官方文献证明的是那拉氏在宫廷地位的升迁。1854年3月24日，咸丰帝晋那拉氏为懿嫔，这是入宫女子中除皇后外第一个晋升的。那拉氏与宫中其他三名贵人由原来的排序在前变成了名分在前。后宫中位居第三的地位极其牢固。此后不久，1855年1月，丽贵人他他拉氏诏封丽嫔，紧跟其后；1855年2月，云嫔武佳氏去世。那拉氏在后宫的地位由第三位升至第二位，但让那拉氏感到十分紧张的是丽嫔他他拉氏此时已身怀六甲。1855年6月20日，他他拉氏生下一个女儿，似乎让那拉氏松了一口气，而他他拉氏因生女有功，晋为丽妃，名位又跑到那拉氏前面去了，那拉氏由第二位复降至第三位。

生性好强的那拉氏，决不会甘心地位下降，于是向咸丰帝施展魅力，果然不久后也有喜了。宫殿档册对此次怀孕、生育有着详细的记录。1856年1月31日，总管太监韩来玉传旨：两天后允许那拉氏的母亲入储秀宫住宿。按照宫廷的规定，妃嫔等怀孕八个月左右，生母可以进宫陪待产的女儿同住一段时间。这也是清宫中难得的一项合乎人情的规定。

此后的一切，都依照皇家的规矩。1856年2月1日，钦天监博士张熙也来到储秀宫，查看喜坑的地点，选了一个大吉的位置。2月29日，总管太监韩来玉带来营造司首领太监三名按选定地点刨了喜坑，并随姥姥两名，在喜坑前唱喜歌，安放筷子（取"快生子"之意）、红绸、金银宝。懿嫔那拉氏为此赏了三两银子。慎重准备的喜坑，是为了日后掩埋胎盘、脐带之用，而各种仪式的用意当然超过喜坑的实际用途。也就在这一天，太医院的三位御医为懿嫔那拉氏号脉，认定是"妊娠七个月之喜"。咸丰帝得此消息，下旨于3月10日开始上夜守喜。❶

参加守喜的有姥姥两名，大夫六名；另外还有那拉氏亲自挑选的精奇呢妈妈里、灯火妈妈里、水上妈妈里各两名。❷缝制婴儿穿用的衣物等共用去各种绸料156.4尺，各色布料10匹。除此之外，临产时用的大小木槽、木碗、木锹、木刀、黑毡、吉降摇车等也都开始准备。

1856年4月27日中午，总管太监韩来玉向咸丰帝报告：本日巳时（上午9时至11时）懿嫔坐卧不安，似有转胎之象。不久后韩来玉再次报告：本日未时（下午1时至3时），懿嫔分娩阿哥，母子脉息均安。万岁爷大喜！

终于有了一个儿子了，咸丰帝心中的喜悦难以遏制。懿嫔为大清

❶ 妃嫔等人怀孕，一般在近八个月时上夜守喜。那拉氏孕期开始守喜的时间较早，可视为咸丰帝的特别关照。

❷ 精奇呢妈妈里、灯火妈妈里、水上妈妈里皆由镶黄旗、正黄旗披甲人或苏拉的妻子中挑选，主要责任是服侍孕妇，其名称似来自满族的早期宗教萨满教。

朝立了大功，当受奖励。他立即拿起朱笔写下一道朱谕：

懿嫔著封为懿妃。钦此。

产后的那拉氏身体看来欠安。此次晋封的典礼推迟至1857年1月举行。仅过了一个月，咸丰帝再晋那拉氏为懿贵妃。

那拉氏封为懿妃时，虽在地位上与丽妃他他拉氏扯平，但毕竟受封晚，排在丽妃之后，但受封懿贵妃后，又重新确立了后宫位居第二的地位。"母以子贵"的后宫原则，再一次展示其颠扑不破的可靠性。

《懿妃遇喜档》，"咸丰六年三月二十三日立"。此为后来的誊清记录。封面题"懿妃"，而正文中均记"懿嫔"，是因生了皇子载淳，很快晋封为妃之故。内页记载了同治帝出生后的情况

过了两年，又出现了小小的曲折。1858 年 3 月 19 日，玫贵人徐佳氏又产下一位男婴，未经命名当日旋殇。从此至 1911 年清朝灭亡，清皇帝后宫中再也听不到新生婴儿的哭声了。

一直到咸丰帝去世，后宫的排列次序为：皇后、懿贵妃、丽妃、婉嫔、玫嫔、祺嫔、璷贵人、吉贵人、禧贵人、庆贵人、容贵人、瑃贵人、玉贵人……懿贵妃那拉氏稳稳地占据了第二的位子。

然而官方文献仅能让今人看到事物的表象，要深层次地了解咸丰帝与那拉氏的关系，还不得不借助于稗官野史。

几乎所有的野史都宣称，那拉氏之所以得帝宠，全凭着会唱南曲，爱穿南衣，一改北方旗籍女子的风范，多有南方缠绵温柔的味道。尽管这种说法因那拉氏从未去过南方而显得不那么可信，但也有人说她家里有一位南方来的老妈子，教她学会了南方的词曲和装扮。就咸丰帝的性偏向而言，似乎更喜欢南方缠足汉女。假如那拉氏真有此等优长，似能助其在后宫中出人头地。野史中谈到咸丰帝有"五春之宠"，其中那拉氏被列为"天地一家春"，与圆明园的汉女"四春"并列（详见第七章）。这种提法明显将那拉氏归到南方女子一类去了。

这里讲的是性吸引力，虽然听起来也有几分道理，但此类私生活毕竟与历史发展无涉。官方文献证明了那拉氏获宠，至于她用什么手法吸引咸丰帝已无关紧要，因而就此问题深入，似无多大意义。

问题的关键在于野史中还宣称咸丰帝曾让那拉氏代阅奏折，参与政务。这件事就大了。披阅奏折是皇帝的专用权，让那拉氏代阅奏折，实际上就是分享皇权了。

沃丘仲子（费行简）著《慈禧传信录》称：

（那拉氏）既生穆宗（指载淳，同治帝），乃立为妃。时洪、

> 杨乱炽,军书旁午,帝宵旰劳瘁,以后(指那拉氏,慈禧太后)书法端腴,常命其代笔批答章奏。然胥帝口授,后仅司朱而已。迨武汉再失,回、捻交作,帝以焦忧致疾,遂颇倦勤,后窥状,渐思盗柄。时于上(指咸丰帝)前道政事。帝寖厌之。❶

此书作者对那拉氏持批判态度,但他也不能否认让那拉氏阅看奏折是咸丰帝的主意。

濮兰德(John O.P.Bland)和白克好司(Sir Edmund Trelawny Backhouse)合著《慈禧外纪》称:

> 慈禧入宫,时时披览各省章奏,通晓大势。❷

此书作者对那拉氏持赞扬态度,在他们的笔下,似乎那拉氏一入宫就获得阅读奏折的权力。

上引的这两部书,全书错误颇多,为今日历史学家不敢轻易采用,唯独披阅奏折一事,为各种史籍引用。而咸丰帝让妃嫔代阅奏章是严重违制的行为,咸丰帝不会对外说,那拉氏也不敢对外说,不可能得到其他旁证材料的确认。这里只能采用情理分析了。

从咸丰帝的角度来看,他倦怠政务,每天又有大量的奏折摆在他的案前,按制当由他本人亲拆亲阅。即便全部发下军机处,至少也得拆封读一遍,不然军机大臣请旨,岂不一无所知,答非所问,闹出个大笑话,令皇帝威严的身份大损。在此时刻,让他心爱的妃子代拆代阅,告其梗概,也是有可能的。

从那拉氏的角度来看,她从小读过经史著作,会写字(尽管错别字一开始仍很多),也有一定的阅读能力。奏折是一种比较直白的文言文,但当时没有今日之新式标点,能够断句,也是一种功力。那拉

❶ 沃丘仲子:《慈禧传信录》卷上,第2页。

❷ 濮兰德、白克好司:《慈禧外纪》,辽沈书社,1994年,第9页。

"御赏""同道堂"印文

"御赏""同道堂"印。前者交由皇后,后者交皇子,由懿贵妃代管

两宫皇太后在养心殿冬暖阁垂帘听政。两太后面前垂黄色幔帐,帘前为皇帝御座

慈禧太后油画像。画此像时她已当政四十多年

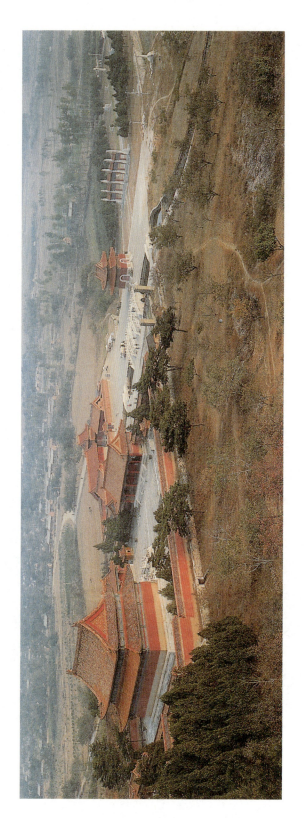

位于河北遵化昌瑞山下的咸丰帝陵寝——定陵

氏对此毫无困难，这在文化相对不发达的旗籍女子中可谓凤毛麟角。身为皇后的钮祜禄氏，贤惠堪称国母，但她后来阅读奏折中就有读不断句的麻烦。很可能那拉氏是后宫中唯一有能力阅看奏折的女子。

最明显的证据还有两点：一是后来那拉氏当政，对送上来的奏折，惯用划痕、折角等手法。这是历代皇帝常用、军机大臣心领神会的另一种语言，但当时谁也不会明说。那拉氏若从未阅看过奏章，又何知这些技巧？二是咸丰帝死后不久，那拉氏曾主动要求看奏折（后将详述）。若从未看过奏折，又何来此等胆量？

历史事件的发展一般都会合乎当时的"情理"，尽管随着价值观念的变化，这些"情理"今日看来很可能不合"情理"。

由此看来，咸丰帝让那拉氏代拆代阅奏折是极有可能的，尽管这一说法尚无扎实的史料根据。若以此作为前提紧接着的问题是，咸丰帝让那拉氏披阅奏折是想借重她的才识？还是仅想减轻工作负担，让她代劳而已？说得更通俗一些，咸丰帝将那拉氏当作赞画政务的幕僚还是办理事务的役仆？

几乎所有的私家记载在这个问题上都对那拉氏言辞不利，称那拉氏干政。这在当时引起了咸丰帝的警惕。不管咸丰帝如何荒诞风流，其骨子里是愿意做一个"治国平天下"的好皇帝；不管咸丰帝如何违制，但对可能引起纲纪败坏、国脉危厄的现象仍不会放任由之。他可能一开始听听那拉氏的政治见解觉得很有意思，一个女人也会关心国家社稷。但那拉氏喋喋不休地说下去，后宫干政的种种历史教训立即会浮现在他的脑海中。咸丰帝很可能对皇后钮祜禄氏说过他的担忧：朕龙体欠安，可能不久于人世，那拉氏若以皇帝生母自居而干预朝政，非为朝廷之幸。笔记小说中对此还有更加戏剧化的情节，称咸丰帝曾写下一条密谕给皇后钮祜禄氏，内容是如果那拉氏将来"失行彰著"，钮祜禄氏可召集廷臣，当众宣示此谕，赐那拉氏一死。而此密谕的下落，又被渲染为那拉氏得知有此诏书，时时事事礼敬钮祜禄氏。这种恭顺的态度终于感化了钮祜禄氏，一天，她拿出珍藏的密谕当着那拉氏的面烧了。历史上咸丰帝有无此一密谕，今日已无从考证，不可能弄清楚。但是这种说法本身也能说明问题，即使此说全是谎言，至少也可证明捏谎者心中认定咸丰帝对那拉氏是有防范的。

相对于密谕的说法，另一种传说似乎更具真实性。黄濬所著《花随人圣庵摭忆》中称：

……偶与惜阴老人谈及端（华）、肃（顺）遗事，老人曰："吾有所闻，藏之数十年矣。当时李芍农侍郎（文田）最喜搜拾掌故，钩稽秘闻，一日告予：'西后（西太后，指那拉氏）先入宫，夏日单衣，方校书卷，文宗（指咸丰帝）见而幸之，有娠，始册封，及晚年厌其专权。文宗最喜肃顺，言无不尽，一日以那拉氏忤旨，又谋于肃顺，肃顺请用钩弋故事，文宗濡濡不忍。亡何，又以醉恚漏言，西后闻之，衔肃刻骨，后遂有大狱。'芍农盖闻于内廷旧监，谈此戒勿妄泄，此外间所莫知也。"❶

这真是一份完整的记录。作者黄濬听惜阴老人谈，惜阴老人又是听李芍农谈。李芍农是一个关键人物。他本名文田，字芍农，广东顺德人，1859年以一甲第三名高中探花，入翰林院，后在翰林院、詹事府的官职迁转，官至礼部右侍郎。李文田还有重要的差使，就是入值南书房，这可是容易获得宫廷秘闻的地方。而李文田也透露了他的消息来源，即"内廷旧监"，这些人的消息既多，且可靠程度又非常人可比。

让今日历史学家感到可以凭信的是，李文田的说法，还有两处旁证：一是恽毓鼎著《崇陵传信录》，一是许指严著《十叶野闻》，皆

❶《花随人圣盦摭忆》，第430页。

明确提到了"钩弋故事",但没有说明他们的消息来源。

肃顺向咸丰帝建议的"钩弋故事",是指西汉武帝于公元前88年杀太子生母钩弋夫人赵婕妤之事。汉武帝奇爱钩弋夫人所生之子弗陵(即后来的汉昭帝),但恐子幼,生母擅权干政,便借细故赐钩弋夫人死,确保不出现第二个吕后。行"钩弋故事",就是建议咸丰帝杀那拉氏而确保载淳的地位。

肃顺行事专横用极,但若建议"钩弋故事",毕竟是一件了不得的大事,不是可以随便说说的。因为若不行此计,嗣皇帝继位后受生母影响,会对自己极为不利;若行此计,嗣皇帝继位后念及生母,仍会对自己极其不利。肃顺口出此议,只可能出于两种情况:一是咸丰帝对那拉氏已经恼怒至极,二是他根本没有将那拉氏视作敌手而细心周致。否则,凭着他的机智,他会想出一些更为稳妥可行果效的办法来。

让咸丰帝杀掉那拉氏,超出了咸丰帝的心理空间,他根本就不会去做。很可能他对那拉氏干政过多,心机太深不满,但心里仍然是喜欢她的。夫妻之间的事情,旁人是看不清更说不准的。今日雨明日晴,谁知会有什么变故。有一件事可见出咸丰帝对那拉氏的宠信。1859年,咸丰帝将那拉氏的亲妹妹指配给自己的弟弟醇亲王奕譞。姊妹二人嫁兄弟二人,虽说是出自圣裁,但谁都能看出来是那拉氏的暗中操作。后来她的妹妹也生了一个皇帝(光绪帝)。此是后话。

从以上的私家记载中,我们似乎可以拼凑出这么一个大致的印象:偏爱南方缠足汉女的咸丰帝,可能因为那拉氏的身上颇有南风而宠之。他可能因那拉氏表现出旗籍女子中罕见的文史之才而让她代阅奏折,而对她的政见却不屑一顾,对她热心政事抱有警惕。他虽然不愿意用极端手段杀掉那拉氏,但也可能考虑采取一些防范措施,即留给皇后钮祜禄氏一份密诏。请读者原谅我在这一段不长的描述中使用了三次"可能"。在没有确凿史料的情况下，历史学家不应该忽视合乎"情理"具有可能性的私家记载；而且许多似无来由的消息，很有可能比官方文件更可靠、更真实。

肃顺是将那拉氏彻底得罪到家了。

除了前引"钩弋故事"因咸丰帝酒后失言泄漏外，私家记载还记录了一些那拉氏与肃顺的正面冲突。

按照清代制度，后妃与外臣是根本见不到面的，更无冲突可言，但咸丰帝"北狩"热河后，宫中的规矩被打乱，肃顺的许多张扬情态都被那拉氏看在眼中，记在心里。

其一，咸丰帝从圆明园逃往热河时，仓皇而无准备。只有咸丰帝一人得宫中一车而行，后妃嫔御，皆雇民间车马。分给那拉氏的车十分敝旧，且骡尤羸瘠。沿途簸荡，崎岖升降，那拉氏不胜其苦，在车中啜泣。忽然见到肃顺的骡车，便要求换一辆车。肃顺漫应之，称："中途到哪里去找车？到了宿地再想办法。"待到了某镇市少憩，那拉氏又提起此事。肃顺正在咸丰帝面前奏事，太监等到其退下时告诉他。肃顺不耐烦地答道："都已经是什么时候了，我还哪有空闲来办理此事！"过了一会儿，车驾启行，肃顺骑马又经过那拉氏的车旁。那拉氏涕泣乞请，肃顺正色厉言："危难不能与平时相比，此地又从哪儿去弄新车，有辆旧车就已经不错了。你也不看看皇后坐的也是街上雇来的车，其羸敝与你的车相等。你是什么人？想凌驾于皇后之上吗？"❶那拉氏正欲争辩，肃顺已策马而去。

其二，在逃跑的路上，沿途供张无办，皇后贵妃不得食，仅以豆浆充饭。而肃顺有食担，供奉酒肉。此事让皇后钮祜禄氏、懿贵妃那拉氏切齿，但她们似乎不知真相：后宫有单独的膳房，外臣不敢私自供进。此一误会自然没有人为之解开。❷

❶《清代野史》第7辑，巴蜀书社，1988年，第173至174页。

❷ 王闿运：《祺祥故事》，《第二次鸦片战争》第2册，第324至325页。

❸ 李慈铭：《越缦堂日记补》，咸丰十年十一月二十二日。

避暑山庄烟波致爽殿西所，懿贵妃的住所

其三，到了热河行宫之后，供应仍十分困难。肃顺等人尽力进奉咸丰帝，而抑制宫眷，供应极薄。皇后上食"不过一羹一菜饭一器而已"，贵妃以下，月给膳钱五千。❸ 如此算来，那拉氏每天的伙食费不过100多个铜钱。这在百物腾贵的行宫，根本买不到什么东西。

说起来都是一些琐碎小事，但决不能低估这些细故在高层政治中的酵母作用。在权贵政要的心目中，这些生活细节不再具象为车子问题、吃饭问题，而是抽象为对其本人的态度问题、感情问题，由此判断对其是否忠诚。

精明的肃顺不会不懂得其中的道理，只不过自恃帝宠，没有将那拉氏放在眼里。

除了那拉氏外，皇后钮祜禄氏对肃顺也十分厌恶。不过，钮祜禄氏的理由与那拉氏不同，更接近于道德层面。在热河行宫时，咸丰帝不仅在政治上依靠肃顺等人，而且在生活上也委托于肃顺。结果原先归由内务府办理之事，如行宫有所修缮，皆命肃顺监督。肃顺等人也由此出入无禁,"寝宫亦著籍,嫔御弗避"。❶这种破坏后宫规矩不避男女的做法,当然使身为后宫之首的皇后看不惯。热河生活紧窘,咸丰帝吃饭时还设置一"看桌"(所谓"看桌",即是放置几十种菜肴,但皇帝只看不吃,以显示钟鸣鼎食的皇家风派),皇后钮祜禄氏建议撤去,以节省费用。咸丰帝对此称:"你的话极有道理,不过得问问肃六。"第二天,咸丰帝与肃顺谈起皇后的建议,肃顺回答道,设一"看桌"所费无几,但若撤去,反而会使外间惊疑,皇帝吃饭都没银子了。咸丰帝听后极对心思,见到皇后说:"肃六称不可。"❷一面是后宫供应不继,一面是铺张糜费,皇后若遭到皇帝的驳斥,倒也合乎夫妻之伦理,而皇后遭到臣子的驳斥,天下没有这个理!钮祜禄氏对此十分气愤:这肃老六未免太嚣张了。

身为皇后,身为贵妃,对此只能忍气吞声。在那个时代,一切权柄操自于天子。当肃顺将自己的想法转化为皇帝的谕旨时,对抗肃顺就等于对抗皇上。钮祜禄氏也罢、那拉氏也罢,对于这一切是不敢言甚至不敢当众怒。她们曾在私下场合发泄不满,但极其注意避人耳目,唯恐有人传到肃顺的耳中。后来的名士薛福成(其兄曾为那拉氏医病)在笔记中写道:

> 当是时,肃顺专大政,暴横不可制,太后(指钮祜禄氏)与慈禧皇太后(指那拉氏)俯巨缸而语,计议甚密。❸

说话都要躲在巨缸的后面,那就不仅仅是怕人听见她们谈话的内容,而且还怕人看见她们私下接触。不过,她们商议之事也确属绝密,是在咸丰帝死后讨论如何处置肃顺。

不管那拉氏做得如何秘密,但似乎没有隐瞒自己的儿子、未来的皇帝载淳。野史中还有一条记载:

❶ 李慈铭:《越缦堂日记补》,咸丰十年十一月二十二日。

❷ 王闿运:《祺祥故事》,《第二次鸦片战争》第2册,第325页。

❸ 薛福成:《庸盦笔记》,第25页。

> 穆宗（指载淳）天资英敏，即位时方八岁（有误，当为虚岁六岁、周岁五岁）。知肃顺有异志，尝戏于小刀割菜，呼曰："杀肃顺，剐肃顺。"及见肃，亦周旋无异他人，故肃不之疑也。❹

当时的人们决不是害怕肃顺本人，而是害怕肃顺的后台老板咸丰帝。他们在无奈之际已经盘算如何在咸丰帝死后下手，已经开始培育新皇帝的仇恨心理。世界上的一切权臣似乎都难以保全，是因为他们本人并无权，凭借君权作威；君主一变动，他们就万分危险了。

只要咸丰帝还活着，肃顺当可敌天下，要是咸丰帝龙驭宾天，肃顺在理论上就得听命于新皇帝——一个五周岁的男孩。而这个男孩又紧紧依偎在其生母那拉氏的怀里。搂着唯一皇子的那拉氏也知道，咸丰帝不久于人世了。

从1861年4月咸丰帝诏告天下，回銮之事推至秋季再议，自己将"静摄"保养后，身体并没有出现转机，反而是病情加重。没有抗生素的时代，肺结核病人也只能如此。他经常咯血，精神不支，有时都不能久坐，只得半倚半躺。

然而"静摄"的生活过于乏味，惯于寻求生活刺激的咸丰帝也总得来点乐趣。此一时期，他最热衷于看戏，档案中留下了不少这方面的圣旨。如：

> 十一年四月初五日（1861年5月14日）旨：初六、初七日，烟波致爽花唱，新进学生侍候。

"烟波致爽"是热河行宫中的皇帝寝宫；"花唱"是正式扮装的演出，与"清唱"相对；"新进学生"是指刚刚学戏的小太监。又如：

❹《清稗类钞》第7册，第3358页。

十一年五月二十三日（1861年6月30日）旨：二十四日早晨，着升平署总管太监带领内学首领、斛斗武小旦、武行三人、武丑至如意洲一片云试演戏台。

"升平署"是宫廷戏班的名称，"如意洲"是热河行宫中路湖面的一处洲岛，"一片云"是一水上戏台，供夏季使用。由于几十年不用了，不知是否牢固可用，咸丰帝派了一些演武戏的人试试台子。这一次试演的效果极佳。从此之后咸丰帝看戏就改在此处。天气已渐入夏，此处傍水清凉，晚风习习，更觉得歌舞之妙美。

到了这一年的六月初八日（1861年7月15日），升平署送来次日"万寿节"的戏单（六月初九日为咸丰帝生日，按当时的计算方法为31岁，按周岁计算，恰好30周岁），咸丰帝用朱笔划掉了"四海升平""训子""教子""夜奔"四出戏，并传谕："'四海升平'下次再传。"此时的天下极不"升平"，咸丰帝勾去此戏，是否有感于此？

刚刚过完生日，咸丰帝一下子病倒了，接连躺了十多天。宫廷中陷于一片混乱。而到了8月上旬，只见病情稍有好转，宫中人人都口称万岁，呼喊当今皇上万寿无疆。但是有经验的人似乎已经看了出来，这只不过是临终前的回光返照罢了。

一旦觉得身体尚可支撑，咸丰帝便下令继续演戏，可见他的嗜迷。8月19日传旨："如意洲花唱照旧。"8月20日，病况转剧，如意洲花唱亦照旧。

1861年8月21日（咸丰十一年七月十六日），是咸丰帝去世的前一日。这一天早上，他在寝宫烟波致爽用餐，传了鸭丁粳米粥。这一天中午，又点了羊肉片白菜、脍伞单（牛肚）、炒豆腐、羊肉丝炒

❶ 有关咸丰帝观戏的档案，皆转引自萧一山《清代通史》第3册，第425至427页。

❷ 景寿是咸丰帝的姐夫。道光帝第六女寿恩固伦公主（恭亲王奕䜣的同母姐，从小与咸丰帝一起长大）于1845年下嫁一等诚嘉毅勇公、工部尚书博启图之子景寿。景寿于1856年授御前大臣。因为他是袭封公爵，又是公主额驸，故排名仅在亲王之后，位于肃顺之前。

❸《清代档案史料丛编》第一辑，第82至83页。

❹《热河密札》，《近代史资料》1978年第1期，第13页。军机处《随

豆芽等，可见食欲尚佳。但他已经感到病情不妙，又传旨："如意洲承应戏不必了。"❶当日午后，咸丰帝突然晕厥。内廷中承值的各位大臣不敢散去，都留下来等待着最后的嘱托。

一直到了夜晚，咸丰帝才苏醒过来。大约在晚上 11:40 左右（按中国记时为次日子初三刻）宣召大臣入内，在场的大臣有御前大臣、怡亲王载垣，御前大臣、郑亲王端华，御前大臣、一等公爵景寿❷，御前大臣、协办大学士肃顺，首席军机大臣、兵部尚书穆荫，军机大臣、吏部左侍郎匡源，军机大臣、礼部右侍郎杜翰，军机大臣、太仆寺少卿焦佑瀛等八人。咸丰帝勉强挣扎，宣谕："皇长子载淳，著立为皇太子。"又谕："皇长子载淳现立为皇太子，著派载垣、端华、景寿、肃顺、穆荫、匡源、杜翰、焦佑瀛尽心辅弼，赞襄一切政务。"❸前一道谕旨是无可争议的，因为咸丰帝只有一个儿子。后一道谕旨内容极为重要，决定今后政治的走向，肃顺等人请求咸丰帝朱笔亲写。据在场一目击者称：

> 子初三刻见时，传谕清楚。各位请丹毫。谕以不能执笔，著写来述旨。故有承写字样。❹

咸丰帝手力已弱，不能握管，遂下令让承受顾命的王大臣"写来述旨"。这两项最重要的工作完成后，已经到了第二天的凌晨。御膳房接到谕旨，"上传冰糖燕窝"，而到了卯时（1861 年 8 月 22 日早晨 5 时至 7 时），咸丰帝最终气绝，升天了，来不及享用冰糖燕窝了。

咸丰帝死了，临终将一切政务交给肃顺等人"赞襄"。❺顾命大臣虽有八位之多，但咸丰帝也知道，这些人的核心是肃顺，这是他最

手登记档》有着内容相同的记载："本日子初三刻，寝宫召见一起，御前大臣载垣、景寿、肃顺，内廷王端华，军机大臣穆、匡、杜、焦。面奉谕旨，写朱谕递上。发下，当即发钞。"（《清代档案史料丛编》，第 1 辑，第 82 页）由此可以确认，让肃顺等八人"赞襄政务"是咸丰帝的本意，决非是矫旨行为。

❺ "赞襄"一词出自《尚书·皋陶谟》："禹曰：'俞，乃言底可绩。'皋陶曰：'予未有知思，曰赞赞襄哉。'" 皋陶的意思是"我尚没有自己的见解，还是按先帝的意见去办理"。后"赞襄"解释为赞助之意。

十三　笑到最后的人 | 295

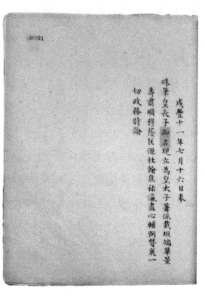

记录咸丰帝临终两条"朱谕"的《上谕档》,其中军机章京用小字注明:"本日子刻大人们同内廷王、御前大臣一起寝宫召见,面谕并辅政一道写朱谕,述旨后,发下,即刻发抄。""大人"为军机大臣穆荫、匡源、杜翰、焦佑瀛,"内廷王"为载垣、端华,御前大臣为景寿、肃顺。由此记录可证明,"朱谕"不是由咸丰帝亲自写的,而是奉旨所写,由咸丰帝发下,即抄

信赖的大臣。将后事托付给他,朕在天堂也可放心。他没有将六弟奕䜣列入"赞襄",是害怕出现第二个多尔衮。

咸丰帝死了,肃顺如丧考妣,悲痛无比。奴才对主子的忠诚,在此时显露无遗。尽管咸丰帝的临终指示,实际上是肃顺将近一年来的"工作成果",同受顾命的八人,是清一色的"肃党",但亲耳听到恩主的遗言,胸中涌动着崇高的使命感:从此之后,中国政治的方向将由我来把舵了。

咸丰帝死了,消息第二天便传到北京。恭亲王奕䜣看到"赞襄政务"的大臣名单中,没有自己的名字,知道皇兄临终前尚未能原谅自

己。这明显是肃老六暗地里谗言诽谤，说我有心谋篡，自己的一片忠心无以上达天听。事情决不能这么就完，我还得破釜沉舟再干一场。他知道，一旦被排斥出权力中心，自己会有生命危险。就在此时，肃顺的一名心腹领班军机章京曹毓英也暗地里向奕䜣输诚❶，他已经掌握了热河的一举一动。

咸丰帝死了，懿贵妃那拉氏也开始作新的打算。虽说按清代制度，皇帝的生母无权干政，但顺治爷、康熙爷少年继位时，孝庄皇太后博尔济锦氏辅佐新君，功彪史册。再也不能容忍肃老六飞扬跋扈了，为了儿子，我得豁出去与这批人斗一斗，看看到底是谁厉害。她此时手中正握有一方咸丰帝生前赏赐她的印章——"同道堂"。

按照咸丰帝生前的安排，皇位由皇子载淳继承，但因其年幼，在亲政前❷，政务由"赞襄政务王大臣"主持，也就是让肃顺等八位大臣行使皇权：代阅奏折，代拟圣旨。为了防止"赞襄政务王大臣"擅权弄势，咸丰帝还给了皇后钮祜禄氏一方印章"御赏"，给了皇子载淳一方印章"同道堂"，皇子年幼，"同道堂"印章由其母那拉氏代管，凡"赞襄"大臣所拟圣旨，盖"御赏"之印于起首，盖"同道堂"之印于末尾。也就是说，让钮祜禄氏、那拉氏监督"赞襄政务"大臣，起一种政治平衡作用。咸丰帝的这一安排，在他死后的第二天便以谕旨的名义，诏告天下。❸

咸丰帝的这一套政治设计，其目的就是确保皇位能平稳过渡到他的儿子载淳的手中。然而这一套设计看起来十分精美，但不久后就被打破了，问题就出在执掌"御赏""同道堂"两方印章的后妃身上。在不具备法治的国度里，任何事先的政治设计都是不能持久的。

1861年8月23日，"赞襄政务"八大臣上钮祜禄徽号为母后皇

❶ 曹毓英机智多谋，肃顺倚为臂膀。然肃顺后来重用焦佑瀛，让焦入军机，引起了曹的不满，他转投奕䜣，《热河密札》有人称是出自曹毓英。肃顺倒台后，奕䜣引曹毓英入值军机处，可为此事的证据。

❷ 按清朝制度，皇帝至十四岁（虚岁）亲政。由此算之，载淳此时虚岁六岁，尚有八年才可亲政。

❸《清代档案史料丛编》第1辑，第85页。

凡谕旨起首盖"御赏"印，末尾盖"同道堂"印

太后，8月24日上那拉氏徽号为圣母皇太后。并说是两宫并尊，但以时间的先后来贬抑那拉氏。那拉氏对此心怀不满，但未置一词。

1861年8月24日，肃顺等进见两宫皇太后，讨论公文处理程式。肃顺等人主张，奏折由八大臣共同阅看，谕旨由八大臣共同拟定，然后请两宫皇太后分别钤盖"御赏""同道堂"之印，但皇太后不得更改谕旨。两宫皇太后坚持要阅看奏折，所拟谕旨经她们认可后方钤印

生效。这是"赞襄政务"八大臣与两宫皇太后的第一次正面冲突。

客观地说起来,肃顺等人的方式更符合咸丰帝的临终意愿。咸丰帝虽然发下两颗印章,但只是希望钮祜禄氏、那拉氏在涉及皇位安危时出面干涉,平日里只是象征性的"虚君",起震慑作用罢了。要求谕旨经认可后方钤印,当然合乎咸丰帝颁下印章之用意;而要求阅看奏折,等于要求干政。在这场冲突中,钮祜禄氏似乎意志更为坚定。她根本看不懂奏折却坚持要阅看奏折,显然是受了那拉氏的唆使。在此后的斗争中,两宫完全一致行动,钮祜禄氏完全被那拉氏当枪使。

精明的肃顺,此时犯下了第一个错误。他妥协了,同意了两宫的要求。看奏折毕竟是皇帝的权力,两宫口口声声以小皇帝的名义出头,他也难以阻挡。这位风头正健的核心人物在内心里也看不太起这两位年轻的皇太后,钮祜禄氏年方24岁,那拉氏仅26岁。女流之辈能看得懂吗?既然要看,就让你们看好了。过不了几天,成匣成匣的奏折铺天盖地而来,会把你们累死,那时就会知难而退了。他此时心中的大敌,依旧是在北京的奕䜣,认为这位控制京城局面的昔日皇弟、今日皇叔,未列入"赞襄"之列,肯定会有动作。当务之急,是先将他稳住。于是,肃顺又以小皇帝的名义发下一道谕旨,既让奕䜣参与"恭理丧仪",又明令他留在北京,不必前往热河。

奕䜣在北京收到不许他去热河的谕旨,知道肃顺又做了手脚,可不久后又接待了两宫皇太后派来的密使,嘱其奔赴热河商议大计。他立即上奏,请求奔丧。8月30日,他收到了获准的谕旨,知道两宫皇太后在此也起了作用。

奕䜣在动身前,作了细致的准备:确认了京城百官对他的政治支持,摸清了北方兵权最大的胜保、僧格林沁的政治态度,测试了驻京外国公使的政治倾向。一切皆如意。于是他满怀信心,快马扬鞭,北驱热河。

1861年9月5日清晨，奕䜣到达行宫。他一头扑向咸丰帝的梓宫，放声大哭。所有的亲情和所有的怨屈此时正随着泪水奔流而下。在场见到这一场景的人们，都被感染了，落泪了。谁说恭亲王有反意呢？自8月22日大行皇帝驾崩后，还没有见谁悲痛到如此地步呢。

祭礼刚刚结束，就传来懿旨，两宫皇太后召见恭亲王奕䜣。奕䜣奉此，便谦恭地请载垣、端华、肃顺等人陪同入见。

对于奕䜣的到来，肃顺是有警惕的。对于两宫的召见，肃顺原想阻挡，但奕䜣到热河后对"赞襄政务"各位大臣的毕恭毕敬，出乎其意料。他原以为奕䜣会因为未列"赞襄"而大吵大闹，他甚至准备了对付的言词。见到奕䜣大方地邀请他陪同入见，反觉得不好意思起来。他对奕䜣笑道："老六，你与两宫是叔嫂，何必让我辈陪呢？"❶便允奕䜣单独入见。肃顺此时又犯下了一个错误。

奕䜣与两宫皇太后的会面，达两个多小时之久。当时极为机密的商谈内容，今日已经大白。其中最重要一点是，奕䜣请两宫皇太后携小皇帝迅速回銮北京，至时再除"肃党"。9月10日，奕䜣再次拜见两宫，继续要求迅速回銮。9月11日，奕䜣离开热河。他恐肃顺加害于他，便间道星夜直奔北京了。

就在奕䜣赴热河期间，在京的官员们也开始动了起来。其中最为活跃者之一，是饱受肃顺欺辱的体仁阁大学士周祖培。他指使其门生御史董元醇于9月9日上奏，请求皇太后垂帘听政，请求另简亲王贤王辅政。这是对"赞襄"制度的根本否定，是对肃顺等人的公然抗争。此奏一上，京师官员们奔走相告，大家都屏息以观热河的反应。

9月13日，董元醇的奏折递到了行宫。由于两宫皇太后获权阅看奏折，便将之留中不发。9月14日，董折继续留中。9月15日，"赞襄"八大臣进见两宫皇太后，双方展开了激烈的争论。两宫明确表示赞赏董的主张，八大臣坚决反对。关键时刻，载垣说了一句极有分量的话：

❶ 薛福成：《庸盦笔记》，第19页。

>　　臣等是赞襄幼主，不能听命于皇太后，请皇太后看折亦为多事。❷

根据咸丰帝的临终嘱托，八大臣的职责是"尽心辅弼，赞襄一切政务"，其实质是代替幼主行使皇权。若听命于皇太后，那么皇太后实际上成了皇帝，"赞襄"大臣也就变成了军机大臣。争论的激烈也证明了允许皇太后阅看奏折的后果之严重。而真正有权决定一切的小皇帝坐在母后皇太后钮祜禄氏的怀中。他从未见此场面，惊怖至极，尿了钮祜禄氏一身。两宫皇太后尽管气愤，但终于知道她们无权将奏折留中。那拉氏不得不将董折发下，让八大臣拟旨。当日递上的旨稿狠狠批责了董元醇，并悄悄影射奕訢。两宫看了旨稿后，拒不钤印。双方陷于僵持。第二天，9月16日，八大臣进见两宫皇太后，又是一番大的争吵。两宫发下了所有的折、谕，唯独不发下董折和八大臣所拟谕旨。肃顺等人见此，决计"搁车"，即停止办公使国家中枢停转逼迫两宫就范。到了这一天的中午，两件公文终于发了下来。获胜的八大臣弹冠相庆，他们只听说两宫皇太后在后宫哭哭啼啼。

从9月13日到9月16日，整整抗拒四天，两宫皇太后虽然最终失败，但也使京城的官员看清楚：两宫皇太后是制约肃顺党人的唯一力量。那班痛恨肃顺的人们由此将他们的希望转系于太后身上。垂帘听政之议虽被驳斥，但占据了更多官僚的心。他们认为此是清除肃顺的唯一好办法。

此后的一个多月里，肃顺等人柄政作势，两宫皇太后准备回銮，奕訢在北京部署一切，风波未止，争论依旧，但表面上似乎风平浪静。由于奕訢、那拉氏的细致周密，肃顺在激战前夜依旧无所觉察，反而接连犯了几个错误：同意尽早回銮而丢掉了御林军的控制权；同意回銮时载垣、端华伴随新皇帝而自己护送咸丰帝梓宫。

---

❷ 吴语亭编：《越缦堂国事日记》第1册，台北：文海出版社，1978年，第547页。

"祺祥"是赞襄八大臣为新皇帝所拟的年号，当时已铸币、印历，为新君登位贺

政变后改年号为"同治"，另铸"同治通宝"

  1861年10月26日，咸丰皇帝的梓宫由热河移返北京。两宫皇太后携小皇帝目送了大行皇帝上路后，坐上了马车，由载垣、端华伴随，分道先回北京。忠诚的肃顺亲送梓宫在后慢慢移动，心中念着旧主的种种圣恩，不尽的思念阵阵涌来。他决心做一个忠臣，将咸丰帝的遗志贯彻到底。

  载垣、端华、肃顺想都没有想到，他们正步入奕䜣、那拉氏为他们设置的陷阱。

  11月1日，两宫皇太后与皇帝载淳到达北京，奕䜣率文武百官出城跪迎。在迎候的仪式中，奕䜣密告：政变的准备工作一切就绪。

11月2日，两宫皇太后召见奕䜣、桂良、周祖培等在京大臣，大骂肃顺。那拉氏拿出事先准备好的谕旨：将载垣、端华、肃顺革职治罪。而来得稍晚一步的载垣、端华，被拒在门外；当奕䜣等人手持诏书，宣布将他们治罪时，他们仍惊异地厉声怒言："我辈未入，诏从何来？"❶这两个糊涂虫至此尚不明白，依旧认为拟旨是"赞襄"大臣的专权。当日晚上，睿亲王仁寿、醇郡王奕譞带兵赶至百里之外的密云，将肃顺从床上抓了出来。

11月3日，两宫皇太后以皇帝的名义颁旨：授奕䜣为议政王；由奕䜣、桂良、沈兆麟、文祥、宝鋆、曹毓英组成新的军机处。两宫垂帘、恭王辅政的新体制由此建立起来。

剩下的事情才是罗织肃顺等人的罪名。

11月8日，奕䜣上奏开列载垣、端华、肃顺的罪状，一看就是生编硬凑而成。其中最关键者是："大行皇帝面谕立皇太子，伊等假传谕旨，造作赞襄名目。"❷竟将"赞襄政务"的谕旨，说成是肃顺等人编造出来的。政治斗争是不讲究事实真相的。咸丰帝临终前手力衰竭不能手写，使那拉氏、奕䜣有了构罪的机会，即便咸丰帝亲笔书写，那拉氏、奕䜣也会想出理由的。

当日，两宫皇太后以皇帝的名义颁旨：赐载垣、端华自尽，判肃顺为斩立决。此项谕旨立即执行。载垣、端华在监视下于宗人府的空房内自缢。肃顺被押上囚车送往法场。一路上，这一位老六面无惧色，大骂不停，闻者无不惊骇。及临刑，又不肯跪，刽子手以大铁柄敲之才跪下，而两胫已折。白光一闪，鲜血四溅。两年前的一幕再现，柏葰的预言成真。

在载垣、端华、肃顺被处死后，其余五位"赞襄政务"大臣也都

---

❶ 薛福成:《庸盦笔记》，
第21页。

❷《清代档案史料丛编》
第1辑，第114页。

十三 笑到最后的人

两宫皇太后在养心殿东暖阁垂帘听政

被革职查办了。

自咸丰帝死后,奕䜣一直在提心吊胆地过日子,唯恐不测。此时他笑了,笑得那么开怀。他现在的职位是议政王、首席军机大臣、总理衙门大臣、宗人府宗令、总管内务府大臣、管理宗人府银库,权势正炽。

自咸丰帝死后,那拉氏一直在哭哭啼啼中过日子,受尽屈辱。此时她也笑了,但只是微微一笑,保持着皇太后的风度。奕䜣帮助她扳倒肃顺,又富有治国经验,不得不借助之;但奕䜣的权重,又使她感到新的不适。四年后,她再施手段,立即让奕䜣也服服帖帖。

自咸丰帝死后至自己被杀,肃顺仅仅"赞襄"了73天。他拟定的新年号"祺祥"被废置了,成为后来历史学家命名此次政变的名称:"祺祥政变"。他可能在牢中反复地想了很久,总结出许多政治经验,但统统没有用处了。高层政治斗争是你死我活的。

"祺祥政变"是肃顺的失败,更是咸丰帝的失败。这位生前事事不能敞志的倒霉皇帝,临终前的政治安排,就在其尸骨尚未送到北京前又被推翻了。

只是后人们发现,在肃顺被诛、奕䜣柄政后,清王朝的政策开始调整,到后来,出现了"同光中兴"的可观局面。

慈禧皇太后之宝

结　语

在这个世界上，每一个人都一定会有一个最适合他的位子。如果能够找到它，占有它，那是人生的最幸。与此相反，一个人占有的位子，若不能充分发挥他的全部才能，那是一种痛苦。具有同样痛苦的是，一个人坐在其才力不逮却又下不来的位子上，除非他每日只是混日子过。若他有强烈的责任感，结果事事与愿望相违，那几乎是一种人生的自我折磨。

咸丰帝奕詝就是后一类不幸的人。他根本不是当皇帝的材料。就他的个人历史而言，凡是当时和后来被证明为有效的举措，如湘军、厘金、总理衙门……都不是他的创造，也都不符合他的思想；凡是他尽心尽意制定出来的政策，如怎样镇压太平天国、怎样对抗英法联军……却全不可行。他在位十一年零六个月，时间可谓不短，但我们找不出一项可以称道的大决策、可载史籍的大功绩。皇帝当到这种份儿上，那就不是他个人的不幸了，而是连带整个国家陷于灾难之中。

于是，我在写这本书的时候，头脑中经常浮现出一个问题：假如奕詝没有被他父亲选为接班人，而只是当一名亲王，他的个人命运又会怎样？虽说历史不能重演、个人的经历不会改变，但我却试图在头脑中想象一个未做皇帝的奕詝——毫无疑问，他不再拥有宽大的殿堂和美丽的园林，但可在街头自由徜徉；他不再拥有庞大的御膳房，但可在京城誉名的八大饭庄尝尝各自的特色；他不再拥有众多的妻妾，但也少去了宫中的规矩，艳遇的机会只会增多；他不再拥有无上的权力，但也不再拥有与之相等的烦恼；他不再是神，从此也就不必去装神。作为一名皇子，作为一名亲王，他蛮可以过一种悠闲、舒适、清静、无争的日子。就他的禀性而言，他似乎更适应于这种生活。

历史的假设之所以不能成为科学，就是无法进行实验。奕詝真的不当皇帝会过一种什么样的生活，绝对无法推测。但是有一点，我几乎可以肯定：奕詝头上若无此顶皇冠，可以活得更久远一些。30岁的年龄，风华正茂。于此等岁数亡去，总是一件让人可惜的事情。就其直接死因而言，是肺结核，但若细究深查，十分明显，他故于不堪承受的心灵重压。

于是，我又想到一个问题：假如当时的中国有皇帝退位制度，咸丰帝奕詝会不会主动让贤？这个问题一出现，就被自我否定掉了。

咸丰帝知道自己不是绝顶聪明，但决不会承认自己不够当皇帝的资格。他知道太多的当皇帝的规范、原则、机谋、策略和秘诀，知道了太多的成功和失败的治国经验。他认为，只要按照恩师杜受田的教诲，只要按照千年不变的政治教科书（如《资治通鉴》等）所阐明的精义，只要按照已创造出"康雍乾盛世"的祖制，必然造出一片辉煌。他非常注重克己，尽量使自己的一切行为符合"帝德"。即便是对他个人私行的批评，他最终采取宽容的态度，这在历朝君主中亦属罕见。尽管遇到一次又一次的失败，但他从来不怀疑手中的武器，只是将之未达效果归结于操作层面的问题，归罪于臣子们不肯用力用命。就是到了最绝望的时刻，他也只是想到了"天命"，寻找那些不可捉摸难以解释的理由。

咸丰帝不认为自己当不了皇帝，是因为他确实也不比许多人差。可以说，他比同时代的大多数人知道的要多，他只是不知道他所处在的时代。

今天的人们当然看得十分清楚，1840年鸦片战争后，中国进入了另一种时代。这种历史的必然，不以个人的意志转移。一个人若想有所作为，就得适应于这个时代；而当时的中国若要跟上这个时代，须得来一次大的改革。咸丰帝一切举措，无不是墨守祖制，背离了时代，那必然碰壁。

由此来观察咸丰帝奕詝，恰恰是一种奇特的姿态：他直身躺在时代的分界线上，手和脚都已经进入了新时代，但指挥手脚的头脑却留在旧时代。

这就不仅仅是他个人的悲剧了，而是当时中国的道德和价值观念的悲剧。要解开这一历史的结扣，须得一位雄才大略的伟人。当时的中国有没有这么一位伟人？我不清楚。但我可以肯定，若有这么一位伟人，也不会坐到为中国航船转舵的位子上去。当时的中国政治不具备这种可能。由此而论，我们还能指望咸丰帝什么呢？我们还能指责咸丰帝什么呢？今日在我手中的看来理由充足的期望和批判，在当时

咸丰帝庙号为"文宗"，此为"文宗显皇帝谥宝"，印文为"文宗协天翊运执中垂谟懋德振武圣孝渊恭端仁宽敏庄俭显皇帝之宝"

咸丰帝陵寝定陵隆恩殿，祭祀典仪时的主殿，殿后即咸丰帝的最后归宿。照片中正在上殿的老人入门时问："这里埋的是哪一位皇上啊？"

又有几分可行？能否摆脱"历史风凉话"之讥？

咸丰帝奕詝由此陷入于漩涡的中心。他越是努力，下沉越快。在位4184天中，他没有过一天轻松的日子。他死的时候，天下局势仍然大乱。内忧外患使他困惑、棘手、愤懑、无策，娱情声色也松弛不了高度绷紧的神经。挽救危局的千方百计，换来的只是千丝万缕的忧虑，看不到一线生机，找不到一条生路。于是，他带着无穷无尽的忧虑，去了那个据说没有忧虑的世界。

后　记

促使我写这一本小书的，出自两个动因：其一，1994年春节我回上海省亲，好友朱金元先生与我交谈学术著作的市场前景问题。他认为一定存在着一种既有品位而又好看的学术著作。作为一个老编辑，他习惯从读者的角度来看书。对于市场上专供学者阅读的专著和专供普通人阅读的通俗读物的分野，他似乎也不以为然：有些专著趋于偏深，有些通俗读物趋于媚俗，最终都会失去市场；好书应当是能够给专家以启发、让普通读者爱看的精品。我的另一位好友潘振平，近年也经常提到"非专业读者"的概念，即将读者对象定位为非本专业且有高等程度的文化人。所有这些，与习惯于做研究的我，自然有视角上的差别。原先我写点东西，纯属个人化的行为，从不考虑读者，但今天的局面引起了我对这个问题前所未有的思考。于是，我就试了一试，想写出一本专业和非专业各种层次的人都可以接受的书来。

其二，我在读大学期间，曾写过太平天国的论文，研究生时的毕业论文题目则是关于第二次鸦片战争。这些都是咸丰朝的事情。以后十多年来，我对咸丰朝的人与事从未失去过兴趣。1994年春节前后，我在完成鸦片战争的研究后，一直考虑要对咸丰一朝作一番总结。而作为一个学者，没有一种方法能比写一本书更有效地条理自己的思想了，即所谓读一遍不如抄一遍，抄一遍不如写一遍。于是，我就写了起来，企图在自己头脑中对咸丰朝的人和事，建立起一个清晰的框架结构。

此后，我干了将近一年。

到了今天，书是写完了，回过头来检讨是否达到目的，反觉迷茫。就前者而言，是否写得好看，那是要让读者作评价的。作为作者，我已有一种感觉，这本书作为一种新的尝试，可能不是理想中那么漂亮。就后者而言，整理自己的思想，结果发现咸丰朝需要深入的东西还很多。

如此看来，我也说不准，这一年的光阴是否白费了？

在写这本小书时，我也参考了许多研究成果。本书的写法不允许我像正规的学术论文一样，详细开列参考著作、引用观点并一一作出评估，但我觉得此处应将那些对我多有帮助的论著作一个交代。在这些著作中，特别需要指明的是我的导师陈旭麓教授的遗著《近代中国社会的新陈代谢》（上海人民出版社，1992年），这部书不仅给我知识上的启迪，而且常常使我想起当年受业时的场景，他传授的许多方法将是我终身受益的。如果按照这本书的章节顺序，使我受益的主要著作为：罗尔纲：《太平天国史》（中华书局，1991年），王庆成：《太平天国的文献与历史》（社会科学文献出版社，1993年），郦纯：《太平天国军事史概述》（中华书局，1982年），龙盛运：《湘军史稿》（四川人民出版社，1990年），朱东安：《曾国藩传》（四川人民出版社，1985年），罗玉东：《中国厘金史》（商务印书馆，1936年），彭泽益：《十九世纪后半期的中国财政与经济》（人民出版社，1983年），黄宇和：《两广总督叶名琛》（中华书局，1984年），萧一山：《清朝通史》（中华书局，1985年影印），董守义：《恭亲王奕訢大传》（辽宁人民出版社，1989年），俞炳坤等：《西太后》（紫禁城出版社，1985年），庄练：《中国近代史上的关键人物》（中华书局，1988年影印）。我所参考的论著当然不止这些,限于篇幅无法全部罗列,但我心中仍是充满着感激之情的。我在这里还有必要提醒,若有做研究的同行,发现本书还有某些可取之处,敬请务必再查阅上述著作,以注明真正的出处。

除此之外,我得感谢本所(中国社会科学院近代史研究所)图书馆的各位女士和先生,使我能很方便地利用我所需要的资料;我得感谢同一研究室的朱东安先生、姜涛先生,他们提供的帮助是特别的,尽可能为我创造我最需要的时间。至于本篇后记一开头提到的朱金元先生、潘振平先生,我想没有必要去感谢。太熟的朋友,说一声谢谢,反觉得生分了。

茅海建

1995年2月12日于北京东皇城根

三联版后记

这是一本十年前写的书,当时我正好有一年的空闲。

回想那个时候的学术,应当说是掉到了谷底,一部好的学术书,销量也就是一千册,有钱的不买,想买的没钱。"下海"成了知识人最流行的语言和最时尚的举动。历史专业似乎要更糟一点,被称为"史(屎)坑",一不小心沾上了,臭烘烘的。写出来的书,更是没有人要。我的编辑朋友,见面即谈"图书市场"。其中一位朋友的话,我现在仍记忆犹新,说书名一不能出"史"字,二不能出"传"字,出了就卖不掉。也就在此时,我刚写完《天朝的崩溃:鸦片战争再研究》(未敢用"史"字),于是便试一下,看看自己有没有本事写出一本历史方面的"畅销书"来。

《苦命天子:咸丰皇帝奕詝》(未敢用"传"字)作为"畅销书",无疑是失败了,虽然在上海人民出版社印了两次,但远远谈不上销售上的成功,读书界也没有什么反响;反倒是经常听到一些本专业学者鼓励的话,可此书在本意上并不是写给他们看的!由此看来,它的影响面很可能还没有出专业圈。十年的时间很快过去了,再交生活·读书·新知三联书店出版,看看有没有新的生机与生意。

此次再版,只是改了一些错字。另由戴海斌君帮助配了一些图片。此次重校旧稿,回想起以往的许多场景,已有了怀旧的老年心态。当年我还希望如果此书"成功"了,再写上几本,以改变生存的境遇,却未能如愿;现在经常有出版社来约我写同样类型的书,我虽然有此意,却发现再也找不到一年的空闲了。

茅海建

2005 年 10 月 15 日于北京大屯